2024 국가직·지방직 공무원 시험 대비

이준모 행정학개론 최종마무리
동형모의고사

출제/해설 이준모

15회분

Fonus

PREFACE · 머리말

이 교재는 기본적으로 기출문제를 기반으로 이를 변형하여 만든 지문으로 구성된 전 범위 형태의 모의고사 문제집입니다. 대부분의 지문들은 핵심 기출지문으로 구성되었으며, 특히 사례나 법령 등 수험생들이 놓치기 쉬운 부분을 보강하는 데 초점을 두었습니다. 그리고 대학교재를 기반으로 아직 출제되지는 않았지만 출제가 가능한 영역의 문제를 약간 추가하였습니다.

이미 기출문제를 학습한 수험생이라면 변형된 기출지문을 통해 자신의 실력을 확인하면서 부족한 부분을 채우셨으면 합니다. 그리고 약간의 예상지문은 행정학에서 새롭게 부각되는 영역이 어디인지 확인하는 데 도움이 될 것으로 봅니다.

동형모의고사는 자신의 실력을 점검하고, 이를 바탕으로 기존의 기본서나 기출문제 또는 진도별 문제집과 병행하면서 부족한 부분을 채우는 데 활용하셔야 효과가 극대화됩니다. 그러므로 이 교재로 학습하시는 수험생들도 반드시 기존의 진도별 교재와 병행하여 학습하셔야 합니다.

마지막으로 이 교재로 학습하시는 수험생들과 이 교재가 출간될 수 있도록 힘써 주신 포러스 출판팀에게 감사드립니다.

편저자 이준모

차례 • CONTENTS

문제편

제 1 회	동형모의고사	8
제 2 회	동형모의고사	13
제 3 회	동형모의고사	18
제 4 회	동형모의고사	23
제 5 회	동형모의고사	28
제 6 회	동형모의고사	33
제 7 회	동형모의고사	38
제 8 회	동형모의고사	43
제 9 회	동형모의고사	48
제 10 회	동형모의고사	53
제 11 회	동형모의고사	58
제 12 회	동형모의고사	63
제 13 회	동형모의고사	68
제 14 회	동형모의고사	73
제 15 회	동형모의고사	78

정답 및 해설편

제 1 회 동형모의고사 정답 및 해설 ······ 84
제 2 회 동형모의고사 정답 및 해설 ······ 88
제 3 회 동형모의고사 정답 및 해설 ······ 93
제 4 회 동형모의고사 정답 및 해설 ······ 97
제 5 회 동형모의고사 정답 및 해설 ······ 101
제 6 회 동형모의고사 정답 및 해설 ······ 106
제 7 회 동형모의고사 정답 및 해설 ······ 111
제 8 회 동형모의고사 정답 및 해설 ······ 115
제 9 회 동형모의고사 정답 및 해설 ······ 119
제 10 회 동형모의고사 정답 및 해설 ······ 123
제 11 회 동형모의고사 정답 및 해설 ······ 127
제 12 회 동형모의고사 정답 및 해설 ······ 132
제 13 회 동형모의고사 정답 및 해설 ······ 136
제 14 회 동형모의고사 정답 및 해설 ······ 140
제 15 회 동형모의고사 정답 및 해설 ······ 144

문제편

행정학 동형모의고사

제 1 회 동형모의고사	제 9 회 동형모의고사
제 2 회 동형모의고사	제10회 동형모의고사
제 3 회 동형모의고사	제11회 동형모의고사
제 4 회 동형모의고사	제12회 동형모의고사
제 5 회 동형모의고사	제13회 동형모의고사
제 6 회 동형모의고사	제14회 동형모의고사
제 7 회 동형모의고사	제15회 동형모의고사
제 8 회 동형모의고사	

제1회 동형모의고사

정답 및 해설 p.84

01
정부관에 관한 다음 설명 중 가장 옳은 것은?
① 진보주의 정부관에서 강조하는 자유는 개인의 자유로운 선택을 제한하는 모든 제도와 관행으로부터의 해방을 의미한다.
② 보수주의 정부관에서 말하는 자유란 절대국가와 같은 구질서 혹은 기득권으로부터의 해방을 의미한다.
③ 보수주의 정부관은 자유와 평등은 양립하기 힘든 상충성이 있기 때문에 현실에서 사회적 합의를 통한 적정 수준의 균형이 중요하다고 본다.
④ 진보주의 정부관은 자유의 가치가 평등이나 공정과 같은 다른 가치와 갈등 관계에 있을 경우 자유를 우선적으로 추구한다.

02
체제론에 관한 다음 설명 중 가장 옳지 않은 것은?
① 체제론은 후진국 행정을 설명하는 대표적인 모형이다.
② 체제론에서는 환경과의 상호영향뿐만 아니라 상위체제와 하위체제 간의 상호성에도 상당한 비중을 두고 있다.
③ 체제론은 자율적으로 목표를 설정하고 그 방향으로 체제를 적극적으로 변화시켜 나가려는 측면보다 환경변화에 잘 적응하려는 측면을 강조한다.
④ 체제론에 따르면 체제의 변화나 성장은 구성요소 중 어느 하나에 변화가 생기거나 새로운 이질적 요소가 투입될 때 발생한다.

03
다음은 정부규모와 관련된 학자들의 견해이다. 가장 옳은 것은?
① 머스그레이브의 조세저항, 보몰의 병, 다운스의 합리적 무지 등은 정부의 기능이 축소되었다는 입장이다.
② 전위효과란 사회 혼란기에 공공지출이 상향적으로 조정되어 민간지출이 공공지출을 대체하는 현상을 말한다.
③ 와그너 법칙(Wagner's law)이란 1인당 국민소득이 증가할 때 국민경제에서 차지하는 공공부문의 크기가 상대적으로 증대되는 현상을 말한다.
④ 보몰효과(Baumol's effect)란 정부가 생산·공급하는 서비스의 생산비용이 상대적으로 빨리 하락하여 정부지출이 감소하는 현상을 말한다.

04
다음은 디징(P. Diesing)이 제시한 합리성의 개념이다. 가장 옳은 것은?
① 디징(P. Diesing)은 합리성을 기술적 합리성, 경제적 합리성, 사회적 합리성, 법적 합리성, 진화론적 합리성으로 나누어 설명한다.
② 경제적 합리성은 일정한 수단이 목표를 얼마만큼 잘 달성시키는가, 즉 목표와 수단 사이에 존재하는 인과관계의 적절성을 의미한다.
③ 정치적 합리성은 사회구성원 간의 조화된 통합성을 확보하는 것을 의미한다.
④ 법적 합리성(legal rationality)은 보편성과 공식적 질서를 통하여 예측가능성을 높이는 것을 의미한다.

05
정책평가의 논리와 관련된 다음 설명 중 가장 옳은 것은?
① 혼란변수는 독립변수인 정책수단의 효과가 전혀 없을 때, 숨어서 정책효과를 가져오는 변수로 정책수단과 정책효과 사이의 인과관계를 완전히 왜곡하는 요인이다.
② 선정효과나 성숙효과는 혼란변수로 작용할 수는 있으나 허위변수로 작용할 가능성은 없다.
③ 매개변수는 독립변수의 원인인 동시에 종속변수의 원인이 되는 제3의 변수를 말한다.
④ 조절변수는 독립변수와 종속변수 간에 상호작용 효과를 나타나게 하는 제3의 변수를 말한다.

06
위원회 조직과 관련된 다음 설명 중 가장 옳은 것은?
① 행정위원회는 독립지위를 가진 행정관청으로 결정권은 없고 집행권만 갖는다.
② 자문위원회는 계선기관으로서 사안에 따라 조사·분석 등의 기능을 수행한다.
③ 심의위원회는 의사결정의 구속력은 있지만 집행권이 없다.
④ 소청심사위원회는 행정관청적 성격을 지닌 행정위원회에 해당된다.

07
리더십 상황론과 관련된 다음 설명 중 가장 옳은 것은?
① 리더십 상황론은 모든 조직에 적용할 수 있는 가장 효과적인 지도자 유형의 존재를 전제로 이론을 전개한다.
② 리더십 상황론은 리더가 상황의 변화를 가져온다는 것을 전제로 한다.
③ 리더십 상황론은 상이한 지도유형이 구성원의 과업 성과에 어떤 영향을 주는가를 분석한다.
④ 리더십 상황론은 업무나 부하의 특성과 리더십 스타일 사이의 관계에 관심을 갖는다.

08
조직이 방어적 전략을 추구할 때 나타나는 현상과 가장 거리가 먼 것은?
① 안정적 환경에 적합하다.
② 새로운 시장을 개척하고자 한다.
③ 기계적 구조가 나타난다.
④ 복잡성과 공식성 및 집권성이 모두 높다.

09
모건(G. Morgan)은 조직의 이미지를 8가지로 제시하였는데, 제한된 합리성, 정보처리체제, 학습, 홀로그래픽적 특성 등을 도입하여 조직을 설명하는 모형은 다음 중 무엇인가?
① 문화로서 조직
② 두뇌로서 조직
③ 흐름으로서 조직
④ 유기체로서 조직

10
거시조직이론에 관한 다음 설명 중 가장 옳은 것은?
① 공동체생태학이론은 환경이 조직을 결정한다는 극단적 결정론의 입장이다.
② 공동체생태학이론은 조직의 내적 논리를 강조한다.
③ 제도화이론은 일의 흐름에 따라 편제된 수평적 조직구조의 강조, 정보의 균형화, 성과 중심의 대리인 통제, 인센티브 제공에 의한 대리손실의 최소화를 강조한다.
④ 제도적 동형화론에 의하면 조직의 장이 생성되어 구조화되면 내부조직뿐만 아니라 새로 진입하려는 조직들도 유사해지는 경향을 나타난다.

11
행정통제와 관련된 다음 설명 중 가장 옳지 않은 것은?
① 부정적 환류통제는 실적이 목표에서 이탈된 것을 발견하고 후속되는 행동이 전철을 밟지 않도록 시정하는 통제이다.
② 사전적 통제는 어떤 행동이 통제기준에서 이탈되는 결과를 발생시킬 때까지 기다리지 않고 그러한 결과의 발생을 유발할 수 있는 행동이 나타날 때마다 교정해 나간다.
③ 사후적 통제는 목표수행 행동의 결과가 목표기준에 부합되는가를 평가하여 필요한 시정조치를 취하는 통제이다.
④ 입법국가 시절에는 외부통제에 중점을 두었으나, 행정국가로 이행하면서 내부통제의 중요성이 부각되었다.

12
우리나라 고위공무원단과 관련된 다음 설명 중 가장 옳은 것은?
① 고위공무원단에 속하는 모든 일반직 공무원의 신규채용 임용권은 각 부처의 장관이 가진다.
② 고위공무원단에 속하는 일반직 공무원의 경우 소속 장관은 해당 기관에 소속되지 아니한 공무원은 임용제청을 할 수 없다.
③ 고위공무원단에는 성과목표, 평가기준 등에 대해 계약하고 그 성과를 평가하는 성과계약 평가제가 시행된다.
④ 고위공무원은 적격심사에서 부적격 결정을 받은 경우에 한해서만 직권면직이 가능하므로 제도도입 전보다 고위공무원의 신분보장이 강화되었다.

13
국민권익위원회와 관련된 다음 설명 중 가장 옳은 것은?
① 국민권익위원회는 국회, 법원, 헌법재판소, 선거관리위원회, 감사원, 지방의회에 관한 사항도 관장한다.
② 우리나라 지방자치단체는 시민고충처리위원회를 둘 수 있는데 이것은 지방자치단체의 옴부즈만이라고 할 수 있다.
③ 국민권익위원회는 접수된 고충민원을 접수일로부터 30일 이내에 처리하여야 한다.
④ 국민권익위원회는 부패행위에 대해 검찰에 고발할 수 있고, 이에 검찰이 공소제기를 하지 않을 경우 대법원에 재정신청을 할 수 있다.

14
국가재정과 관련된 다음 설명 중 가장 옳지 않은 것은?
① 우리나라가 발행하는 국채의 종류에는 국고채권과 재정증권 및 국민주택채권의 3종류가 있다.
② 국가의 회계 또는 기금이 인수하여 보유하고 있는 채권과 차입금은 국가채무 대상에서 제외된다.
③ 국가가 보증채무를 부담하고자 하는 때에는 미리 국회의 동의를 얻어야 한다.
④ 과거 중앙예산기관과 결산관리기관을 분리하기도 했지만 지금은 통합되어 있다.

15
기금과 관련된 다음 설명 중 가장 옳지 않은 것은?
① 국회는 정부가 제출한 기금운용계획안의 주요항목 지출금액을 증액하거나 새로운 과목을 설치하고자 할 때에는 미리 정부의 동의를 얻어야 한다.
② 기금관리주체는 안정성, 유동성, 수익성 및 공공성을 고려하여 기금자산을 투명하고 효율적으로 운용하여야 한다.
③ 「국가재정법」상 금융성 기금의 주요항목 지출금액의 변경범위가 20%를 초과하면 국회의 의결이 필요하다.
④ 각 중앙관서의 장은 회계연도마다 소관 기금의 결산보고서를 중앙관서결산보고서에 통합하여 작성하여야 한다.

16
예산제도와 관련된 다음 설명 중 가장 옳지 않은 것은?
① 품목별예산은 분석의 초점이 지출의 대상이지만 영기준예산은 분석의 초점이 대안분석 및 예산증감이다.
② 성과주의예산은 '어떻게 할 것인지(how to do)'에 주된 관심을 두지만 영기준예산은 '무엇을 할 것인지(What to do)'에 주된 관심을 둔다.
③ 계획예산은 계획(plan), 사업(program), 예산(budget)의 체계적 연계를 강조하는 예산제도이고, 영기준예산은 원칙적으로 정부사업과 예산항목을 원점(zero base)에서 재검토하는 예산제도이다.
④ 객관적 기준을 사용하는 계획예산과는 달리 영기준예산은 우선순위를 설정할 때 의사결정자들의 주관적 판단에 의존한다.

17
지방재정조정제도에 관한 다음 설명 중 가장 옳은 것은?
① 지방재정조정제도는 크게 지방자치단체에 재원 사용의 자율성을 전적으로 부여하는 국고보조금과 특정한 사업에 사용할 것을 조건으로 선택적으로 지원하는 지방교부세로 구분한다.
② 사회 전체의 후생 측면에서는 일반지원금이 특정지원금보다 우수하고, 자원배분의 효율성 측면에서는 특정지원금이 일반지원금보다 우수하다.
③ 중앙정부의 입장에서는 일반지원금보다 특정지원금이 선호되고, 지방자치단체의 입장에서는 특정지원금보다 일반지원금이 선호된다.
④ 지방교부세는 내국세의 일정 비율의 금액으로 법정되어 있는 대표적인 지방세로, 국고보조금제도와 함께 지방재정조정제도 중에 하나로 운영되고 있다.

18
기관통합형과 기관대립형에 관한 다음 설명 중 가장 옳지 않은 것은?
① 기관통합형은 기관대립형과는 달리 지방의회만을 주민 직선으로 구성한다.
② 기관통합형은 의결기능과 집행기능이 통합되어 있기 때문에 지방자치행정을 기관 간 마찰 없이 안정적으로 수행할 수 있다는 장점이 있다.
③ 기관대립형은 행정책임의 소재가 분명하다는 장점이 있다.
④ 기관대립형은 집행부와 의회의 기구가 병존함에 따라 비효율성을 줄일 수 있다는 장점이 있다.

19
규제개혁과 관련된 다음 설명 중 가장 옳은 것은?
① 규제개혁은 규제완화 → 규제관리 → 규제품질관리 등의 단계로 진행되는 것이 일반적이다.
② 규제관리 단계에서는 규제개혁의 관심사가 좀 더 유연하고 단순한 대안적 규제수단의 설계, 신설 혹은 강화된 규제의 품질을 검토하는 규제영향분석이나 규제기획제도 등이 강조된다.
③ 규제품질관리는 규제완화를 통해 총량적 규제관리가 이루어지고 난 후 개별적 규제의 질적 관리에 초점을 두는 단계이다.
④ 규제품질관리 단계와 관련된 제도로는 규제등록제도와 규제정보화시스템, 규제 맵 등을 들 수 있다.

20
역사적 신제도주의와 관련된 다음 설명 중 가장 옳지 않은 것은?
① 역사적 신제도주의는 방법론적 전체주의 입장을 취하며 적용범위 면에서 중위수준의 분석을 수행한다.
② 역사적 제도주의는 중범위적 제도변수가 개별 행위자의 행동과 정치적 결과를 어떻게 연계시키는지에 대해 초점을 맞춘다.
③ 역사적 신제도주의는 행위자 간의 상호작용을 제약하는 제도의 영향력과 제도적 맥락을 강조한다.
④ 역사적 신제도주의는 목적을 달성하기 위한 수단으로서 제도의 효율성을 강조한다.

제2회 동형모의고사

01
현상학과 관련된 다음 설명 중 가장 옳은 것은?

① 현상학은 개별적인 행위 또는 개인 간 상호작용의 해석에 역점을 두기 때문에 그 접근방법이 지나치게 거시적이다.
② 현상학은 인간행위의 많은 부분이 무의식이나 집단규범 또는 외적 환경의 산물이라는 것을 강조한다.
③ 현상학은 주관적 철학의 범주를 벗어나기 어렵고 행위의 목적성과 의도성을 어떻게 찾아낼 것인가에 대한 방법과 기술에 대해서는 언급이 없다는 비판을 받는다.
④ 행위이론을 주장한 하몬(M. Harmon)은 해석사회학, 현상학, 상징적 상호주의 및 논리실증주의의 입장에서 행정현상을 다루었다.

02
공공서비스의 민영화와 관련된 다음 설명 중 가장 옳지 않은 것은?

① 사바스(E. Savas)는 민영화의 필요성을 민간부문과 정부부문 간의 역할분담이라는 관점에서 접근하였다.
② 공공서비스의 민영화는 시장의 자율성을 통해 안전하고 책임성 있는 서비스 공급체제를 구축하는데 기여할 수 있다.
③ 공공서비스가 민영화되면 정부에서 제공하던 서비스가 사적 서비스로 변환되기 때문에 서비스 배분의 형평성 문제가 제기될 수 있다.
④ 공공서비스가 민영화를 통해 정부의 지분이 다수 국민에게 지나치게 분산되면 대주주는 없고 다수의 소액주주만 있어서 공기업에 대한 효과적인 감시가 어려워질 수 있다.

03
사회적 정의 또는 형평성과 관련된 다음 설명 중 가장 옳지 않은 것은?

① 롤스(J. Rawls) 정의론의 제2원리 중 하나인 차등의 원리는 저축의 원리와 양립하는 범위 내에서 가장 불우한 사람들의 편익을 최대화해야 한다는 원리이다.
② 롤스(J. Rawls)에 의하면 형평성이 확보되려면 우선적으로 결과의 평등이 전제되어야만 한다.
③ 형평성이라는 개념은 신행정론의 등장과 더불어 강조되기 시작했으나, 오래 전부터 사용된 사회정의의 개념과 유사하다.
④ 형평성은 헌법상의 평등에서부터 혜택을 받은 자가 비용을 부담해야 한다는 수익자 부담의 원칙에 이르기까지 다양한 의미를 갖고 있다.

04
다원론과 엘리트론에 관한 다음 설명 중 가장 옳지 않은 것은?

① 시민이 바라는 정책은 직선에 의한 시장의 선출이나 지방의회의 구성에서 출발된다는 주장은 다원론과 관련된다.
② 다원론을 전개한 다알(R. Dahl)은 New Haven시를 대상으로 한 연구에서 정책결정을 담당하는 엘리트가 분야별로 다른 형태를 보인다고 설명한다.
③ 고전적 엘리트론자들은 엘리트들은 자율적이며 다른 계층에 대해 책임을 지지 않는다고 인식하였다.
④ 지역사회의 지배구조에 초점을 맞춘 밀스(W. Mills)의 지위접근법은 소수 엘리트가 강한 응집성을 가지고 정책을 결정하고 정치에 무관심한 일반 대중들은 비판 없이 이를 수용한다고 설명한다.

05

정책평가의 타당성을 저해하는 요인에 관한 다음 설명 중 가장 옳은 것은?

① 오염효과란 정책평가 과정에서 효과가 크게 나타날 사람들만 의도적으로 실험집단에 포함시킴으로써 실제보다 정책의 효과가 과대평가되는 경우를 설명하는 개념이다.
② 두 집단 간에 동질성이 있더라도 사회적 대표성이 없으면 일반화가 곤란하다는 표본의 대표성 부족은 내적타당성을 위협하는 요인이다.
③ 크리밍 효과는 어떤 요인이 내적타당성과 외적타당성을 모두 저해할 수 있다는 것을 보여준다.
④ 외적타당성은 실험 도중 측정도구의 변화로 인한 오차와 관련된다.

06

앨리슨(G. Allison) 모형에 관한 다음 설명 중 가장 옳지 않은 것은?

① 앨리슨(G. Allison)의 조직과정모형에 의하면 정부는 느슨하게 연결된 연합체이며 권력은 반독립적인 하위조직에 분산되어 있다.
② 앨리슨(G. Allison)의 조직과정모형은 표준운영절차(SOP)에 의한 정책결정 양상을 강조한다.
③ 앨리슨(G. Allison)의 조직과정모형에 의하면 조직은 장래의 불확실성 자체를 회피하려 하기 보다는 발생확률을 예측하여 불확실성에 대응하려고 한다.
④ 앨리슨(G. Allison)의 조직과정모형은 정책과정에 참여하는 하위조직에 의해 작성된 해결책의 실질적 내용이 크게 수정되지 않고 정책으로 채택된다고 설명한다.

07

다음은 미래를 예측하는 여러 기법에 관한 설명이다. 가장 옳지 않은 것은?

① 명목집단기법(nominal group technique)은 관련자들이 의사결정에 직접 참여하여 대안에 대한 아이디어를 제출하도록 하고 충분한 토의를 거쳐 투표로 의사결정을 하는 기법이다.
② 교차영향분석은 연관사건의 발생여부에 따라 대상 사건이 발생할 가능성에 관한 주관적 판단을 구하고 그 관계를 분석하는 기법이다.
③ 지명반론자기법(devil's advocate method)은 작위적으로 특정 조직원들 또는 집단을 반론을 제기하는 집단으로 지정해 반론자 역할을 부여하고 이들이 제기하는 반론과 이에 대한 제안자의 옹호 과정을 통해 의사결정을 유도하는 기법이다.
④ 변증법적 토론(dialectical inquiry)은 두 집단으로 나누어 토론하기 때문에 특정 대안의 장점과 단점이 최대한 노출될 수 있다.

08

다음은 나카무라(R. Nakamura)와 스몰우드(F. Smallwood)가 제시한 정책평가의 기준이다. 가장 옳지 않은 것은?

① 나카무라(R. Nakamura)와 스몰우드(F. Smallwood)에 의하면 정책집행의 유형에 따라 정책의 평가기준도 달라진다.
② 능률성은 평가의 일차적인 초점이 목적이 아닌 수단에 있으므로 지시적 위임가형에 적합한 평가기준이다.
③ 주민만족도는 질적이고 주관적인 지표보다는 계량화된 지표에 의존하여 정책집행에 의해 이익과 손해를 보는 여러 집단의 만족도를 평가하고자 한다.
④ 체제유지도는 미시적인 수준에서 적용하는 경우에는 관료적 기업가형에 적합한 기준이지만, 궁극적인 적용범위는 한 가지 집행의 유형에만 한정되는 것은 아니다.

09

협상과 관련된 다음 설명 중 가장 옳은 것은?

① 배분적 협상은 이용가능한 자원이 유동적이지만 통합적 협상은 고정적이다.
② 배분적 협상은 승-승 게임이고 통합적 협상은 승-패 게임이다.
③ 배분적 협상은 관계의 지속성이 단기적이지만, 통합적 협상은 장기적이다.
④ 통합형 협상은 자원이 제한되어 있어 제로섬 방식을 기본 전제로 하는 협상이다.

10

지식정보사회와 관련된 다음 설명 중 가장 옳은 것은?

① 4차 산업혁명은 사이버-물리 시스템 혁명이라고 할 수 있다.
② 4차 산업혁명은 3차 산업혁명의 연장선상에 있으며 양자는 근본적인 특성을 공유하고 있다.
③ 블록체인 네트워크는 정부업무, 업무수행에 필요한 데이터, 업무를 지원하는 응용서비스 요소, 데이터와 응용시스템의 실행에 필요한 정보기술, 보안 등의 관계를 구조적으로 연계한 체계로서 정보자원관리의 핵심수단이다.
④ 의사결정지원시스템은 인공지능의 한 응용분야로서 컴퓨터 시스템이 특정분야의 문제해결을 자동적으로 지원하는 시스템이다.

11

리더십 이론과 관련된 다음 설명 중 가장 옳지 않은 것은?

① 리더십에 대한 미시간 대학교의 연구에서는 리더십의 유형을 권위형, 민주형, 방임형으로 분류한다.
② 오하이오 주립대학 연구에서는 구조설정과 배려라는 두 가지 국면을 기준으로 네 가지 리더십 유형을 구분하였다.
③ 블레이크(R. Blake)와 무톤(J. Mouton)은 조직발전 또는 관리발전에 활용할 목적으로 관리유형도라는 개념적 도구를 만들었다.
④ 블레이크(R. Blake)와 무톤(J. Mouton)의 관리유형도에 따르면 무기력형, 컨트리클럽형, 과업형, 중도형, 팀형이라는 기본적인 리더십 유형이 도출된다.

12

구조형성과 관련된 다음 설명 중 가장 옳지 않은 것은?

① 민츠버그(H. Mintzberg)에 의하면 연락 역할 담당자는 상당한 공식적 권한을 부여받아 조직 내 부문 간 의사전달 문제를 처리한다.
② 리커트(R. Likert)의 연결핀 모형에 의하면 관리자는 연결핀으로서 자신이 관리하는 집단의 구성원인 동시에 상사에게 보고하는 관리자 집단의 구성원이다.
③ 계층제는 조직 내의 권한과 책임 및 의무의 정도가 상하의 계층에 따라 달라지도록 조직을 설계하는 것으로, 상의하달의 통로가 확보되는 순기능이 있다.
④ 명령체계는 조직 내 구성원을 연결하는 연속된 권한의 흐름으로, 누가 누구에게 보고하는지를 결정한다.

13
전문경력관과 관련된 다음 설명 중 가장 옳지 않은 것은?
① 소속 장관은 해당 기관의 일반직 공무원 직위 중 순환보직이 곤란하거나 장기 재직 등이 필요한 특수 업무 분야의 직위를 인사혁신처장과 협의하여 전문경력관 직위로 지정할 수 있다.
② 전문경력관 직위의 군은 직무의 특성·난이도 및 직무에 요구되는 숙련도 등에 따라 구분한다.
③ 전문경력관은 일반직 공무원과 마찬가지로 계급 구분과 직군 및 직렬의 분류를 허용한다.
④ 임용권자는 일정한 경우에 전직시험을 거쳐 전문경력관을 다른 일반직 공무원으로 전직시킬 수 있다.

14
시험의 타당성과 관련된 다음 설명 중 가장 옳은 것은?
① 구성타당성은 하나의 측정도구를 이용하여 측정한 결과와 다른 기준을 적용하여 측정한 결과를 비교했을 때 도출된 연관성의 정도이다.
② 동시적 타당성 검증과 예측적 타당성 검증은 구성타당성을 검증하는 수단이다.
③ 차별적 타당성은 서로 다른 이론적 구성개념을 나타내는 측정지표 간의 관계를 의미하며, 서로 다른 구성개념을 측정하는 지표 간의 상관관계가 낮을수록 차별적 타당성이 높다.
④ 신뢰성은 시험과 기준과의 관계를 나타내는 요소이고 타당성은 시험 그 자체의 문제이다.

15
공무원의 배치전환과 관련된 다음 설명 중 가장 옳지 않은 것은?
① 전보는 국가적 사업의 수행을 위해 공무원의 소속을 바꾸지 않고 일시적으로 다른 기관이나 국가기관 이외의 기관 및 단체에서 근무하게 하는 것을 말한다.
② 전보의 오용과 남용을 방지하기 위해 전보가 제한되는 기간이나 범위를 두고 있다.
③ 인사혁신처장은 필요에 따라 인사교류계획을 수립하고, 국무총리의 승인을 받아 이를 실시할 수 있다.
④ 겸임은 한 사람에게 둘 이상의 직위를 부여하는 것으로 그 대상은 일반직 공무원이며, 겸임기간은 2년 이내로 한다.

16
실적주의와 관련된 다음 설명 중 가장 옳은 것은?
① 킹슬리(D. Kingsley)가 처음 사용한 개념인 실적주의는 임명직 관료집단이 민주적 방법으로 행동하도록 하기 위한 방안으로 도입되었다.
② 미국은 팬들턴법(Pendleton Act), 영국은 해치법(Hatch Act)이 실적주의 등장의 계기가 되었다.
③ 미국의 펜들턴법(Pendleton Act)은 영국의 공무원 체제에서 활용되고 있었던 실적제의 영향을 받았다.
④ 펜들턴법은 공무원의 중립성, 성과급 제도, 공무원의 교육과 훈련, 공개경쟁시험의 실시 등을 규정하고 있다.

17

성인지 예산과 관련된 다음 설명 중 가장 옳은 것은?

① 국가와 지방자치단체 모두에 대해 성인지 예산서 및 성인지 결산서의 작성을 의무화하고 있다.
② 성인지 예산서는 기획재정부장관이 각 중앙관서의 장과 협의하여 제시한 작성기준 및 방식 등에 따라 여성가족부장관이 작성한다.
③ 우리나라의 경우 대부분의 재정사업에 대해 성인지 예산서·결산서를 작성하도록 하고 있다.
④ 국회는 성인지 예산서와 결산서를 예산안이나 결산서와는 독립적인 안건으로 상정하여 심사를 진행하여야 한다.

18

다음은 세계잉여금과 관련된 내용이다. 가장 옳은 것은?

① 세계잉여금을 산정함에 있어 일반회계, 특별회계가 포함되고 기금은 제외된다.
② 결산의 결과 발생한 세계잉여금은 전액 추가경정예산에 편성하여야 한다.
③ 세계잉여금은 지방교부세 및 지방교육재정교부금의 정산과 추가경정예산안의 편성에 사용할 수 없다.
④ 세계잉여금의 사용 또는 출연은 국회의 사전 동의를 받아야 하며, 사용하거나 출연한 금액을 공제한 잔액은 다음 연도의 세입에 이입하여야 한다.

19

분쟁의 해결과 관련된 다음 설명 중 가장 옳은 것은?

① 중앙행정기관의 장과 지방자치단체의 장이 사무를 처리할 때 의견을 달리하는 경우 이를 협의·조정하기 위하여 행정안전부장관 소속으로 행정협의조정위원회를 둔다.
② 중앙정부와 지방정부 간 갈등을 해결하기 위하여 설치된 행정협의조정위원회의 결정은 강제력을 지닌다.
③ 중앙정부와 지방정부 간 사무권한과 관련된 갈등이 발생한 경우 헌법재판소에 권한쟁의심판을 청구할 수 있다.
④ 지방자치단체 상호간이나 지방자치단체의 장 상호간 사무를 처리할 때 의견이 달라 생긴 분쟁의 조정과 행정협의회에서 합의가 이루어지지 아니한 사항의 조정에 필요한 사항을 심의·의결하기 위하여 국무총리실에 중앙분쟁조정위원회를 둔다.

20

우리나라의 지방자치와 관련된 다음 설명 중 가장 옳은 것은?

① 지방자치단체인 구는 특별시와 광역시의 관할 구역 안의 구만을 말한다.
② 기초자치단체인 시가 인구 50만 이상일 때에는 구를 두어 별도의 세원을 갖는다.
③ 자치구가 아닌 구의 명칭과 구역의 변경은 그 지방자치단체의 규칙으로 정한다.
④ 서울시 송파구와 강남구의 관할 구역 경계를 변경하기 위해서는 법률의 개정이 필요하다.

제3회 동형모의고사

01
다음은 피터스(G. Peters)가 제시한 거버넌스 모형이다. 가장 옳은 것은?
① 시장모형은 문제의 진단기준을 내부규제에 두며 관리개혁 방안으로 재량권의 확대를 제안한다.
② 참여모형은 문제의 진단기준을 계층제에 두며 구조개혁 방안으로 가상조직을 제안한다.
③ 유연모형은 관리의 개혁방안으로 가변적 인사관리를 제시한다.
④ 탈규제모형은 시장의 활성화를 추구하기 위하여 경제적 규제를 완화하고 정부의 권한을 축소해야 한다고 본다.

02
공유지의 비극과 관련된 다음 설명 중 가장 옳은 것은?
① 공유지의 비극이 초래하는 외부효과는 정부의 직접 공급을 통하여 해결하는 것이 바람직하다.
② 공유지의 비극을 해결하기 위한 방법 중 하나는 재화의 재산권을 명확히 하는 것이다.
③ 하딘(G. Hardin)은 공유지의 비극을 방지하기 위하여 정부규제의 강화를 주장하였다.
④ 오스트롬(E. Ostrom)은 정부규제에 의해 공유자원의 고갈을 방지할 수 있다는 이론을 제시하였다.

03
신제도주의와 관련된 다음 설명 중 가장 옳은 것은?
① 각국에서 채택된 정책의 상이성과 효과를 역사적으로 형성된 제도에서 찾으려는 신제도주의 접근은 제도의 변화와 개혁을 지향한다는 점에서 행태주의와 같다.
② 신제도주의는 정치체제를 둘러싼 도덕적이고 규범적인 원칙을 논의하고 있다.
③ 신제도주의는 외생변수로 다루어졌던 정책 혹은 행정환경을 내생변수로 분석대상에 포함시키고 있다.
④ 신제도주의에 의하면 개인의 선호는 제도에 의해서 제약되므로 제도가 개인들 간 상호작용의 결과에 의해 변화할 수는 없다.

04
사회적 기업과 관련된 다음 설명 중 가장 옳은 것은?
① 자원봉사자로만 구성된 비영리조직이라도 사회적 기업으로 인증받을 수 있다.
② 사회적 기업은 다양한 이해관계자가 실질적으로 참여하는 민주적 의사결정 구조를 갖추어야 한다.
③ 우리나라의 사회적 기업은 이익을 재투자하거나 그 일부를 연계기업에 배분할 수 있다.
④ 정부는 매년 사회적 기업의 활동실태를 조사하고 그 육성계획을 수립·추진하여야 한다.

05
다음 중 숙의민주주의와 가장 관련이 먼 제도는?
① 주민배심
② 여론조사
③ 협의회의
④ 시민회의

06
정책집행에 관한 통합모형의 설명 중 가장 옳지 않은 것은?
① 정책옹호연합모형은 사바티어(P. Sabatier) 등에 의해 종전의 정책과정 단계모형의 한계를 극복하기 위하여 개발되었으며, 집행과정보다 정책변화 또는 정책학습에 초점을 맞춘 이론이다.
② 엘모어(R. Elmore)는 통합모형에서 정책결정자들이 정책설계단계에서는 하향적으로 정책목표를 결정하고, 정책수단을 강구할 때에는 상향적 접근법을 수용하여 가장 집행가능성이 높은 수단을 선택해야 한다고 주장한다.
③ 매틀랜드(R. Matlang)가 분류한 정책집행 모형 중 모호성이 낮고 갈등이 높은 상황에서는 매수(side payment)나 담합(log-rolling) 등과 같은 방식으로 해결되기도 하며, 순응을 확보하기 위해서는 강압적 또는 보상적 수단이 중요해진다.
④ 매틀랜드(R. Matlang)가 분류한 정책집행 모형 중 모호성이 낮고 갈등이 높은 상황에서는 정책목표가 명확하지 않기 때문에 집행과정은 목표의 해석과정으로 이해될 수 있다.

07
정책집행의 하향적 접근방법에 관한 다음 설명 중 가장 옳은 것은?
① 공식적인 정책목표를 중요한 변수로 취급하지 않는다.
② 정책목표와 수단 간의 타당한 인과관계를 전제로 하지만 다원화된 사회에서는 불가능한 경우가 많다.
③ 정책결정과 정책집행 간의 엄밀한 구분에 의문을 제기한다.
④ 행위자들의 동기, 전략, 행동, 상호작용 등에 주목하며 일선공무원들의 전문지식과 문제해결능력을 중시한다.

08
다음은 미국의 통치엘리트론에 대한 설명이다. 가장 옳지 않은 것은?
① 밀스(W. Mills)는 엘리트 중 가장 중요한 권력엘리트는 대기업엘리트, 정치엘리트 그리고 군사엘리트라고 주장하였다.
② 밀스(W. Mills)는 지배적인 엘리트들이 공통의 사회적 배경과 이념 및 상호 관련된 이해관계를 공유하고 있다고 주장하였다.
③ 헌터(F. hunter)의 명성접근법은 사회적 명성이 있는 소수자들이 결정한 정책을 일반대중이 수용한다는 입장이다.
④ 헌터(F. hunter)는 지역사회연구를 통해 응집력과 동료의식이 강하고 협력적인 정치엘리트들이 지역사회를 지배한다는 엘리트론을 주장하였다.

09
정책집행과 관련된 다음 설명 중 가장 옳은 것은?
① 불특정 다수인이 혜택을 보는 경우보다 특정한 집단이 배타적으로 혜택을 보는 경우가 강력한 지지를 얻을 수도 있다.
② 재분배정책의 경우 사회적 합의로 인하여 집행과 관련한 갈등이나 반대가 상대적으로 약하므로 정책집행이 성공할 가능성이 높아진다.
③ 대상집단의 범위가 광범위하고 활동이 다양한 경우 정책집행이 용이하지만 정책을 통해 해결하려는 문제가 정책집행 체계의 역량을 넘어서는 경우에는 정책집행이 지체될 수 있다.
④ 수혜집단과 희생집단의 규모가 비슷하고 양 집단의 조직화 정도가 강할 경우에는 정책집행이 용이하다.

10
다음은 페로우(C. Perrow)가 제시한 기술의 유형이다. 가장 옳지 않은 것은?
① 페로우(C. Perrow)는 조직원이 업무를 처리하는 과정에서 발생하는 예외적인 사건의 정도와 업무처리가 표준화된 절차에 의해 수행되는 정도를 기준으로 조직의 기술을 구분하였다.
② 장인기술은 발생하는 문제가 일상적이지 않아 분권화된 의사결정구조가 필요하다.
③ 장인기술은 대체로 유기적 조직구조와 부합한다.
④ 비일상적 기술은 과제의 다양성으로 인해 많은 계량적 정보가 요구되기에 대규모 데이터베이스 등의 지원이 필요하다.

11
민원행정과 관련된 다음 설명 중 가장 옳지 않은 것은?
① 현재 행정기관의 장은 해당 기관에서 처리할 민원사항에 대하여 관계 법령에서 종이문서로 신청하도록 규정하고 있는 경우에는 이를 전자문서로 신청을 하게 할 수 없다.
② 현재 민원사항과 관련하여 전자문서로 신청을 하는 경우 전자문서에 첨부되는 서류는 전자화문서로 할 수 있다.
③ 현재 행정기관의 민원인이 제출하여야 하는 구비서류가 행정기관이 전자문서로 발급할 수 있는 문서인 경우에는 직접 그 구비서류를 발급하는 기관으로부터 발급받아 업무를 처리해야 한다.
④ 행정기관 등의 장은 민원인이 첨부·제출하여야 하는 증빙서류 등 구비서류가 행정기관 등이 전자문서로 발급할 수 있는 문서인 경우 민원인이 관계 법령에서 정한 수수료를 냈을 때에만, 직접 그 구비서류를 발급하는 기관으로부터 발급받아 업무를 처리할 수 있다.

12
탈관료제 모형과 관련된 다음 설명 중 가장 옳은 것은?
① 네트워크조직은 매우 복잡한 조직구조를 갖는 단점을 가지고 있다.
② 가상조직에서도 과거의 관료제와 마찬가지로 조직의 경계가 중요하다.
③ 가상조직은 영구적이기보다는 잠정적이고 임시적 조직이라는 특징을 지닌다.
④ 공동화조직은 기획 및 조정기능의 위임과 위탁을 통해 업무를 간소화하려는 노력이다.

13
갈등의 원인 중 구조적 요인에 해당하지 않는 것은 무엇인가?

① 의사전달의 미흡 또는 장애
② 기능이나 업무의 특성에 따른 분업구조
③ 제한된 자원의 부서 간 공유
④ 업무의 연계성

14
다음은 다운스(A. Downs)가 제시한 조직 내 인간의 유형에 대한 설명이다. 가장 옳은 것은?

① 보전형은 시간이 흐를수록 보수주의적 경향을 띨 확률이 높다.
② 열중형은 포괄적 기능이나 조직 전체에 충성하는 유형으로 가장 적극적으로 관료적 제국주의 성향을 보인다.
③ 창도가형은 자신과 동일시되는 사업에만 온 신명을 바치는 유형이다.
④ 경세가형은 점증주의와는 관련이 크며, 조직 내에서 또 다른 조직을 만들기도 한다.

15
다음은 갈등의 관리전략에 대한 설명이다. 가장 옳지 않은 것은?

① 갈등관리 전략으로서 조성전략은 갈등의 순기능적 측면에 입각해 있다.
② 갈등관리가 당사자들이 느끼는 잠재적 갈등상태까지를 포함하는 것은 아니다.
③ 갈등은 유해하며 역기능적인 것이 지배적이라고 보는 관점에서는 조성전략이 구상될 수 없다.
④ 조직침체 극복을 위한 갈등조장을 위해서는 불확실성을 높이는 전략이 유효하다.

16
전자정부와 관련된 다음 설명 중 가장 옳은 것은?

① 정보통신기술을 이용한 전자결재 및 전자문서의 유통은 행정의 투명성을 제고할 것이다.
② 전자정부의 구현으로 중간관리층의 규모가 축소되어 행정농도가 낮아질 것이다.
③ 전자정부는 공개지향 정부로서 정부가 보유하고 있는 모든 정보에 대해 접근이 가능하다.
④ 전자정부의 구현은 참여 증진을 통한 민주주의의 발전, 대고객 관계의 인간화 촉진, 행정의 생산성 향상 등의 효용을 가져올 수 있다.

17
국민권익위원회와 관련된 다음 설명 중 가장 옳지 않은 것은?

① 국민권익위원회는 국무총리 소속이며, 상임위원은 국무총리가 제청하고 대통령이 임명한다.
② 국민권익위원회 위원장과 위원의 임기는 각각 3년으로 하되, 1차에 한하여 연임할 수 있다.
③ 국민권익위원회에 중앙행정심판위원회를 두도록 하고, 국민권익위원회의 부위원장 중 1명이 중앙행정심판위원회의 위원장이 된다.
④ 국민권익위원회에 대한 고충민원은 국내에 거주하는 외국인도 신청할 수 있다.

18

균형성과표(BSC)와 관련된 다음 설명 중 가장 옳은 것은?

① 균형성과표(BSC)는 조직구성원 학습, 내부절차 및 성장과 함께, 정책 관련 고객의 중요성을 강조하지만, 고객이 아닌 이해당사자들에 대한 의사소통 채널에 대해서는 관심의 정도가 낮아 한계로 지적되고 있다.
② 균형성과표(BSC)의 내부프로세스 관점에서는 통합적인 일처리 절차보다 개별 부서별로 따로따로 이루어지는 일처리 방식에 초점을 맞춘다.
③ 공공조직은 무형자산으로부터 지원받는 내부프로세스 성과를 통해 성과를 창출할 가능성이 크다.
④ 균형성과표(BSC)를 정부부문에 적용시키는 경우 가장 중요한 변화는 재무적 관점보다 학습과 성장의 관점이 강조되어야 한다는 점이다.

19

직업공무원제와 관련된 다음 설명 중 가장 옳은 것은?

① 직업공무원제는 관료제에 대한 정당 및 정치지도자의 지도력과 통솔력을 강화하는 수단이 될 수 있다.
② 직업공무원이 선출직 공무원에게 책임을 지도록 조직화된 이유는 정부의 능률성을 제고하기 위함이다.
③ 행정의 전문성을 높이기 위해서는 공무원 신분을 보장함으로써 외부 전문가가 공직에 진출하도록 유도하는 직업공무원제가 확립될 필요가 있다.
④ 직업공무원제는 공직에 종사하는 것을 일생의 직업으로 생각하도록 하는 제도로 실적주의 요소와 공통점이 많다.

20

직무평가의 방법에 관한 다음 설명 중 가장 옳은 것은?

① 서열법은 직무평가표에 따라 직무의 세부 구성요소들을 구분한 후 요소별 가치를 점수화하여 측정하는데, 요소별 점수를 합산한 총점이 직무의 상대적 가치를 나타낸다.
② 서열법은 직무와 직무를 직접 비교하기 때문에 주관성의 배제에는 유리하지만 비용이 많이 든다는 단점이 있다.
③ 분류법은 대표가 될 만한 직무들을 선정하여 기준직무(key job)로 정해놓고 각 요소별로 평가할 직무와 기준직무를 비교해가며 점수를 부여하는 방법이다.
④ 점수법은 직무평가기준표에 따라 직무의 세부 구성요소들을 구분한 후 요소별 가치를 점수화하여 측정하는데, 요소별 점수를 합산한 총점이 직무의 상대적 가치를 나타낸다.

제4회 동형모의고사

01
엽관주의와 관련된 다음 설명 중 가장 옳지 않은 것은?
① 민주정치의 발달과 불가분의 관계가 있는 엽관주의는 관료기구와 국민의 동질성을 확보하기 위한 수단으로 발전했다.
② 엽관주의는 1829년 미국의 잭슨 대통령이 의회에서 발표한 연두교서에서부터 더욱 강화되었다.
③ 미국의 잭슨(A. Jackson) 대통령은 공무원의 장기근무의 순기능을 강조하면서 공직의 대중화를 도모하였다.
④ 엽관주의는 정당에 대한 충성과 공헌도를 기준으로 임용하므로 대통령의 정책구현을 용이하게 한다.

02
직위분류제에 관한 다음 설명 중 가장 옳은 것은?
① 직위분류제에서는 인사업무, 예산업무, 정책집행업무 등 서로 다른 직무 간의 상호이동이 곤란하다.
② 직위분류제는 특정 직위에 맞는 사람을 배치하는 제도이기 때문에 직위나 직무의 변화상황에 신속히 대처할 수 있는 상황적응적인 인사제도라고 할 수 있다.
③ 직위분류제에서는 직무의 전문성을 중심으로 운영되기 때문에 신분보장이 강화된다.
④ 직위분류제는 조직의 횡적 의사소통을 수월하게 하며, 봉급 수준의 단계적 차이의 근거를 제공해 준다.

03
다음은 공직윤리와 관련된 「공직자윤리법」의 규정이다. 가장 옳은 것은?
① 공무원의 직무와 재산상 이해 간 충돌을 방지하기 위해 노력할 의무는 지방자치단체에 있지 않고 공무원 자신에게 있다.
② 주식백지신탁제도라 함은 공직자의 재산과 그가 담당하는 직무 사이에 발생하는 이해충돌을 사전에 회피하는 제도이다.
③ 재산공개 대상자가 직무 관련성이 있는 경우 매각 혹은 백지신탁해야 하는 주식의 하한가액은 5천만원이다.
④ 「공직자윤리법」과 그 시행령에 의하면 재산 공개 대상자등 및 그 이해관계인이 보유하고 있는 주식의 직무관련성을 심사·결정하기 위하여 국무총리실에 주식백지신탁 심사위원회를 둔다.

04
우리나라의 중앙인사기관과 관련된 다음 설명 중 가장 옳지 않은 것은?
① 과거 중앙인사위원회는 합의제 중앙인사기관으로 1999년부터 2008년까지 존속했다.
② 현재 우리나라 인사혁신처는 비독립 단독형 중앙인사기관으로 설립되어 있다.
③ 현재 우리나라의 중앙인사기관은 인사에 대한 의사결정이 신속하고, 책임소재의 명확화가 가능한 유형이다.
④ 현재 우리나라의 중앙인사기관은 행정수반의 적극적인 지원을 받고 있어 인사상의 공정성 확보가 용이하다.

05
기금과 관련된 다음 설명 중 가장 옳은 것은?
① 기금이란 국가가 특정한 목적을 위하여 특정한 자금을 신축적으로 운용할 필요가 있을 때에 한하여 법령으로 설치한다.
② 정부기금은 세입·세출예산 내에서 운영해야 하며, 재원의 자율적 운영을 위하여 국회의 심의를 거치지 않는다.
③ 기금관리주체는 매년 1월 31일까지 당해 회계연도부터 5회계연도 이상의 기간 동안의 신규사업 및 기획재정부장관이 정하는 주요 계속사업에 대한 중기사업계획서를 기획재정부장관에게 제출하여야 한다.
④ 정부는 주요항목 단위로 마련된 기금운용계획안을 회계연도 개시 60일 전까지 국회에 제출하여야 한다.

06
예산심의와 관련된 다음 설명 중 가장 옳은 것은?
① 예산심의란 행정 각 부처에서 제시한 예산계획서를 기획재정부에 송부하고 기획재정부에서 검토하는 중에 문제가 있는 경우 행정 각부의 예산담당관을 불러 질의하는 절차이다.
② 우리나라는 예산심의 과정에서 국회 상임위원회가 소관 부처의 이해관계를 대변하기 쉽다.
③ 한국은 미국과 같이 정부의 동의 없이 정부가 제출한 지출예산 각 항목의 금액을 증액하거나 새 비목을 설치할 수 없다.
④ 우리나라는 새로운 회계연도가 개시될 때까지 예산안이 국회에서 의결되지 못한 경우에 대비하여 가예산 제도를 시행하고 있다.

07
자본예산제도에 관한 다음 설명 중 가장 옳은 것은?
① 자본예산제도는 사회간접자본 등 지역사회에 미치는 외부적 효과가 적은 것을 그 대상으로 삼는 것이 바람직하다.
② 자본예산제도는 경기침체기에 흑자예산을 편성하고 경기과열기에 적자예산을 편성하여 경기변동의 조절에 도움을 준다.
③ 자본예산제도는 경상적 지출과 자본적 지출을 분리·계리함으로써 재정의 기본구조를 이해하는 데 도움을 준다.
④ 자본예산제도는 재정의 안정화 정책, 중장기 예산운용, 부채의 정당화, 예산의 적자재정 편성 등의 특징을 지닌다.

08
조례의 제정에 관한 다음 설명 중 가장 옳은 것은?
① 지방의회에서 의결된 조례안은 10일 이내에 지방자치단체의 장에게 이송되어야 한다.
② 재의요구를 받은 조례안은 재적의원 과반수의 출석과 출석의원 과반수의 찬성으로 재의결되면, 조례로 확정된다.
③ 지방자치단체의 장은 재의결된 조례가 법령에 위반된다고 판단되면 재의결된 날부터 20일 이내에 대법원에 제소할 수 있다.
④ 지방자치단체의 장은 재의요구에 대해 지방의회가 이행하지 않을 경우에 직무이행명령권을 행사할 수 있다.

09
분쟁의 해결과 관련된 다음 설명 중 가장 옳지 않은 것은?
① 지방자치단체 상호 간에 분쟁이 발생할 경우 행정안전부장관 또는 시·도지사가 당사자의 신청에 의하여 이를 조정할 수 있다.
② 지방자치단체 상호 간 분쟁이 공익을 현저히 저해하여 조속한 조정이 필요하다고 인정될 경우에는 당사자의 신청이 없어도 행정안전부장관 또는 시·도지사가 직권으로 이를 조정할 수 있다.
③ 중앙분쟁조정위원회는 중앙행정기관의 장과 지방자치단체의 장이 사무를 처리할 때 의견을 달리하는 경우 이를 협의·조정하기 위하여 설치한 기구이다.
④ 동일 광역자치단체 내 기초자치단체 간의 분쟁은 지방분쟁조정위원회에서 조정한다.

10
다음은 새롭게 강조되는 규제샌드박스와 관련된 설명이다. 가장 옳지 않은 것은?
① 규제샌드박스란 새로운 제품이나 서비스가 출시될 때 일정 기간 동안 기존 규제를 면제·유예시켜주는 제도를 말한다.
② 규제신속 확인제도는 시장 행위자가 제품출시 등에 직면하여 발생하는 규제의 불확실성을 제거해 주기 위해 신기술·신산업 관련 규제의 존재 여부와 내용을 문의하면 30일 이내에 회신을 받을 수 있도록 하는 것이다.
③ 임시허가는 제품의 안정성이 불확실한 혁신적인 제품이 시장의 출시를 앞두고 관련 규제를 적용하는 것이 곤란할 때 임시허가를 통해 제품의 출시를 허용하고, 2년 이내에 관련 법령의 정비를 의무화하는 제도이다.
④ 실증특례는 관련 법령의 모호성이나 불합리성 혹은 금지규정의 존재로 인해 신제품이나 신서비스의 사업화가 제한적일 경우, 일정한 조건 하에서 기존 규제의 적용을 배제한 실증 테스트가 가능하도록 하는 제도이다.

11
신공공서비스론과 관련된 다음 설명 중 가장 옳지 않은 것은?
① 신공공서비스론은 생산성뿐만 아니라 법, 공동체, 정치규범, 전문성, 시민이익의 존중 등 다면적 책임성을 강조한다.
② 신공공서비스론은 전략적 합리성을 강조하며 공유가치에 대한 담론의 결과를 공익으로 본다.
③ 신공공서비스론에 의하면 공공의 욕구를 충족시키기 위한 정책은 집합적 노력과 협력적 과정을 통하여 그 효과성을 높여야 한다.
④ 신공공서비스론은 주요 통제권이 조직 내 유보된 분권화된 조직을 처방한다.

12
정부실패와 관련된 다음의 설명 중 가장 옳은 것은?
① 정부실패의 원인 중 내부성은 정부 산출물의 환류, 최신 기술에의 집착, 정보의 획득과 통제, 할거주의 등에 의해 발생한다.
② 정부실패는 정부서비스의 공급 차원의 문제로 인해 발생하는 것이지 정부서비스에 대한 수요 측면과는 무관하다.
③ 어떤 정책의 채택으로 인해 이득을 보게 될 집단이 절대 다수이고, 이런 정책의 비용을 부담해야 할 집단이 소수인 경우에도 정치적 이유에 의해서 초과수요를 초래할 수 있다.
④ 장기적 이익을 중시하는 정치인의 성향과 문제해결의 당위성만을 강조하는 왜곡된 보상체계는 정부실패의 원인이다.

13
다음 중 진화론적 합리성과 관련된 가장 옳지 않은 설명은?

① 진화론적 합리성은 변이와 선택의 과정이 반복되면서 환경의 요구에 보다 잘 부합하는 대안이 발견되는 현상을 의미한다.
② 진화론적 합리성은 목표가 사전에 주어져 있지 않다고 본다는 점에서 목표가 명확하게 주어진 것으로 보는 내용적 합리성과 상이하다.
③ 진화론적 합리성은 선택의 과정에 논의의 초점을 둔다는 점에서는 내용적 합리성과 상이하다.
④ 진화론적 합리성에 의하면 진화론적 과정은 매우 근시안적이고 진화의 결과가 항상 전체적인 최적 상태라는 보장은 없으며, 국지적인 최적 상태의 달성에 그치게 된다.

14
의제설정과 관련된 다음 설명 중 가장 옳은 것은?

① 다원주의에 의하면 인간의 주의집중력은 한계가 있으므로 일부의 사회문제만이 정책의제로 선택된다.
② 사이먼(H. Simon)의 의사결정론에 의하면 문지기(gate-keeper)가 선호하는 문제만이 정책의제로 채택된다.
③ 사이먼(H. Simon)의 의사결정론은 왜 특정의 문제가 정책문제로 채택되고 다른 문제는 제외되는가에 대한 설명에는 한계가 있다.
④ 체제이론은 모든 의제가 선택되지 못하는 것은 정책결정자가 자연인으로서 지니는 인식능력의 한계 때문이라고 본다.

15
콥(R. Cobb)과 엘더(C. Elder)가 언급한 체제의제(systematic agenda)와 관련된 다음 설명 중 가장 옳은 것은?

① 체제의제는 특정 쟁점에 대해 정책대안이나 수단을 모색할 수 있을 정도로 구체적인 상태이다.
② 체제의제는 일반대중의 주목을 받을 가치는 있으나, 아직 정부가 문제해결을 하는 것이 정당한 것으로 인정되지 않은 상태를 말한다.
③ 체제의제는 일반국민들이 관심을 가지는 문제이며, 국민들이 관심을 가지는 사항은 모두 다 체제의제가 된다.
④ 체제의제는 개인이나 민간차원에서 쉽사리 해결될 수 없어서 정부가 이를 해결해야 한다고 많은 사람들이 생각하는 정책적 해결 필요성이 있는 의제를 의미한다.

16
다음은 정책문제 구조화기법에 관한 설명이다. 가장 옳은 것은?

① 제1종 오류를 방지하는 것이 정책문제 구조화의 핵심으로 간주된다.
② 경계분석은 정책문제와 관련된 여러 구조화되지 않은 가설들을 창의적으로 통합하기 위해 사용하는 기법으로 이전에 건의된 정책부터 분석한다.
③ 분류분석은 정책문제의 존속기간 및 형성과정을 파악하기 위해 사용하는 기법으로 포화표본추출(saturation sampling)을 통해 관련 이해당사자를 선정하는 것과 관련이 깊다.
④ 계층분석은 간접적이고 불확실한 원인으로부터 차츰 확실한 원인을 차례로 확인해 나가는 기법으로 인과관계의 파악을 주된 목적으로 한다.

17
예산의 결정과 관련된 다음 설명 중 가장 옳지 않은 것은?

① 예산이 충분한 완화된 희소성하에서는 신규 사업의 개발에 역점을 두게 된다.
② 만성적 희소성하에서 예산은 주로 지출통제보다는 관리의 개선에 역점을 두게 된다.
③ 급격한 희소성은 가용자원이 정부의 계속사업을 지속할 만큼 충분하지 못한 경우에 발생한다.
④ 총체적 희소성하에서는 반복적인 답습예산에 의존한다.

18
우리나라에 도입된 총액인건비제도와 관련된 다음 설명 중 가장 옳지 않은 것은?

① 총액인건비제도는 당해 연도에 편성된 총액인건비 예산의 범위 안에서 기구·정원, 보수, 예산의 운영에 관한 자율성을 가지되, 그 결과에 대해 책임을 지는 제도를 말한다.
② 총액인건비제도는 김대중 정부에서 중앙행정기관 및 지방자치단체에 처음 도입된 후 공공기관으로 확대되었다.
③ 지방정부 역시 2007년부터 총액인건비제도가 도입되었으며, 2014년 기준인건비로 명칭을 변경하였다.
④ 총액인건비제도의 도입으로 과 단위기구의 설치까지 중앙행정기관의 자율성이 인정된다.

19
우리나라의 자치권과 관련된 다음 설명 중 가장 옳지 않은 것은?

① 주민의 지방정부에 대한 참정권은 법률에 의해 제한되며 지방정부의 과세권 역시 법률로 제한된다.
② 지방자치단체의 장은 법령의 범위 안에서 그 사무에 관하여 조례를 정할 수 있다. 다만, 주민의 권리 제한에 관한 사항은 법률의 위임이 있어야 한다.
③ 지방자치단체는 조례를 위반한 행위에 대하여 조례로써 과태료를 정할 수 있으며, 그 과태료는 해당 지방자치단체의 장이 부과·징수한다.
④ 지방자치단체는 공공시설을 부정사용한 자에 대하여 과태료를 부과하는 규정을 조례로 정할 수 있다.

20
주민참여와 관련된 다음 설명 중 가장 옳은 것은?

① 지방자치제가 1995년 부활한 이후 주민투표제, 주민소환제, 주민소송제, 주민참여예산제의 순서로 도입되었다.
② 주민소환은 지방행정의 민주성과 책임성을 제고할 목적으로 도입한 주민의 간접참여 방식의 제도이다.
③ 주민발안은 일정한 수의 유권자의 서명으로 조례의 제정 또는 개·폐에 관하여 주민이 직접 발의하는 제도이다.
④ 주민투표는 1994년 「지방자치법」의 개정에서 도입된 이래 지금까지 시행되고 있다.

제5회 동형모의고사

01
다음은 관리과학에서 사용되는 여러 기법들에 관한 내용이다. 가장 옳은 것은?
① 선형계획은 일정한 제약요건 하에서 한정된 자원을 최적으로 결합하여 이윤극대화 또는 비용극소화 전략을 강구하는 기법이다.
② 동적계획법은 제약조건 하의 결과와 최적 상황의 결과와의 차이를 고려하면서 대안을 선택하는 기법이다.
③ 상관분석은 독립변수 한 단위 증가에 따른 종속변수의 변화량을 알아보는 분석기법이다.
④ 회귀분석은 하나의 문제를 더 작은 구성요소로 분해하고, 이 요소들을 둘씩 짝을 지어 비교하는 일련의 비교판단을 통해, 각 요소들의 영향력에 대한 상대적인 강도와 효용성을 나타내는 방법이다.

02
공모직위와 관련된 다음 설명 중 가장 옳지 않은 것은?
① 공모직위는 부처 간 할거주의를 극복하기 위한 것을 중요한 목적으로 하기 때문에 가능한 현직 공무원의 임용을 제한하고 있다.
② 공모직위는 타 부처 공무원들과의 경쟁을 통해 최적임자를 선발하는 제도로 경력직 고위공무원단 직위 수의 30% 범위에서 지정한다.
③ 공모직위에 임용되는 공무원은 전보·승진·전직 또는 경력경쟁채용의 방법에 의하여 임용하여야 한다.
④ 공무원이 공모직위를 통해 임용된 경우 공히 임용기간 만료 후 원 소속으로 복귀가 가능하다.

03
우리나라의 근무성적평정에 관한 다음 설명 중 가장 옳은 것은?
① 우리나라에서 많은 평정자들은 승진에 임박한 선임순위자들을 우대하는 소위 역산제라는 오류를 범하고 있다.
② 성과계약 등 평가는 정기평가와 수시평가로 나눌 수 있으며, 정기평가는 6월 30일과 12월 31일 기준으로 연 2회 실시한다.
③ 근무성적평가제는 4급 이상 공무원을 대상으로 하며, 매년 말일을 기준으로 연 1회 평가가 실시된다.
④ 근무성적평가제는 공정한 평가를 위해 평가자와 피평가자의 사전협의가 금지된다.

04
다음은 정책과정에 관한 다원론의 견해이다. 가장 옳지 않은 것은?
① 다원주의는 개인 차원에서 정책결정에 직접적 영향력을 행사하기가 수월하다.
② 잠재이익집단이론은 정부는 로비활동이 강한 소수 이익집단의 이익보다는 말 없는 다수 이익집단의 이익을 고려하여 정책을 결정한다는 것이다.
③ 공공이익집단이론은 특수 이익보다는 공익에 가까운 주장을 하는 이익집단의 이익이 정책에 반영된다는 것이다.
④ 달(R. Dahl)은 다원론의 관점에서 미국은 민주주의 국가이기 때문에 특정한 어느 개인이나 집단이 독점적 주도권을 행사하기 어렵다고 주장하였다.

05

정책결정요인론과 관련된 다음 설명 중 가장 옳은 것은?

① 도슨(R. Dawson)과 로빈슨(J. Roinson)의 허위관계에 의하면 경제적 변수는 정책의 내용에 영향을 미치지 못한다.
② 도슨(R. Dawson)과 로빈슨(J. Robinson)이 주장한 '경제적 자원모형'에 의하면 소득, 인구 등의 사회·경제적 요인이 정책내용을 결정하며, 정치적 변수는 정책에 단독으로 영향을 미치지 못한다.
③ 도슨(R. Dawson)과 로빈슨(J. Robinson)이 주장한 '경제적 자원모형'에 의하면 정치체제는 환경변수와 정책내용 간의 매개변수이므로 사회경제적 변수, 정치체제, 정책은 순차적 관계에 있게 된다.
④ 너드(C. Cnudde)와 맥크론(D. McCrone)의 연구에서 혼란관계라고 주장하는 것은 경제적 변수의 독립적 영향을 부정하는 것이다.

06

탈관료제 모형과 관련된 다음 설명 중 가장 옳은 것은?

① 계서제 없는 조직은 소집단의 연합체 형성, 책임과 권한에 따른 보수의 차등화, 집단 내 또는 집단 간 협동적 과정을 통한 의사결정, 모호하고 유동적인 집단과 조직의 경계 등을 특징으로 한다.
② 견인이론(Pull Theory)은 기능의 동질성과 일의 흐름을 중시하며, 권한의 흐름을 하향적·일방적인 것이 아니라 상호적인 것으로 생각한다.
③ 대리정부 이론은 정부기능을 민간에 위탁함에 따라 정부가 기획, 조정, 통제 등의 중요 업무만을 수행하는 결과를 초래하는 현상을 지칭한다.
④ 혼돈정부는 조직 내에 존재하는 혼동을 제거함으로써 질서를 확보하는 조직이고, 공동조직은 정부의 업무가 미치지 않는 영역까지 확장된 조직이다.

07

리더십 이론과 관련된 다음 설명 중 가장 옳지 않은 것은?

① 카리스마적 리더십은 리더가 특출한 성격과 능력으로 추종자들의 강한 헌신과 리더와의 일체화를 이끌어내는 리더십이다.
② 서번트 리더십에서 봉사란 부하들을 육성하고, 지지하며, 위임하는 것을 포함하는 개념이다.
③ 문화적 리더십은 리더의 주체적 역할을 과소평가하고 있다는 비판을 받는다.
④ 정보화 사회는 여러 가지 원천을 기반으로 하기 때문에 상호연계적 리더십을 체득하여야 한다.

08

우리나라의 지방자치와 관련된 다음 설명 중 가장 옳은 것은?

① 지방자치단체는 공공시설을 관계 지방자치단체의 동의를 얻어 그 지방자치단체의 구역 밖에 설치할 수 있다.
② 지방자치단체의 격이 변경된 경우, 그 단체장은 필요한 사항에 대하여 종래 그 지역에 시행되던 조례나 규칙을 시행할 수 없기 때문에 새로운 규칙과 조례를 제정하여야 한다.
③ 지방공무원의 정원은 인건비 등 행정안전부령으로 정하는 기준에 따라 그 지방자치단체의 조례로 정한다.
④ 지방자치단체는 법령의 위임이 없더라도 조례의 제정을 통하여 지방세목을 설치할 수 있다.

09

월슨(J. Wilson)의 규제정치모형에 관한 다음 설명 중 가장 옳지 않은 것은?

① 규제의 비용은 불특정 다수인에게 분산되는 반면, 규제의 편익은 소수 기업에 집중되는 상황에서 만들어지는 규제의 성격은 초반부터 엄격한 내용과 강력한 집행이 이루어지기 쉽다.
② 규제의 편익은 널리 분산되고 규제의 비용은 소수 기업에 집중되는 환경규제정책은 정책의 형성과 집행이 쉽지 않다.
③ 환경규제가 강화되는 상황인 경우에는 감지된 비용이 넓게 분산되고 감지된 편익은 좁게 집중되는 고객정치의 상황이 된다.
④ 이익집단정치는 한·약분쟁의 경우처럼 쌍방이 모두 조직적인 힘을 바탕으로 이익확보를 위해 첨예하게 대립하는 상황이다.

10

사회적 자본에 관한 다음 설명 중 가장 옳은 것은?

① 사회적 자본은 사회적 네트워크 또는 사회구조의 구성원이 됨으로써 확보할 수 있는 행위자의 능력이다.
② 최근에는 집단행동 딜레마의 극복수단으로 수직적 네트워크, 신뢰 등과 같은 사회적 자본의 형성이 강조되고 있다.
③ 사회적 자본론은 집단행동의 딜레마를 해결하기 위한 정부개입의 중요한 근거를 제공해주는 근거이다.
④ 사회적 자본은 후기행태주의 이론의 기본 개념으로 신행정학 운동을 자극하였다.

11

환경과 조직구조에 관한 다음 설명 중 가장 옳지 않은 것은?

① 스코트(W. Scott)는 환경의 특성에 두 가지 접근방법을 제시하였는데 하나는 불확실성의 수준에 초점을 맞추는 것이고, 다른 하나는 조직의 자원의존도에 초점을 맞추는 접근방법이다.
② 로렌스(P. Lawrence)와 로쉬(J. Lorsch)는 특정한 환경변화에 따라 적절한 조직구조가 선택되고 그에 따라 조직의 효과성이 결정된다는 것을 주장하였다.
③ 구조적 상황론은 정책결정자가 환경에 대해 충분한 정보를 갖지 못하므로 환경이 조직구조에 영향을 미치지 않는다고 본다.
④ 불확실한 환경에서는 수평적 관계의 강화, 필요한 전문가의 흡수, 매트릭스조직의 활용 등의 반응이 나타난다.

12

균형성과표(BSC)와 관련된 다음 설명 중 가장 옳지 않은 것은?

① 균형성과표(BSC)는 조직의 비전과 목표, 전략으로부터 도출된 성과지표의 집합체로, 재무지표 중심의 기존 성과관리의 한계를 극복하기 위하여 개발된 것이다.
② 균형성과표(BSC)는 조직의 목표를 달성하기 위하여 조직 구성원 간 의사소통의 도구로 기능한다.
③ 균형성과표(BSC)의 기본틀은 성과관리 체계로, 이전의 관리방식인 TQM이나 MBO와 크게 다르지 않고, 다만 거기에서 진화된 종합모형이라 평가받고 있다.
④ 균형성과표(BSC)는 정부실패와 시장실패 등의 위기를 극복하기 위하여 비재무적 지표보다는 재무적 지표관리의 중요성을 강조한다.

13

다음은 최근 개정된 「지방자치분권 및 지역균형발전에 관한 특별법」에 관한 내용이다. 가장 옳지 않은 것은?

① 지방자치분권 및 지역균형발전을 추진하기 위하여 대통령 소속으로 지방시대위원회를 두며, 지방시대위원회는 이 법 시행일부터 5년간 존속한다.
② 지방시대위원회는 지방자치분권 및 지역균형발전을 효과적으로 추진하기 위하여 관계 중앙행정기관의 장과 협의하고 지방자치단체의 의견을 수렴한 후 5년을 단위로 하는 지방시대 종합계획을 수립한다.
③ 시·도지사는 해당 시·도의 지방자치분권 및 지역균형발전의 추진을 위하여 관계 중앙행정기관의 장과 협의하고 관할 시장·군수·구청장의 의견을 수렴하여 시·도 지방시대위원회의 심의·의결을 거쳐 5년을 단위로 하는 시·도 지방시대 계획을 수립한다.
④ 풀뿌리자치의 활성화와 민주적 참여의식 고양을 위하여 읍·면·동에 해당 행정구역의 주민으로 구성되는 주민자치위원회를 둘 수 있다.

14

정부규제로 인해 야기되는 문제점에 관한 진술 중 가장 옳지 않은 것은?

① 지대추구이론에 따르면 규제나 개발계획과 같은 정부의 시장개입이 클수록 지대추구행태가 증가하고 그에 따른 사회적 손실도 증가한다.
② 지대추구이론에 의하면 정부의 허가나 정책에 의해 만들어진 배타적 이익이 지대에 해당한다.
③ 포획이론은 정부가 일반 시민이 아닌 특정 집단의 사익을 옹호하는 것을 지적하는 이론이다.
④ 규제피라미드는 새로운 위험만 규제하다 보면 사회의 전체 위험 수준은 증가하는 상황과 관련된다.

15

정책평가의 유형과 관련된 다음 설명 중 가장 옳지 않은 것은?

① 정책평가의 논리모형은 정책이 달성하려는 장기 목표와 중·단기 목표들을 잘 달성했는지에 초점을 맞춘 평가모형이다.
② 정책평가의 논리모형은 정책 프로그램이 특정 성과를 산출하기 위해 어떤 논리적 인과구조를 가지고 있는지를 명시적으로 보여준다.
③ 정책평가의 논리모형은 프로그램이 해결하려는 정책문제 및 정책의 결과물이 무엇인지를 명확히 해주기 때문에 정책형성 과정의 인과관계에 대한 가정의 오류와 정책집행의 실패를 구분할 수 있도록 한다.
④ 성과평가에 관한 목표모형은 직무활동이 설정된 성과목표를 성취하는 과정보다는 산출물이나 결과물을 중시한다.

16

내적타당성의 저해요인에 관한 다음 설명 중 가장 옳지 않은 것은?

① 내적타당성을 저해하는 상실요인은 정책집행 기간에 대상자 일부가 이탈하여 사전 및 사후 측정값이 달라지는 것과 관련이 있다.
② 실험집단과 통제집단에 무작위로 배정된 구성원이 각 집단으로부터 상실되어 나머지 구성원만으로 처리효과를 추정한다면 그 결과가 왜곡될 가능성이 있다.
③ 선발요인이나 상실요인을 통제하기 위해서는 무작위배정이나 사전 측정이 필요하다.
④ 실험대상자들이 실험의 대상으로 자신들이 관찰되고 있다는 사실을 알게 되어 평소와는 다른 행동을 함으로써 발생하는 효과는 내적타당성의 저해요인이다.

17
대표관료제와 관련된 다음 설명 중 가장 옳은 것은?
① 대표관료제는 피동적 대표성이 능동적 대표성을 보장한다는 전제의 허구성, 천부적 자유의 개념과 상충, 할당제와 역차별로 인한 사회분열의 조장, 대표의 집단이기주의화 등의 문제점을 지닌다.
② 우리나라의 양성평등채용목표제는 대표관료제의 이념을 반영한 것으로, 행정의 전문성과 생산성을 높이는 방안 중 하나이다.
③ 대표관료제의 성격이 반영된 제도로 장애인 의무고용제, 인재의 지역할당제, 여성공무원 채용목표제, 인사청문회제도 등이 있다.
④ 지역별, 성별 임용할당제는 헌법상의 평등원리에 어긋나며 역차별의 문제가 있어 도입하기가 곤란하다.

18
특별회계와 관련된 다음 설명 중 가장 옳은 것은?
① 특별회계는 국가에서 특정한 목적의 사업을 운영할 경우와 차관수입, 채권, 용역의 판매수입과 같은 세외수입이 발생했을 경우에 설치할 수 있다.
② 특정한 사업을 운영하기 위한 중앙정부 특별회계의 일례로 교육비특별회계가 있다.
③ 중앙정부의 기업특별회계에는 책임운영기관특별회계와 「정부기업예산법」의 적용을 받는 우편사업, 우체국예금, 양곡관리, 조달특별회계가 있다.
④ 특별회계는 일반회계로부터 전입금을 받을 수는 없으나 특별회계에서 발생한 잉여금은 일반회계로 전입시킬 수 있다.

19
다음은 예산의 집행과 관련된 설명이다. 가장 옳은 것은?
① 예산의 배정은 행정부처의 장이 실무부서에게 지출을 할 수 있는 권한을 부여한다는 것을 의미한다.
② 기획재정부장관이 중앙관서의 장에게 자금을 사용할 수 있는 권한을 부여하는 것을 예산의 재배정이라고 한다.
③ 기획재정부장관은 반기별 예산배정계획을 작성하여 국회의 심의를 받은 뒤에 예산을 배정한다.
④ 기획재정부장관은 각 중앙관서의 장에게 예산을 배정한 때에는 감사원에 통지하여야 한다.

20
우리나라의 지방자치와 관련된 다음 설명 중 가장 옳은 것은?
① 제주특별자치도에서는 국가경찰과 자치경찰이 함께 활동할 수 있다.
② 제주특별자치도의 경우 자치계층과 행정계층이 일치하고 있다.
③ 세종특별자치시의 관할구역으로 자치구를 둘 수 있으며, 자치계층으로 군을 두고 있는 광역시도 있다.
④ 「지방자치법」은 광역시와 시의 설치기준을 주민의 수 등으로 법정하고 있다.

제6회 동형모의고사

01
사회적 형평성과 관련된 다음 설명 중 가장 옳지 않은 것은?
① 가난한 사람에게 등록금을 줄여주거나 장학금을 지급하고, 극빈자의 병원비를 정부가 부담하는 식의 정책과 관련된 행정이념은 수평적 공평성과 관련이 깊다.
② 실적의 차이에 따른 차등적 배분의 정당성을 뒷받침하는 실적이론은 수직적 형평의 관념을 바탕으로 하고 있다.
③ 소득계층이 높은 사람들이 보다 많은 세금을 부담해야 한다는 것은 수직적 형평성의 원칙에 따른 것이다.
④ 정부의 환경보존사업에 필요한 비용을 공채발행으로 조달하여 다음 세대에게 그 부담을 전가하는 것은 수직적 형평성에 부합한다.

02
다음은 정책과정에 관한 다원론의 견해이다. 가장 옳지 않은 것은?
① 사회 중심적 접근방법인 다원주의는 다양한 집단들의 선호를 반영하여 정책이 결정된다고 본다.
② 다원주의에 따르면 이익집단들 간의 경쟁은 정치체제의 유지에 순기능적이며, 권력의 원천이 특정 세력에 집중되어 있는 것이 아니고 각기 분산된 불공평성을 띤다.
③ 다원주의에 따르면 이익집단들은 상호 경쟁적이지만 기본적으로는 게임의 규칙을 준수해야 하는 데 합의를 하고 있다고 본다.
④ 다원주의에 따르면 이익집단들 간의 영향력 차이는 주로 정부의 정책과정에 대한 상이한 접근기회에서 기인한다.

03
특별지방행정기관에 관한 다음 설명 중 가장 옳은 것은?
① 특별지방행정기관의 수는 IMF 경제위기를 극복하기 위해 1990년대 후반에 급증했다.
② 특별지방행정기관으로 농촌진흥청, 유역환경청, 국립검역소, 지방국토관리청 등이 있다.
③ 전국적 통일성을 요구하는 기능은 특별지방행정기관이 맡는 것이 바람직하다.
④ 특별지방행정기관의 관할 범위가 넓을수록 이용자인 고객의 편리성이 향상된다.

04
정부조직과 관련된 다음 설명 중 가장 옳은 것은?
① 공정거래위원회, 특허청, 문화재청 등은 중앙행정기관의 소속기관에 속한다.
② 행정기관이 그 소관사무의 일부를 독립하여 수행할 필요가 있는 때 법률로 정하는 바에 따라 행정위원회 등 합의제 행정기관을 둘 수 있다.
③ 국무총리 소속의 위원회로 공정거래위원회, 금융위원회, 국민권익위원회, 원자력안전위원회, 방송통신위원회 등이 있다.
④ 금융감독원은「정부조직법」에 따라 설치된 중앙행정기관이다.

05
다음은 불평등 정도를 평가하는 로렌츠곡선과 지니계수에 관한 설명이다. 가장 옳은 것은?
① 로렌츠곡선은 소득의 계층별 분포 혹은 지역소득의 차별적 분포 특성을 설명하는데 유용한 분석기법이나, 특정 지역에 대한 특성만을 중요시한다는 한계점이 있다.
② 로렌츠곡선이 45° 대각선이 되고, 지니계수가 1인 경우 완전한 소득균등배분이 이루어지고 있음을 의미한다.
③ 지니계수는 미래에 대한 가치를 측정하는 지표이므로 앞으로의 소득재분배가 좋아질 것을 예측할 수 있다.
④ 예산지출의 결과, 지니(Gini)계수가 증가하였다면 이는 정부의 소득재분배 활동이 제대로 수행되었다는 것을 의미한다.

06
온라인 시민참여와 관련된 다음 설명 중 가장 옳은 것은?
① 온라인 시민참여의 유형과 관련하여 행정절차법은 정책결정형에 속하고 국민의 입법제안은 협의형에 속한다.
② 온라인 시민참여의 유형과 관련하여 옴부즈만 제도는 협의형에 속하고 정보공개법은 정책결정형에 속한다.
③ 정부의 국민신문고나 서울시의 천만상상 오아시스 시스템은 참여형 전자거버넌스의 예이다.
④ 미국의 'challenge. gov' 프로그램은 국민을 정부의 정책을 홍보해야 할 대상으로 여기는 시스템이다.

07
다음 설명 중 가장 옳지 않은 것은?
① 구조적 접근방법은 공식적 구조가 최적의 업무수행을 보장해 준다는 인식에 입각하고 있다.
② 귤릭(L. Gulick)이 제시한 최고관리자의 기능(POSDCoRB)은 상향적 조직과정의 대표적인 모형이다.
③ 귤릭(L. Gulick)이 제시하는 POSDCoRB 중 P는 기획(Planning)을 의미하고, O는 조직화(organizing)를 의미한다.
④ 귤릭(L. Gulick)이 제시하는 POSDCoRB 중 Co는 조정(Coordinating)을 의미하고, B는 예산(Budgeting)을 의미한다.

08
넛지이론과 관련된 다음 설명 중 가장 옳지 않은 것은?
① 넛지란 명령이나 지시 그리고 강한 제재를 가하지 않으면서 경제적 유인을 통해 사람들이 바람직한 행동을 하도록 유도하는 수단이다.
② 넛지는 개인이 올바른 선택을 하도록 개입한다는 측면에서 개입주의를 표방하고 있으나, 개인에게 선택의 옵션을 제공하고, 특정한 선택을 강요하지 않는다는 점에서 자유주의적이다.
③ 넛지는 기본적으로 간접적이고 유도적인 방식의 정부개입 방식으로, 촉매적인 정책수단의 성격을 띠고 있다.
④ 넛지는 정부의 개입 대상을 사람들이 추구하는 목적이 아니라 그 목적을 달성하기 위한 수단에 두고 있다.

09

다음은 선진국과 발전도상국의 특징을 서술한 것이다. 가장 옳은 것은?

① 선진국은 전통적 요소와 현대적 요소가 동시에 존재하는 사회적 특성을 지닌다.
② 선진국에서는 행정의 모든 일들이 일반적이고 상식적인 수준에서 해결되어야 한다고 생각한다.
③ 발전도상국은 리그스(F. Riggs)가 말한 융합사회(fused society)로, 외생적 정치제도와 내생적 정치문화가 조화되지 않아 정치적으로 대개 불안정한 사회이다.
④ 발전도상국은 사회적으로 1차 집단에 근거한 연고주의와 규범의 다중성이 존재하며, 경제적으로 가격의 불확정성과 투자의 단기성이 나타난다.

10

최근 강조되고 있는 정책학습에 관한 다음 설명 중 가장 옳지 않은 것은?

① 수단적 정책학습은 정책개입이나 집행설계의 실행 가능성을 의미한다.
② 사회적 정책학습이 성공적으로 적용되면 정책문제에 내재된 인과관계를 더 잘 이해하게 된다.
③ 정치적 학습은 단순한 프로그램 관리의 조정수준을 넘어서 정책의 목적들과 정부 행동들의 성격과 적합성까지 포함한다.
④ 버크랜드(T. Birkland)가 제안한 사회적 학습은 하울렛(M. Howlett)과 라메쉬(M. Ramesh)의 외생적 학습과 비슷한 의미로 이해할 수 있다.

11

예산의 결정과 관련된 다음 설명 중 가장 옳은 것은?

① 서메이어(K. Thumaier)의 다중합리성모형은 정부예산의 결과론적 접근방법에 근거한다.
② 서메이어(K. Thumaier)는 다중합리성모형에서 정부예산의 성공을 위해서는 예산과정 각 단계에서 예산활동과 행태를 구분해야 한다고 주장하였다.
③ 서메이어(K. Thumaier)의 다중합리성모형은 예산과정과 정책과정 간의 연계점의 인식틀을 제시하기 위해 킹던(J. Kingdon)의 정책결정모형과 그린(Green)과 톰슨(Thompson)의 조직과정모형을 통합하고자 하였다.
④ 서메이어(K. Thumaier)의 다중합리성모형은 의원들의 복수의 합리성 기준이 의회의 예산결정에 미치는 영향을 주로 분석한다.

12

목표관리예산에 관한 다음 설명 중 가장 옳은 것은?

① 목표관리예산의 도입 취지는 불요불급한 지출을 억제하고 감축관리를 지향하는데 있다.
② 목표관리예산은 부처별 기본목표에 따라 하향식 방식으로 중장기 계획을 수립한다.
③ 목표관리예산은 주기적 심사를 통해 그 사업의 존속이나 폐기 여부를 결정하도록 하는 것이다.
④ 목표관리예산은 구성원의 참여에 의해 예산을 편성하며 단기목표를 강조한다.

13

다음은 오스본(D. Osbornbe)과 개블러(T. Gaebler)가 제시한 기업가적 정부의 내용이다. 가장 옳은 것은?

① 정부재창조의 방안으로 공공서비스의 소유권과 통제권을 관료로부터 시민에게 넘겨주어야 한다고 주장한다.
② 행정메커니즘보다는 시장메커니즘을 중시하고 권한부여(empowering)보다는 직접적인 서비스 제공을 강조한다.
③ 행정가치의 측면에서 기업가적 정부는 효율성보다는 형평성과 민주성을 추구한다.
④ 기업가적 정부는 투입, 과정, 성과를 균형 있게 연계한 예산배분을 강조한다.

14

정책의 유형과 관련된 다음 설명 중 가장 옳은 것은?

① 「근로기준법」의 적용은 경쟁적 규제정책에 해당한다.
② 독과점 규제는 경쟁적 규제정책에 해당한다.
③ 추출정책은 조세, 병역, 물자수용, 노력동원 등과 관련된다.
④ 2002년 월드컵 경기대회의 개최는 구성정책에 해당한다.

15

내적타당성의 저해요인에 관한 다음 설명 중 가장 옳은 것은?

① 정부는 혼잡통행료 제도의 효과를 측정하기 위해 혼잡통행료 실시 이전과 실시 후의 도심의 교통 흐름도를 측정, 비교하였다. 그런데 두 측정시점 사이에 유류가격이 급등하는 상황이 발생하였다면 이는 검사요인이 개입하여 정책평가의 내적타당성을 저해할 수 있다.
② 시험(testing)효과는 순전히 시간의 경과 때문에 발생하는 조사대상 집단의 특성 변화가 나타나는 것을 말한다.
③ 시험(testing)효과는 측정자와 측정방법이 달라짐으로써 측정결과에 영향을 미치는 것을 의미한다.
④ 정책의 실험과정에서 실험대상자와 통제대상자들이 서로 접촉하는 경우 모방효과가 나타날 수 있다.

16

동기부여와 관련된 다음의 설명 중 가장 옳지 않은 것은?

① 로크의 목표설정이론에 의하면 동기유발을 위해서는 구체성이 높고 난이도가 높은 목표가 채택되어야 한다.
② 조작적 조건화이론은 행동의 결과를 조건화함으로써 행태적 반응을 유발하는 과정을 설명한다.
③ 인식론적 학습이론에 의하면 행동을 결정하는 데 외적 선행 자극이나 결과로써의 자극뿐만 아니라 내면적 욕구, 만족, 기대 등도 함께 영향을 미친다.
④ 잠재적 학습이론에 의하면 학습에는 강화작용이 필요 없지만 행동야기에는 강화작용이 필요하다.

17
브룸(V. Vroom)의 기대이론에 관한 다음 설명 중 가장 옳지 않은 것은?
① 기대감은 일정한 노력이 어떤 성과를 초래할 것이라는 완전한 믿음인 1부터 완전한 의심인 0 사이에 존재한다.
② 높은 성과가 항상 높은 보상을 가져올 것이라고 기대한 경우 유의성의 값은 1로 표현된다.
③ 보상을 받지 않았을 때보다 받았을 때 더 선호를 느낀다면 이는 정(+)의 유의성을 가진 것이다.
④ 동기부여를 강화하기 위한 구체적 방안에 대한 제시가 부족하다는 한계를 지닌다.

18
감수성훈련과 관련된 다음 설명 중 가장 옳은 것은?
① 개인차에 대한 이해와 협력, 창의적인 아이디어의 개발, 집단에 대한 이해와 팀워크의 구축 등의 이점을 지닌다.
② 동료 간, 동료와 상사 간의 상호작용을 진작시키기 위한 실제 근무상황에서 실시하는 기법이다.
③ 비정형적 상황 속에서 실시되며, 친근자 집단(family group)만을 훈련에 참여시킨다.
④ 개방적 인간관, 특정 감독자의 지도와 후견, 결과보다는 과정의 중시 등을 특징으로 한다.

19
학습조직과 관련된 다음 설명 중 가장 옳은 것은?
① 셍게(P. Senge)는 학습조직의 기본요소로 자아완성, 개인학습, 사고모형, 공유비전, 시스템사고 등을 제시하였다.
② 이중순환고리학습은 기존의 운영규범 및 지식체계 하에서 오류를 발견하고 수정해나가는 것이다.
③ 이중순환고리학습은 학습과정의 안정성이 필요하므로 개방적인 조직보다는 폐쇄적인 조직에서 발생할 가능성이 높다.
④ 상호 연결된 사업단위층, 프로젝트팀층, 지식기반층으로 구성되는 하이퍼텍스트조직은 중간관리자가 지식창출팀의 리더로서 최고관리층과 실무작업층을 연결하는 변화관리자로서의 역할을 수행한다.

20
다음은 관리과학에서 사용되는 여러 기법들에 관한 내용이다. 가장 옳은 것은?
① 회귀분석은 어떤 값이 확실하게 알려져 있지 않을 경우, 원래의 분석에서 사용해야 할 값 대신 다른 값을 대치하여 분석한 후 대안의 비교·평가에 미치는 영향을 검토하는 분석방법이다.
② 경로분석은 두 개 이상의 표본에 대한 평균차이를 검정하는 분석방법이다.
③ 의사결정나무(decision tree)를 활용한 분석모형에서는 상황의 불확실성을 고려한다.
④ 게임이론은 불확실하고 경쟁적 상황 하에서의 의사결정 전략으로, 여러 사람이 모여서 자유분방하게 의견을 교환하는 질적 분석기법이다.

제7회 동형모의고사

정답 및 해설 p.111

01
계획예산에 관한 다음 설명 중 가장 옳은 것은?

① 윌다브스키(A. Wildavsky)는 계획예산제도가 제도의 설계나 준비과정이 미흡하여 그 성과를 거두지 못하였지만, 이를 보완하면 효과적인 예산제도라고 옹호하였다.
② 쉬크(A. Schick)는 예산의 분석적 측면만 강조하는 계획예산제도는 예산과정의 정치성을 감안할 때 출발부터 잘못된 제도라고 비판하였다.
③ 계획예산은 예산이 부서별로 일정하게 배분되는 시스템으로 개별부서들은 예산확보를 위해 사업에 대한 영향을 분석할 필요성을 느끼지 못한다.
④ 품목별예산은 회계학적 지식을 중시하지만 계획예산은 OR 등 경제학적 기법을 중시한다.

02
동기부여이론에 관한 다음 설명 중 가장 옳은 것은?

① 아지리스(C. Argyris)는 성공의 경험이 축적됨에 따라 생기는 심리적 에너지가 중요하다고 강조하였다.
② 허즈버그(F. Herzberg)의 욕구충족 이원론은 감독자와 부하의 관계를 만족요인 중 하나로 제시한다.
③ 맥클랜드(D. McClelland)는 성취동기이론에서 공식조직이 개인의 행태에 미치는 영향 연구를 통하여 미성숙 상태에서 성숙 상태로 발전하는 성격 변화의 경험이 성취동기의 기본이 된다고 주장하였다.
④ 해크맨(J. Hackman)과 올햄(G. Oldham)의 직무특성이론에 의하면 성장욕구가 약한 사람에게는 좀 더 상향된 직무를 부여하는 것이 바람직하다.

03
행정책임과 관련된 다음 설명 중 가장 옳은 것은?

① 듀브닉(M. Dubnick)과 롬젝(B. Romzek)은 통제의 원천과 강도에 따른 행정책임의 유형을 정치적 책임성, 관리적 책임성, 수단적 책임성, 전문가적 책임성, 법률적 책임성으로 구분하였다.
② 전문가적 책임성은 듀브닉(M. Dubnick)과 롬젝(B. Romzek)의 행정책임성 유형 중 내부지향적이고 통제의 정도가 높은 책임성이다.
③ 행정의 책임성을 확보하는 방안에는 내부고발인 보호제도, 행정정보공개제도의 활성화, 공무원 신분보장의 강화, 정책과정에의 시민참여 확대 등이 거론된다.
④ 행정절차의 명확화는 열린 행정과 투명행정을 통해 행정기관과 시민 간의 분쟁을 방지할 수 있다.

04
조직문화에 대한 다음 설명 중 가장 옳은 것은?

① 조직문화가 강할 경우 다른 조직과의 경계를 명확히 인식하게 하여 경계를 둘러싼 갈등을 최소화할 수 있다.
② 조직문화가 강하게 되면 조직의 변화가 용이해지며, 구성원들로 하여금 조직에의 몰입을 가능하게 한다.
③ 조직이 성숙 및 쇠퇴 단계에 이르면 조직문화는 조직혁신을 촉진하는 요인이 된다.
④ 다문화적 조직은 다른 문화적 입장을 가진 사람들을 포용하지만 집단 간 갈등수준은 상당히 높은 편이다.

05

주민투표에 관한 다음 설명 중 가장 옳은 것은?

① 지방자치단체의 장은 주민 또는 지방의회의 청구가 있을 때에만 주민투표를 실시할 수 있다.
② 지방자치단체의 예산·회계·계약 및 관리에 관한 사항 등이 대표적인 주민투표의 대상이 된다.
③ 주민투표는 궁극적으로 대의제를 대체하려는 것이나, 행정기구의 설치·변경에 관한 사항은 주민투표에 부칠 수 없다.
④ 법령에 위반되는 사항이나 다른 지방자치단체의 사무에 속하는 사항은 주민투표에 붙일 수 없다.

06

지방행정과 관련된 여러 이론의 설명 중 가장 옳지 않은 것은?

① 신다원론은 자본주의 사회에서 정부는 기업의 특권적 지위를 고려할 수밖에 없다고 주장한다.
② 성장기구론은 중앙정치는 다양한 정치경제적 이해관계를 중심으로 움직이는데 비하여 지방정치는 주로 토지의 가치를 중심으로 이루어진다고 가정한다.
③ 레짐이론은 도시정치경제이론에서 강조하는 정부기구 활동의 경제적 종속성을 수용하면서 동시에 정치의 독자성을 강조한다.
④ 피터슨(P. Peterson)의 '도시한계론'에 따르면 지방정부는 개발정책, 재분배정책, 할당정책 순으로 선호순위가 높다.

07

살라몬(L. Salamon)은 정책수단들이 지니는 주요 특징을 강제성, 직접성, 자동성, 가시성 등으로 정리하였다. 다음 중 가장 옳지 않은 설명은?

① 강제성은 정책수단이 규제와 같이 강제적 수단을 사용하는지 아니면 소송의 제기처럼 민간의 임의적 판단에 달려 있는지를 구분하는 기준이다.
② 직접성은 재화나 서비스 제공을 정부가 직접 하느냐 아니면 제3자를 통해 또는 민관이 공동으로 제공하느냐와 관련된 기준이다.
③ 자동성은 재화나 서비스를 제공하기 위해서 새로운 기구나 방법을 도입하지 않고 기존의 수단을 그대로 사용할 수 있는지 여부로, 기존의 사법제도나 세금 등을 그대로 활용하는 손해책임법이나 조세지출 등은 자동성이 높은 도구들이다.
④ 가시성은 정책수단을 적용할 때 정책과정, 특히 예산과정이 가시적인지 여부로, 조세지출이나 벌금은 가시성이 높지만 보조금은 수혜 대상자와 효과가 명확하게 드러나지 않아 가시성이 낮다.

08

다음은 립스키(M. Lipsky)의 일선관료제론에 관한 내용이다. 가장 옳지 않은 것은?

① 립스키(M. Lipsky)에 의하면 일선관료들은 모호하고 대립적인 기대들이 존재하는 업무환경 때문에 정책목표를 달성할 수 없는 경우가 많다.
② 일선관료는 서면처리보다는 대면처리 업무가 대부분이며 정책고객을 범주화하여 선별하고자 한다.
③ 립스키(M. Lipsky)에 의하면 일선관료제는 고객에 대한 고정관념(stereotype)을 타파함으로써 복잡한 문제와 복잡한 상황에 대처한다.
④ 립스키(M. Lipsky)에 의하면 일선관료는 집행에 필요한 자원이 부족할 경우 대체로 부분적이고 간헐적으로 정책을 집행한다.

09

정책평가의 타당성을 저해하는 요인에 관한 다음 설명 중 가장 옳은 것은?

① 역사요인, 성숙요인, 회귀요인은 모두 외적타당성을 저해하는 요인이다.
② 외적타당성을 저해하는 요소에는 실험조작의 반응효과, 다수처리에 의한 간섭, 선발과 성숙의 상호작용 등이 있다.
③ 호손효과(Hawthorne effect)는 정책평가에 있어서 조건이 양호한 집단을 대상으로 정책수단을 실시한 후 그 결과가 좋게 나타난 정책수단을 다른 상황에 적용하려고 하는 경우에 나타나는 문제이다.
④ 동일집단에 여러 번 실험적 처리를 할 경우 실험처리에 어느 정도 익숙해짐으로써 얻은 결과는 그렇지 않은 경우와 동일한 결과를 얻는다는 보장을 할 수 없다.

10

다음은 공직윤리와 관련된 「공직자윤리법」의 규정이다. 가장 옳은 것은?

① 병역신고의무자는 본인과 18세 이상인 직계비속의 병역처분, 군복무사실, 병역면제 등에 관한 사항을 소속기관에 신고해야 한다.
② 한국은행과 공기업은 정부 공직자윤리위원회에 의해서 공직유관단체로 지정될 수 있다.
③ 정무직 공무원과 일반직 5급 이상 공무원은 재산등록의무가 있다.
④ 소방감 이상의 소방공무원, 중장 이상의 장관급 장교, 치안감 이상의 경찰공무원, 고등법원 부장판사급 이상의 법관, 국가정보원의 기획조정실장 등은 「공직자윤리법」에 근거하여 재산을 공개하여야 한다.

11

동기부여이론에 관한 다음 설명 중 가장 옳은 것은?

① 맥그리거(D. McGregor)는 전통적 조직이론의 인간관을 위생이론, 새로운 조직이론의 인간관을 동기이론으로 구분하였다.
② 아지리스(C. Argyris)는 매슬로우(A. Maslow)의 5단계 욕구범위를 3가지로 수정하여 욕구좌절에 따른 후진적·하향적 퇴행을 제시하고 있다.
③ 리커트(R. Likert)는 개인의 성격은 미성숙한 상태에서 성숙한 상태로 변하며 이러한 성격변화는 하나의 연속선상에 있다고 주장하였다.
④ 허즈버그(F. Herzberg)는 불만요인을 없앤다고 해서 적극적으로 만족감을 느끼는 것은 아니라고 주장하였다.

12

갈등의 유형과 관리전략에 관한 다음 설명 중 가장 옳지 않은 것은?

① 마치(J. March)와 사이먼(H. Simon)은 개인적 갈등의 원인 및 형태를 비수락성, 비비교성, 불확실성으로 구분했다.
② 비수락성은 의사결정자가 각 대안의 결과를 알고는 있으나 대안 간 비교 결과 어떤 것이 최선의 결과인지를 알 수 없어 발생하는 개인적 갈등의 원인이다.
③ 당사자들이 대립되는 주장을 부분적으로 양보하여 공동의 결정에 도달하게 하는 방법이 타협이다.
④ 토마스(K. Thomas)는 자신의 이익과 상대방의 이익을 만족시키려는 정도라는 두 가지 차원으로 갈등의 유형을 구분하여 설명한다.

13

정책집행의 상향적 접근방법에 관한 다음 설명 중 가장 옳은 것은?

① 일선관료들의 역량강화와 재량을 강조하는 것은 상향식(bottom-up) 정책집행이론의 중요한 관점이다.
② 정책집행에 있어 상향적 접근방법이 제시한 변수들은 체크리스트로서 집행과정을 점검하는 데 사용할 수 있다.
③ 프레스만(J. Pressman)과 윌다브스키(A. Wildavsky)는 상향적 접근방법을 주장한 학자로, 분명한 정책목표의 가능성을 부인하고 집행문제해결에 초점을 맞추었다.
④ 엘모어(R. Elmore)는 일선현장에 종사하는 공무원이 정책집행에 가장 큰 영향을 미치는 행위자라고 하면서, 이를 전방접근법이라고 하였다.

14

예산결산특별위원회와 관련된 다음 설명 중 가장 옳은 것은?

① 2000년 「국회법」의 개정으로 예산결산특별위원회는 상임위원회가 되었다.
② 예산결산특별위원회는 예산이 성립하면 해체되고 다음 연도 정기국회에서 새롭게 구성된다.
③ 「국회법」에 의하면 예산결산특별위원회의 회의는 비공개를 원칙으로 한다.
④ 예산결산특별위원회의 계수조정소위원회는 세입과 세출을 일치시키는 역할을 담당한다.

15

성과관리제도와 관련된 다음의 설명 중 가장 옳은 것은?

① 성과관리제도는 국가재정운용계획, 총액배분자율편성(top-down)제도, 디지털예산회계시스템 구축과 함께 재정개혁 과제의 하나로 연계되어 추진되고 있다.
② 성과관리제도는 사업계획의 효과와 비용을 계량적·체계적 분석방법에 의하여 대비시켜 목표달성을 위한 합리적인 대안선택과 자원배분을 모색하는 제도이다.
③ 성과관리제도는 조직의 비전과 목표로부터 이를 달성하기 위한 부서단위의 목표와 성과지표, 개인단위의 목표와 지표를 제시한다는 점에서 상향식 접근이다.
④ 성과관리제도는 운영의 자율성을 부여하되 동시에 책임성을 강화시킨 제도로, 민주성의 제고를 직접적인 목적으로 한다.

16

정부기관에 관한 다음 설명 중 가장 옳지 않은 것은?

① 막료기관은 조직의 운영에 융통성을 부여하며, 권한과 책임의 한계를 분명히 하는 장치이다.
② 보좌기관은 정책에 대한 최종적인 책임을 지지 않는 경우가 많으며 보조기관과 갈등을 유발할 수도 있다.
③ 보조기관이 보좌기관보다는 더 현실적이고 보수적인 속성을 가질 가능성이 높다.
④ 담당관은 전문적 지식을 활용하여 기관장이나 보조기관을 보좌하는 직제이다.

17
샤인(E. Schein)이 제시한 복잡인관에 관한 다음 설명 중 가장 옳은 것은?
① 샤인(E. Schein)의 이론은 연구자료가 중요사건기록법을 근거로 수집되었다는 한계를 갖는다.
② 복잡인관에 의하면 조직구성원들의 개인적 차이를 존중하고 이를 발견하는 진단과정이 중요하다.
③ 복잡인관은 진단가로서 관리자, 개인적 차이의 고려, 직무의 합리적 설계 등을 강조한다.
④ 복잡인관에 의하면 조직관리는 개인과 조직의 목표를 통합시킬 수 있는 전략을 우선적으로 취하여야 한다.

18
다음은 퀸(R. Quinn)과 로보그(J. Rohrbaugh)의 경합가치모형에 대한 설명이다. 가장 옳지 않은 것은?
① 인간관계모형은 조직의 내부에 초점을 두고 융통성을 강조하는 평가유형이다.
② 조직의 내부에 초점을 두고 통제를 강조하는 경우 안정성 및 균형을 목표로 하게 된다.
③ 조직의 외부에 초점을 두고 통제를 강조하는 경우 성장 및 자원의 확보를 목표로 하게 된다.
④ 내부과정모형은 조직구조에서 통제를 강조하고, 조직 그 자체보다는 조직 내 인간을 중시하는 모형이다.

19
공직의 분류에 관한 다음 설명 중 가장 옳은 것은?
① 계급제는 직위분류제에 비해 분류구조와 보수체계가 복잡하고 융통성이 적어 그 활용성이 떨어진다는 단점이 있다.
② 계급제에 비해 직위분류제는 잠정적이고 비정형적인 업무로 구성된 역동적이고 불확실한 상황에 유용하지만, 각 계층의 구성원들이 자기집단 이익의 옹호에 집착할 가능성이 높다.
③ 계급제에 비해 직위분류제는 공무원의 신분을 강하게 보장하는 경향이 있는 제도이다.
④ 사회의 수평적 분화가 이루어지고 산업사회가 고도화됨에 따라 많은 나라가 계급제의 골격을 유지하면서 직위분류제를 도입하고 있다.

20
다음은 「전자정부법」의 규정에 관한 내용이다. 가장 옳은 것은?
① 과학기술정보통신부장관은 관계 행정기관 등의 장과 협의하여 정보기술아키텍처를 체계적으로 도입하고 확산시키기 위한 기본계획을 수립하여야 한다.
② 정보기술아키텍처는 정보의 수집·가공·저장·검색·송신·수신 및 그 활용과 관련되는 기기와 소프트웨어의 조직화된 체계를 말한다.
③ 정보시스템은 업무수행에 필요한 데이터, 업무지원용응시스템의 실행에 필요한 정보기술 등을 체계적으로 정리한 청사진으로서 전자정부추진의 기본 밑그림을 말한다.
④ 전자정부의 발전과 촉진을 위해 「전자정부법」은 전자정부의 날을 규정하고 있다.

제8회 동형모의고사

01
우리나라의 지방의회와 관련된 다음 설명 중 가장 옳지 않은 것은?
① 지방의회에서 부결된 의안은 같은 회기 중에 다시 발의하거나 제출할 수 없다.
② 지방의회는 그 의결로 소속 의원의 사직을 허가할 수 있다. 다만, 폐회 중에는 의장이 허가할 수 있다.
③ 지방의회 의장은 의결에서 표결권을 가지며, 찬성과 반대가 같으면 부결된 것으로 본다.
④ 지방의회의 사무직원은 지방의회 의장의 추천을 받아 그 지방자치단체장이 임명한다.

02
지역 공공재의 생산을 어느 단계의 정부가 담당하든 동일한 비용이 든다면, 각 지방정부가 스스로의 판단에 의해 그 지역에 적정한 양의 지역 공공재를 공급하는 것이 중앙정부에 의한 공급보다는 효율적이라는 주장과 관련이 깊은 이론은?
① 딜런의 법칙
② 티부의 발로하는 투표
③ 오츠의 분권화 정리
④ 월권 금지의 원칙

03
지방재정에 관련된 다음 설명 중 가장 옳은 것은?
① 행정안전부장관이 필요하다고 인정하는 경우에는 지방자치단체장의 신청이 없는 경우에도 일정한 기준을 정하여 특별교부세를 교부할 수 있다.
② 중앙관서의 장은 보조사업을 수행하려는 자로부터 신청 받은 보조금의 명세 및 금액을 조정하여 행정안전부장관에게 보조금 예산을 요구하여야 한다.
③ 지방소득세, 담배소비세, 취득세, 지방교육세 등은 서울시가 자치구에 교부하는 조정교부금의 재원으로 사용될 수 있다.
④ 행정안전부장관은 지방자치단체가 소속 공무원의 인건비를 60일 이상 지급하지 못한 경우 해당 지방자치단체를 긴급재정관리단체로 지정할 수 있다.

04
명절기간 동안 고속도로의 무료화 정책이나 연안여객선의 준공영제나 도심도로 다이어트 정책과 가장 관련이 깊은 가치는 무엇인가?
① 경제적 가치
② 정치적 가치
③ 사회적 가치
④ 윤리적 가치

05
가외성과 관련된 다음 설명 중 가장 옳지 않은 것은?
① 창의성 개발에 도움이 되는 가외성은 중첩성, 중복성, 동등잠재력 등을 핵심요소로 한다.
② 가외성의 특성 중 중첩성(overlapping)은 동일한 기능을 여러 기관들이 독자적인 상태에서 수행하는 것을 뜻한다.
③ 관료조직도 어느 정도 하위 부서들 간에 동등잠재력을 허용함으로써 조직의 신뢰성을 증대할 수 있다.
④ 가외성은 최악의 상황에 대비하자는 것으로, 불확실성에 대한 소극적 대처방안이다.

06
정책의제설정과 관련된 다음의 설명 중 가장 옳은 것은?
① 크렌슨(M. Crenson)은 선출직 지도자들이 공해 등 전체적인 문제에 민감하게 반응하여 이를 정책의제화한다고 한다.
② 크렌슨(M. Crenson)은 문제해결을 통해 전체적 편익을 가져오고 그 비용을 일부 집단이 부담하는 경우 의제채택이 쉽다고 보았다.
③ 콥(R. Cobb)과 엘더(C. Elder)는 사회문제-사회적 이슈-제도의제-체제의제의 순서로 정책의제로 선택됨을 설명하고 있다.
④ 존스(C. Jones)는 정책의제설정과정을 크게 문제의 인지와 정의, 문제에 대한 결집과 조직화, 대표화 그리고 의제설정단계로 구분하고 있다.

07
다음은 버만(P. Berman)의 적응적 집행에 관한 내용이다. 가장 옳은 것은?
① 버만(P. Berman)의 적응적 집행이란 명확한 정책목표에 의거하여 다수의 참여자들이 협상과 타협을 통해 정책을 수정하고 구체화하면서 집행하는 것을 말한다.
② 버만(P. Berman)의 적응적 집행에 의하면 미시적 집행 국면에서 발생하는 정책과 집행조직 사이의 상호적응이 이루어질 때 성공적으로 집행된다.
③ 버만(P. Berman)의 적응적 집행에서 '행정'은 행정을 통해 구체화된 정부프로그램이 집행을 담당하는 지방정부의 사업으로 받아들여지는 것을 의미한다.
④ 버만(P. Berman)의 적응적 집행에서 '채택'은 지방정부가 채택한 사업을 실행사업으로 변화시키는 것을 의미한다.

08
역사적 신제도주의와 관련된 다음 설명 중 가장 옳은 것은?
① 역사적 신제도주의는 제도의 경로의존성을 강조하므로 우연에 의한 제도의 변화를 인정하지 않는다.
② 역사적 신제도주의는 경로의존적인 사회적 인과관계를 강조하므로 특정 제도가 급격한 변화에 의해 중단될 수 있는 가능성을 부정한다.
③ 역사적 신제도주의에서 강조하는 시차적 접근법에 의하면 원인변수와 결과변수 간 인과관계가 원인변수들이 작용하는 순서에 따라 달라지지는 않는다.
④ 역사적 신제도주의에서 강조하는 시차적 접근법에 의하면 정책이나 제도의 효과는 어느 정도 숙성시간이 지난 후에 평가하는 것이 보다 합리적이다.

09

공무원의 징계와 관련된 다음 설명 중 가장 옳은 것은?

① 임용권자는 직제 또는 정원이 변경되거나 예산의 감소 등으로 직위가 폐직되었을 경우 또는 본인이 동의한 경우에는 소속 공무원을 강등할 수 있다.
② 해임은 공무원의 신분을 박탈하는 중징계 처분의 하나이며, 원칙적으로 퇴직급여액의 2분의 1이 삭감되는 임용행위이다.
③ 탄핵 또는 징계에 의하여 파면된 경우, 재직기간이 5년 미만인 사람의 퇴직급여는 1/4을 감액하여 지급한다.
④ 금품수수나 공금횡령 및 유용 등으로 인한 징계의결 요구의 소멸시효는 3년이다.

10

다음은 공직윤리와 관련된 「공직자윤리법」의 규정이다. 가장 옳지 않은 것은?

① 공무원은 그 직무와 관련하여 외국인에게 수령 당시 국내 시가 10만 원 이상의 선물을 받으면 지체 없이 신고하고 인도하여야 한다.
② 취업심사대상자는 퇴직일부터 5년 간 취업심사대상기관에 취업할 수 없다. 다만, 관할 공직자윤리위원회로부터 취업심사대상자가 퇴직 전 3년 동안 소속하였던 부서 또는 기관의 업무와 취업심사대상기관 간에 밀접한 관련성이 없다는 확인을 받거나 취업승인을 받은 때에는 취업할 수 있다.
③ 모든 공무원 또는 공직유관단체 임직원은 다른 법률에 특별한 규정이 있는 경우를 제외하고는 재직 중에 직접 처리한 업무를 퇴직 후에 취급할 수 없다.
④ 기관업무기준 취업심사대상자는 다른 법률에 특별한 규정이 있는 경우를 제외하고는 퇴직 전 2년부터 퇴직할 때까지 근무한 기관이 취업한 취업심사대상기관에 대하여 처리한 업무를 퇴직한 날부터 2년 동안 취급할 수 없다.

11

정책의제설정과 관련된 다음 설명 중 가장 옳은 것은?

① 콥(R. Cobb)에 따르면 외부주도형의 경우 진입단계에서, 동원형과 내부접근형의 경우 주도단계에서 공식의제가 성립된다.
② 정책의제설정에 관한 포자모형은 정책문제가 제기되어 정의되는 환경보다는 정책문제 자체의 성격이 갖는 중요성에 주목한다.
③ 정책의제설정에 관한 이슈관심주기 모형은 공공의 관심을 끌기 위한 치열한 경쟁과 별개로 이슈 자체에 생명주기가 있다고 본다.
④ 정책의제설정에 관한 정책흐름모형은 조직화된 무정부 상태에서의 합리성과는 다른 합리성 가정을 의제설정과정의 설명에서 적용한다.

12

다음은 잉그램(H. Ingram)과 슈나이더(A. Schneider)가 제시한 '정책대상 집단의 사회적 구성' 모형에 관한 설명이다. 가장 옳은 것은?

① 사회문제를 설명할 때 이미지, 고정관념, 사람·사건에 대한 가치부여 등에 관한 해석을 가급적 배제하고자 한다.
② 특정 정책대상 집단이 둘 이상의 유형으로 구성될 수 있으며, 그 사회적 구성이 시간에 따라 변화할 수도 있다.
③ 정책설계 및 집행의 맥락을 이해하기 위해 사회적·정치적 상황을 객관적 분석으로 단순화하는 방법론을 지향한다.
④ 정책설계는 기술적인(technical) 과정이므로 어느 집단의 이익을 더 많이 반영할 것인가에 대한 논쟁은 잘 발생하지 않는다.

13

예산의 결정과 관련된 다음 설명 중 가장 옳은 것은?

① 루빈(I. Rubin)의 실시간 예산운영 모형에서 세입의 흐름은 '누구에게 배분할 것인가?'에 관한 의사결정으로서 선택의 정치로 특징지어지며, 참여자들은 지출의 우선순위가 재조정되기를 바라거나 현재의 우선순위를 고수하려고 노력한다.

② 루빈(I. Rubin)의 실시간 예산운영 모형에서 세출의 흐름은 '누가, 얼마만큼 부담할 것인가?'에 관한 의사결정으로 의사결정의 흐름 속에는 설득의 정치가 내재해 있다.

③ 루빈(I. Rubin)의 실시간 예산운영 모형에서 예산균형의 흐름은 '예산 균형을 어떻게 정의할 것인가?'에 관한 의사결정으로 제약조건의 정치라는 성격을 지니며, 예산균형의 결정은 근본적으로 정부의 범위 및 역할에 대한 결정과 연계되어 있다.

④ 루빈(I. Rubin)의 실시간 예산운영 모형에서 예산과정의 흐름은 '계획된 대로 수행할 수 있는가?'에 대한 의사결정으로 기술적 성격이 강하고 책임성의 정치라는 특성을 지니며, 예산계획에 따른 집행과 수정 및 일탈의 허용 범위에 대한 문제가 중요하다.

14

우리나라 근무성적평정과 관련된 다음 설명 중 가장 옳지 않은 것은?

① 다면평가는 평가의 객관성과 공정성을 제고할 수 있으나 각 부처가 반드시 이를 실시해야 하는 것은 아니다.

② 우리나라의 경우 다면평가의 결과는 승진, 전보, 성과급 지급 등에 참고자료로 활용될 수 있고 그 결과는 해당 공무원에게 공개할 수 있다.

③ 우리나라는 평정상의 오차나 편파적 평정을 시정하기 위하여 이중평정제를 실시한다.

④ 근무성적평가의 결과는 승진 및 보직관리에는 이용되지 않고 성과급의 지급에만 활용된다.

15

예산의 결정과 관련된 다음 설명 중 가장 옳은 것은?

① 합리주의 예산결정은 행정개혁의 시기에서는 소극적인 측면에서 저항 혹은 관료병리로 평가될 수도 있다.

② 합리주의 예산결정은 목표에 대한 사회적 합의가 도출되지 않은 경우에도 적용될 수 있다는 장점을 가지고 있다.

③ 다중합리성모형은 밀러(G. Miller)가 비합리적 의사결정모형을 예산에 적용하여 1991년에 개발한 예산이론(모형)이다.

④ 서메이어(K. Thumaier)의 다중합리성모형은 미시적 수준의 예산상의 의사결정을 설명하고 탐구한다.

16

발생주의 회계와 관련된 다음 설명 중 가장 옳지 않은 것은?

① 발생주의는 장기적 비용 및 수익을 산정할 수 있어 재산상태에 대한 종합적 회계정보를 제공해 주는 제도이다.

② 발생주의는 재정성과의 파악과 공유가 가능하며, 미지급비용이나 미수수익도 부채나 자산으로 인식된다.

③ 발생주의는 경제주체의 자원의 변동에 따라 거래를 인식하므로 출납폐쇄기한이 상대적으로 중요하다.

④ 발생주의는 산출에 대한 원가산정이 가능하기 때문에 분권화된 조직의 자율과 책임을 구현할 수 있는 중요한 수단이다.

17
대표관료제와 관련된 다음 설명 중 가장 옳은 것은?

① 대표관료제는 관료제에 대한 내부통제는 근본적 한계를 지닐 수밖에 없다는 인식이 확산되면서 제기되었다.
② 관료들의 객관적 책임이 매우 현실적이라는 주장과 관련되는 대표관료제는 내부통제를 강화하는 기능을 가지고 있다.
③ 대표관료제는 대표성을 지닌 관료집단 사이의 견제와 균형을 통해 국민의 의사를 균형 있게 대변하여 관료제 내부통제를 강화할 수 있기 때문에 도입 필요성이 인정된다.
④ 대표관료제는 전체 국민에 대한 정부의 대응성을 향상시키고 실적주의를 강화하여 행정의 능률성을 향상시키는 장점이 있다.

18
우리나라의 근무성적평정에 관한 다음 설명 중 가장 옳은 것은?

① 일반직 공무원의 근무성적평정은 크게 5급 이상을 대상으로 한 성과계약 등 평가와 6급 이하를 대상으로 한 근무성적평가로 구분된다.
② 성과계약 등 평가는 상·하급자 간의 합의를 통해 목표를 설정하고 성과계약의 내용이 구체적이며 상향식으로 체결된다는 점에서 목표관리제(MBO)와 유사하다.
③ 성과계약 등 평가는 주로 개인의 성과평가제도로, 조직 전반의 성과관리를 중심으로 하는 균형성과지표(BSC)와 구분된다.
④ 성과계약 등 평가는 산출이나 성과보다는 투입부문의 통제에 초점을 두고 있다.

19
다음은 정부실패와 관련된 개념이다. 가장 옳지 않은 것은?

① 정부수입의 많은 부분은 정부가 제공하는 서비스와는 관계없이 부과되는 조세수입으로 이루어지며, 결국 비용과 수입이 직접적으로 연결되지 않아 자원배분이 왜곡될 가능성이 높아진다.
② 정부개입에 의해 초래된 의도하지 않은 결과 때문에 자원배분의 상태가 정부개입이 있기 전보다 오히려 더 악화될 수 있다.
③ 파생적 외부효과는 재화나 서비스 공급의 독점성으로 인해 가격을 낮추려는 압박을 받지 않기 때문에 나타난다.
④ X-비효율성이란 기술적 비효율성을 의미하는 것으로, 일반적으로 경제학자들에게는 중요하게 취급되지 않았다.

20
다음은 의제설정의 과정에 관한 내용이다. 가장 옳은 것은?

① 사회문제는 여러 가지 다른 견해를 갖는 다수의 집단들로 하여금 논쟁을 야기하며, 일반인의 관심을 집중하고 여론을 환기시키는 상태를 말한다.
② 사회적 논제(social issue)는 개인의 문제가 다수로부터 공감을 얻게 되어 많은 사람들의 문제로 인식된 상태를 말한다.
③ 체제의제는 일반대중의 관심과 주의를 받고 있으며 정부가 개입하여 문제를 해결하여야 한다고 인정되지만, 아직까지 정부가 문제해결을 고려하기로 공식적으로 밝히지 않은 의제를 말한다.
④ 공식의제, 정부의제, 행동의제, 기관의제 등으로 불리는 제도의제는 어떤 사회문제의 성격과 해결방법에 대해 집단들 간의 견해 차이가 있어 논쟁의 대상이 되는 사회문제이다.

제9회 동형모의고사

01
니스카넨(W. Niskanen)의 예산극대화 모형에 관한 다음 설명 중 가장 옳은 것은?

① 니스카넨(W. Niskanen)의 예산극대화 이론은 재정권을 독점한 정부에서 정치가나 관료들이 독점적 권력을 국민에게 남용하여 재정규모를 과도하게 팽창시키는 행위를 의미한다는 내용을 담고 있다.
② 니스카넨(W. Niskanen)의 예산극대화 모형은 의회의원들이 재선 가능성을 높이기 위해 지역구 예산을 극대화하는 행태에 분석초점을 둔다.
③ 니스카넨(W. Niskanen)의 예산극대화 모형에 의하면 관료는 한계편익곡선과 한계비용곡선이 교차하는 점에서 공공서비스를 공급하려 한다.
④ 니스카넨(W. Niskanen)의 예산극대화 모형에 의하면 정치가는 총편익과 총비용의 차이인 순편익이 최대가 되는 수준에서 공공서비스를 공급하려 한다.

02
신행정학과 관련된 다음 설명 중 가장 옳지 않은 것은?

① 왈도(D. Waldo)는 가치로부터 구분된 순수한 사실이란 존재하지 않는다고 주장하면서 사이먼(H. Simon)의 행태주의에 반대하는 입장을 취하였다.
② 왈도(D. Waldo)는 행정관리론에서 개발된 행정원리를 토대로 행정의 처방적인 기능을 추구하였다.
③ 왈도(D. Waldo)는 행정에는 권위가 필요하지만 민주주의를 증진해야 한다는 전제를 배제할 수 없다고 보았다.
④ 프레데릭슨(H. Frederickson)과 왈도(D. Waldo) 등 신행정학의 학자들은 사회적 형평성이 행정가치로 주목받는 데 크게 기여하였다.

03
최근 새롭게 강조되고 있는 공공가치론과 관련된 다음 설명 중 가장 옳지 않은 것은?

① 공공가치론은 시민과 이해관계자의 관여와 공무원 간 숙의민주주의 과정을 통한 공공가치의 결정, 공공가치의 창출, 그 결과에 대한 평가가 이루어질 수 있을 때 행정의 정당성이 강화될 수 있다고 본다.
② 보즈만(B. Bozeman)은 시장 메커니즘이 효율적으로 작동하지 않아서 본질적 가치를 제공하지 못하는 현상을 공공가치실패로 정의하였다.
③ 무어(M. Moore)는 공공가치를 창출하기 위해서 정당성과 지원의 확보, 공적 가치의 형성, 운영 역량의 형성이라는 전략적 삼각형을 제안하였다.
④ 공공가치론은 숙의를 거친 공공의 선호를 공익으로 보며, 서비스 제공, 만족, 사회적 결과, 신뢰 및 정당성을 성과목표로 제시한다.

04
정책의 유형과 관련된 다음 설명 중 가장 옳지 않은 것은?

① 규제정책은 분배정책보다 정책결정과정에서 갈등이 더 심하다.
② 규제정책이나 재분배정책의 경우 이해당사자 사이의 갈등이나 정책대상 집단의 반발이 배분정책보다 높게 나타나는 경향이 있다.
③ 구성정책은 혜택을 받기 위하여 은밀하게 이루어지는 밀어주기(log-rolling)나 나눠먹기(pork-barrel)와 밀접한 관련이 있는 정책유형이다.
④ 선거구의 조정, 정부의 새로운 조직이나 기구의 설립, 공직자의 보수 등에 관한 정책은 구성정책에 해당된다.

05

아리스토텔레스의 사상에 기반을 둔 리더십으로 타인을 존중하고, 타인을 섬기며, 공정성과 정의에 관심을 기울이고 정직하며 공동체를 확립하는 리더십을 무엇이라 하는가?

① 서번트 리더십
② 윤리적 리더십
③ 진성 리더십
④ 문화적 리더십

06

Z이론에 관한 다음 설명 중 가장 옳지 않은 것은?

① 롤리스(D. Lawless)는 복잡한 인간관을 전제로 상황적응적 관리를 주장하였다.
② 룬드스테트(S. Lundstedt)는 무정부상태와 같은 방임형 관리를 강조하였다.
③ 오우치(W. Ouchi)의 Z이론은 일본식 조직관리가 미국식 관리방법보다 우월하다는 전제를 기반으로 한다.
④ 오우치(W. Ouchi)의 Z이론은 신속한 평가와 빠른 승진, 집단적 의사결정과 개인적 책임, 빈번하고 공식적인 평가, 장기적인 고용관계 등을 특징으로 한다.

07

지방자치단체의 자주재원과 관련된 다음 설명 중 가장 옳은 것은?

① 주민의 세대 간 비용부담을 공평하게 하는데 가장 효과적인 지방자치단체의 재원은 지방세이다.
② 지방세 탄력세율 제도는 지방자치단체 재정의 신축성과 자율성을 제고하기 위한 제도이다.
③ 사용료는 지방자치단체가 특정인에게 제공한 행정서비스에 의해 이익을 받는 자로부터 그 비용의 전부 또는 일부를 반대급부로 징수하는 수입이다.
④ 수수료는 지방자치단체가 주민의 복지증진을 위해 설치한 공공시설을 특정소비자가 사용할 때 그 반대급부로 개별적인 보상원칙에 따라 지방자치단체의 조례에 의거하여 강제적으로 부과·징수하는 공과금이다.

08

다음은 신제도주의 유파를 비교한 내용이다. 가장 옳은 것은?

① 합리적 선택 제도주의는 방법론적 전체주의(holism)에 기반을 두고 있고, 사회학적 신제도주의는 방법론적 개체주의(individualism)에 기반을 두고 있다.
② 역사적 신제도주의와 사회학적 신제도주의에서는 개인의 선호체계를 주어진 것으로 가정한다.
③ 사회학적 신제도주의는 선진제도의 학습에 따른 제도의 동형화를 강조하고 역사적 신제도주의는 기존 경로를 유지하려는 제도의 속성을 강조한다.
④ 역사적 신제도주의가 제도의 횡단면적 측면을 중시하면서 국가 간 차이를 강조한다면 사회학적 신제도주의는 종단면적으로 국가 간 또는 조직 간 어떻게 유사한 제도의 형태를 취하는가에 관심을 갖는다.

09

다음은 여론조사와 공론조사를 비교한 내용이다. 가장 옳지 않은 것은?

① 공론조사는 여론조사에 숙의와 토론과정을 보완한 것으로, 정제된 국민여론을 수렴하는 방법이라고 할 수 있다.
② 우리나라에서도 공공정책 결정과정에서 공론조사를 도입하여 활용한 사례가 있다.
③ 공론조사는 조사 대상자가 중간에 탈락하는 경우가 적기 때문에 대표성 측면에서 일반 여론조사보다 우위에 있다.
④ 공론조사는 조사 대상자들을 한곳에 모아 일정 기간 동안 공론화 과정을 거쳐야 하기 때문에 비용과 시간이 많이 든다.

10

다음은 정책결과를 예측하는 기법에 관한 설명이다. 가장 옳은 것은?

① 연장적 미래예측은 인과관계 분석이라고도 하며 선형계획, 투입·산출분석, 회귀분석 등이 그 예에 속한다.
② 구간추정, 시계열분석, 회귀분석 등은 정책대안의 결과를 예측하는 이론적 미래예측기법이다.
③ 회귀모형, 시계열자료 분석, 계획의 평가검토기법(PERT), 경로분석 등은 인과관계를 토대로 미래를 예측하는 기법들이다.
④ 추세연장적 미래예측기법들 중 하나인 검은줄기법(black thread technique)은 시계열적 변동의 굴곡을 직선으로 표시하는 기법이다.

11

총액배분자율편성제도에 관한 다음 설명 중 가장 옳지 않은 것은?

① 총액배분자율편성제도는 중기적 시각에서 정부 전체의 재정규모를 검토하기 때문에 전략적 계획의 발전을 촉진하고 재정의 경기조절기능을 강화할 수 있다.
② 총액배분자율편성제도는 예산의 한도가 사전에 결정되므로 전통적 예산편성방식(Bottom-up)에 비해 각 부처의 전문성이 활용되기는 어렵다는 단점이 있다.
③ 총액배분자율편성제도는 지출총액을 먼저 결정하므로 국가의 전략적 정책기획을 가능하게 하지만 재원배분의 결정이 정치적 타협에 치우칠 경우 정책파행을 초래할 수 있다.
④ 총액배분자율편성제도는 책임성을 확보하기 위하여 예산배정과 집행관리를 강화해야 할 필요성이 있는 제도이다.

12

예산의 원칙과 관련된 다음 설명 중 가장 옳은 것은?

① 한 회계연도의 세입과 세출은 모두 예산에 계상하여야 한다는 것은 예산 단일성 원칙의 예외이다.
② 모든 수입은 국고에 편입되고 여기에서부터 지출이 이루어져야 한다는 것은 예산의 완전성 원칙이다.
③ 특별회계, 추가경정예산, 목적세 등은 단일성 원칙의 예외이다.
④ 국가기밀에 속하는 국방비와 외교활동비는 예산 정확성 원칙의 예외이다.

13
성과주의예산에 관한 다음 설명 중 가장 옳은 것은?

① 성과주의예산은 사업의 대안들을 제시하도록 하고 가장 효과적인 프로그램에 대해 재원배분을 선택하도록 하는 예산제도이다.
② 성과주의예산은 1912년 대통령위원회가 추천한 것에서 보듯이, 미국 정부의 지출을 체계적으로 구조화한 최초의 예산제도이다.
③ 성과주의예산제도는 재정사업에 대한 투입보다는 그 결과에 대한 관심을 강조하고 있으나, 정작 성과측정, 사업원가 산정, 성과-예산의 연계 등에서 여전히 많은 난관이 있다.
④ 예산제도를 설계하는데 따라서 기능 비중이 달라지는데, 성과주의예산은 통제나 관리보다는 기획의 기능을 상대적으로 강조하는 제도이다.

14
소청심사와 관련된 다음 설명 중 가장 옳은 것은?

① 강임·휴직·직위해제·면직 처분을 받은 공무원은 처분사유 설명서를 받은 후 60일 이내에 심사청구를 할 수 있다.
② 인사혁신처에 설치된 소청심사위원회는 위원장 1명을 포함한 5명 이상 7명 이내의 상임위원으로 구성하고, 필요시 비상임위원을 둘 수 있다.
③ 「정당법」에 따른 정당의 당원, 「공직선거법」에 따라 실시하는 선거에 후보로 등록한 자는 소청심사위원회의 위원이 될 수 없다.
④ 행정부 소속 소청심사위원회는 심사의 결정을 하기 위해서는 재적위원 3분의 1 이상의 출석이 필요하며, 심사의 결정은 출석위원 과반수의 합의에 따른다.

15
다음은 갈등의 관리전략에 관한 설명이다. 가장 옳은 것은?

① 표면화된 공식적 및 비공식적 정보전달통로를 의식적으로 변경시키는 것은 갈등의 해소전략에 해당한다.
② 갈등을 일으킨 당사자들에게 공동으로 추구해야 할 상위목표를 제시하는 것은 갈등의 조성전략에 해당한다.
③ 갈등 당사자들에게 공동의 적을 확인시키고 이를 강조하는 전략은 갈등의 조성전략에 해당한다.
④ 갈등상황이나 출처를 근본적으로 변동시키지 않고 오히려 적응하도록 하는 전략은 갈등의 해소전략이다.

16
다음은 「전자정부법」에 규정된 내용이다. 가장 옳지 않은 것은?

① 정보자원이란 행정기관등이 보유하고 있는 행정정보, 전자적 수단에 의하여 행정정보의 수집·가공·검색을 하기 쉽게 구축한 정보시스템, 정보시스템의 구축에 적용되는 정보기술, 정보화예산 및 정보화인력 등을 말한다.
② 정보시스템이란 정보의 수집·가공·저장·검색·송신·수신 및 그 활용과 관련되는 기기와 소프트웨어의 조직화된 체계를 말한다.
③ 정보기술아키텍처는 정부업무, 업무수행에 필요한 데이터, 업무를 지원하는 응용서비스 요소, 데이터와 응용시스템의 실행에 필요한 정보기술, 보안 등의 관계를 구조적으로 연계한 체계이다.
④ 행정안전부장관은 관계 행정기관 등의 장과 협의하여 정보기술아키텍처를 체계적으로 도입하고 확산시키기 위한 기본계획을 5년마다 수립하여야 한다.

17
사무배분에 관한 다음 설명 중 가장 옳은 것은?
① 지방사무의 배분원칙으로 특별지방행정기관 우선의 원칙, 행정책임의 명확화 원칙, 보충성의 원칙 등이 거론된다.
② 시·도와 시·군 및 자치구의 사무가 서로 경합하면 시·도에서 처리한다.
③ 「지방자치법」은 원칙적으로 사무배분 방식에 있어서 포괄적 예시주의를 취하고 있다.
④ 「지방자치법」은 축산물·수산물 및 양곡의 수급조절과 수출입 사무, 지역민방위 및 지방소방에 관한 사무 등을 지방자치단체의 사무로 예시하고 있다.

18
정부규제와 관련된 다음 설명 중 가장 옳지 않은 것은?
① 규제영향분석이 필요한 이유 중 하나는 관료에게 규제비용에 대한 관심과 책임성을 갖도록 유도하기 위해서이다.
② 규제영향분석은 정치적 이해관계의 조정과 수렴의 기회를 제공하는 좋은 수단이 될 수 있다.
③ 국회, 법원, 헌법재판소, 선거관리위원회 및 감사원이 하는 사무에 대하여는 「행정규제기본법」을 적용하지 아니한다.
④ 규제는 법률에 근거를 두어야 하며, 규제의 존속기한은 원칙적으로 3년을 초과할 수 없다.

19
다음은 공공서비스의 공급에 있어 논의되는 시민공동생산과 관련된 내용이다. 가장 옳지 않은 것은?
① 공동생산은 관료제의 비효율성에 대한 비판적 시각을 기초로 하고 있으며 재정의 확대를 수반하지 않으면서도 지역사회가 필요로 하는 공공서비스를 확보할 수 있게 한다.
② 공동생산은 자원절약과 관련하여 대두되었으며 시장실패와 정부실패를 동시에 극복할 수 있는 가능성을 제시한다.
③ 일반적으로 사적 영역과 공적 기능이 결합되는 부문에서 공동생산이 가능하다.
④ 브루더니(J. Brudney)와 잉글랜드(R. England)의 주장에 의하면 공동생산은 정책집행부문보다는 정책결정부문에서 이루어지기 쉽다.

20
신제도주의와 관련된 다음 설명 중 가장 옳지 않은 것은?
① 신제도주의는 원자화된 개인이 아니라 제도라는 맥락 속에서 전개되는 개인의 행위에 초점을 맞춘 이론이다.
② 신제도주의에서 제도는 독립변수일 수도 있고 종속변수일 수도 있다.
③ 신제도주의는 접근방법의 범위가 넓고 경계가 느슨한 경향이 있으며, 그 안에는 개별적 특성이 서로 다른 이론들이 들어 있다.
④ 신제도주의 접근방법 중 하나인 합리적 선택 제도주의는 정치학에 배경을 두고 있다.

제10회 동형모의고사

01
다음은 행정이념 간 상충관계에 관한 설명이다. 가장 옳지 않은 것은?
① 총효용의 극대화를 추구하는 효율성(efficiency)은 분배문제를 고려하지 않기 때문에 형평성(equity)과는 배타적인 관계라고 보는 것이 일반적이다.
② 민주성과 능률성은 항상 상충되는 것은 아니고 상호 보완적일 수 있다.
③ 환경이 급변하는 경우 주민이 원하는 서비스를 제공한다는 대응성은 합법성과 충돌할 가능성이 크다.
④ 능률성(efficiency)이 떨어진다면 효과성(effectiveness)은 높아질 수 없다.

02
다음은 다원주의에서 강조하는 이익집단에 대한 설명이다. 가장 옳지 않은 것은?
① 벤틀리(A. Bently)와 트루만(D. Truman)으로 대표되는 이익집단이론에 따르면 정치과정의 핵심은 이익집단의 활동이므로 정책과정에서 관료들의 역할은 소극적이다.
② 이익집단이론은 정치체제가 잠재이익집단과 중복회원 때문에 특수 이익에 치우치지 않는다고 주장한다.
③ 잠재이익집단이론은 조직화되지 못한 다수의 침묵적 집단의 이익은 정책으로 반영되기 곤란하다는 이론이다.
④ 이익집단자유주의는 영향력 있는 집단의 이익이 정책에 반영되고 조직화되지 않은 집단의 이익은 정치과정에서 배제된다는 주장이다.

03
정책변동에 관한 다음 설명 중 가장 옳은 것은?
① 과속차량 단속이라는 목표를 변경하지 않고 기존에 경찰관이 현장에서 직접 단속하는 수단을 무인감시카메라 설치를 통한 단속으로 대체하는 것은 정책승계 중 선형적 승계에 해당한다.
② 정책의 부분적 종결은 하나의 정책이 다수의 새로운 정책으로 분할되는 형태의 정책승계를 말한다.
③ 정책통합은 새로운 정책이 과거의 정책을 대체하여 양자의 관계가 명확하게 나타나는 가장 단순한 형태의 정책승계를 말한다.
④ 정책종결은 현존하는 정책의 기본적 성격을 바꾸는 것으로서, 정책의 근본적인 수정을 필요로 하는 경우 정책을 없애고 새로이 완전히 대체하는 경우 등을 포함한다.

04
다음은 하급자가 입안하고 상급자가 결재하는 방식으로 이루어지는 품의제와 관련된 내용이다. 가장 옳은 것은?
① 품의제는 행정기관에서만 채택하고 있는 의사결정 방식으로, 충분한 의견조정을 기할 수가 있으므로 결정을 급히 해야 하는 경우에 효과적이다.
② 품의제는 토론 및 회의를 통한 합리적·분석적 결정을 저해하나 정책결정과 집행의 유기적 연계는 가능하다.
③ 품의제는 하의상달을 통해 하급직원의 사기를 앙양하며, 실무자선에서 횡적 업무협조를 강화하는 기회가 된다.
④ 품의제는 할거주의, 지나친 전문화, 책임의 분산, 시간의 지체, 번문욕례(Red Tape) 등의 문제점을 지닌다.

05

정부업무평가와 관련된 다음 설명 중 가장 옳은 것은?

① 중앙행정기관의 장은 그 소속기관의 정책 등을 포함하여 자체평가를 실시할 수 있다.
② 중앙행정기관의 장은 자체평가조직 및 자체평가위원회를 구성·운영하여야 하며, 이 경우 평가의 공정성과 객관성을 확보하기 위하여 자체평가위원의 2분의 1 이상은 민간위원으로 하여야 한다.
③ 지방자치단체의 장은 정부업무평가시행계획에 기초하여 자체평가계획을 매년 수립하여야 한다.
④ 국무총리는 중앙행정기관의 자체평가결과를 확인·점검 후 평가의 객관성·신뢰성에 문제가 있어 다시 평가할 필요가 있다고 판단되는 때에는 정부업무평가위원회의 심의·의결을 거쳐 재평가를 실시하여야 한다.

06

공무원의 신분보장과 관련된 다음 설명 중 가장 옳은 것은?

① 공무원의 정년은 2007년 단체협약에 따라 다른 법률에 특별한 규정이 있는 경우를 포함시켜 60세로 통일되었다.
② 별정직 공무원의 근무상한 연령은 65세이며, 일반임기제 공무원으로 채용할 수 있다.
③ 조기퇴직이란 20년 이상 근속한 공무원이 정년퇴직일 전에 스스로 퇴직할 경우 수당을 지급하도록 하는 제도이다.
④ 고위공무원단에 속하는 일반직 공무원이 근무성적평정에서 최하위 등급의 평정을 총 2년 이상 받은 때에는 적격심사를 받아야 한다.

07

집권 또는 분권과 관련된 다음 설명 중 가장 옳은 것은?

① 집권이란 조직 내에 존재하는 활동이 분화되어 있는 정도를 말한다.
② 집권의 정도는 직무기술서, 내부규칙, 보고체계 등의 명문화 정도로 측정할 수 있다.
③ 고객에 대한 신속한 서비스 제공의 요구는 집권화를 촉진한다.
④ 역사가 짧은 신설 조직은 선례가 없기 때문에 설립자의 지시에 의존하게 되어 집권화의 경향을 가진다.

08

브룸(V. Vroom)의 기대이론에 관한 다음 설명 중 가장 옳은 것은?

① 자신의 투입에 대한 산출의 비율보다 비교대상의 투입에 대한 산출의 비율이 크거나 작다고 지각하면 이에 따른 긴장을 해소하기 위한 방향으로 동기가 유발된다.
② 기대이론에서 기대란 노력이 근무성과를 가져올 것이라는 객관적 확률에 대한 기대이다.
③ 어떤 특정한 수준의 성과를 달성하면 바람직한 보상이 주어지리라고 믿는 정도를 기대감(expectancy)이라고 한다.
④ 수단성(Instrumentality)이란 어떤 성과를 달성하면 바람직한 보상이 주어질 것이라고 믿는 정도를 뜻한다.

09

대프트(R. Daft)는 조직의 문화를 적응문화, 사명문화, 동류문화, 관료문화 등으로 분류하였다. 다음 중 조직 내부에 초점을 두고 안정된 환경에서 일관성을 지향하는 문화를 무엇이라 하는가?

① 적응문화
② 사명문화
③ 동류문화
④ 관료문화

10

최근 강조되는 성과관리제도와 관련된 다음 설명 중 가장 옳지 않은 것은?

① 국가와 지방자치단체 모두에 대해 성과계획서 및 성과보고서의 작성을 의무화하고 있다.
② 우리나라는 예산편성과 성과관리의 연계를 위해 재정사업자율평가제도를 실시하고 있다.
③ 재정사업자율평가제도는 2005년부터 실시되었다.
④ 재정사업자율평가의 대상은 전체 성과목표 중 3분의 1에 해당하는 성과목표 내 전체 관리과제이다.

11

평정오류와 관련된 다음 설명 중 가장 옳지 않은 것은?

① 최근 결과에 의한 오류는 중요사건기록법에서 비교적 많이 나타난다.
② 일관적 착오란 평정자의 평정기준이 다른 평정자보다 높거나 낮아 다른 평정자들보다 항상 박한 점수를 주거나, 후한 점수를 줄 때 발생하는 착오이다.
③ 상동오차(error of stereotyping)는 근무성적평정 오차 중 사람에 대한 경직적 편견이나 고정관념 때문에 발생한다.
④ 논리적 오차란 어떤 특성과 어떤 특성 사이의 높은 상관관계로 인하여 나타나는 오차이다.

12

우리나라 지방자치단체의 기관 구성에 관한 다음 설명 중 가장 옳은 것은?

① 우리나라는 기관대립형의 자치형태를 가지며, 의회의 지위가 강한 약시장형을 택하고 있다.
② 우리나라의 지방의회는 자치단체장에 대한 불신임 의결권을 가지고 있다.
③ 자치단체장 및 기초단체 의원은 모두 유급직으로서 자치단체장은 연봉을, 지방의원은 월정수당을 지급받는다.
④ 자치단체장은 재의요구권, 총선거 후 최초 임시회 소집권, 선결처분권, 지방채 발행권 등의 권한을 가진다.

13

다음은 「지방자치법」의 개정으로 새롭게 도입된 특별지방자치단체에 관한 설명이다. 가장 옳지 않은 것은?

① 특별지방자치단체를 구성하는 지방자치단체는 상호 협의에 따른 규약을 정하여 구성 지방자치단체의 지방의회 의결을 거쳐 행정안전부장관의 승인을 받아야 한다.
② 행정안전부장관은 공익상 필요하다고 인정할 때에는 관계 지방자치단체에 대하여 특별지방자치단체의 설치, 해산 또는 규약 변경을 명할 수 있다.
③ 특별지방자치단체의 의회는 규약으로 정하는 바에 따라 구성 지방자치단체의 의회 의원으로 구성한다.
④ 특별지방자치단체의 의회 및 집행기관의 직원은 규약으로 정하는 바에 따라 특별지방자치단체 소속인 지방공무원과 구성 지방자치단체의 지방공무원 중에서 파견된 사람으로 구성한다.

14

다음은 킹던(J. Kingdon)이 제시한 정책의 창 모형에 관한 설명이다. 가장 옳지 않은 것은?

① 정책의 창 모형은 정책문제의 흐름, 정책대안의 흐름, 정치의 흐름이 어떤 계기로 서로 결합함으로써 새로운 정책의제가 형성되는 것을 말한다.
② 킹던(J. Kingdon)이 제시한 '정책의 창'은 국회의 예산주기, 정기회기 개회 등의 규칙적인 경우뿐 아니라, 때로는 우연한 사건에 의해 열리기도 한다.
③ 킹던(J. Kingdon)의 모형에서 정치의 흐름은 문제를 검토하여 해결방안들을 제안하는 전문가들과 분석가들로 구성되며, 여기서 여러 가능성들이 탐색되고 그 범위가 좁혀진다.
④ 킹던(J. Kingdon)의 연구에 의하면 미국에서 정책의제설정에서 가장 중요한 역할을 하는 주체는 의회와 행정부의 지도자이다.

15

계획예산에 관한 다음 설명 중 가장 옳지 않은 것은?

① 계획예산은 목표의 구조화, 체계적인 분석, 재원배분을 위한 정보체계 등을 강조하는 예산제도이다.
② 계획예산은 미국 연방정부 차원에서 도입되었으나 전반적으로 실패한 것으로 평가되고 있다.
③ 계획예산제도(PPBS)는 기획, 사업구조화, 그리고 예산을 연계시킨 시스템적 예산제도이다.
④ 계획예산은 장기적인 계획을 예산과 연계시키기 위하여 각 대안을 최소 수준, 현행 수준, 증가된 수준으로 나누어 분석한다.

16

근무성적평정의 기법에 관한 다음 설명 중 가장 옳은 것은?

① 체크리스트법은 피평정자의 근무실적에 큰 영향을 주는 사건들을 평정자로 하여금 기술하게 하는 방법이다.
② 중요사건기록법은 평정자인 감독자와 피평정자인 부하가 해당 사건에 대해 서로 토론하는 과정에서 피평정자의 태도와 직무수행을 개선하기 어렵다.
③ 행태기준척도법은 바람직한 행동과 바람직하지 못한 행동과의 상호배타성을 극복하고 피평정자에게 행태변화에 유용한 정보를 제공해 줄 수 있어 평정의 주관성과 임의성을 줄일 수 있다.
④ 행태관찰척도법은 도표식평정척도법이 갖는 등급과 등급 간의 모호한 구분과 연쇄효과의 오류가 나타날 수 있다.

17

행정학의 전개과정에 관한 다음 진술 중 가장 옳은 것은?

① 미국의 행정학은 테일러(F. Taylor)의 '과학적 관리법'에 근거를 둔 조직이론으로부터 영향을 받았다.
② 디목(M. Dimock)은 '정책과 행정'(policy Administration)에서 행정을 정책결정이라고 주장하였다.
③ 윌슨(W. Wilson)은 '정치와 행정'에서 행정의 능률성을 높이기 위하여 정치로부터 행정을 분리할 것을 주장하였다.
④ 애플비(P. Appleby)는 정치는 국가의 의지를 표명하고 정책을 구현하는 것이고 행정은 이를 실천하는 것으로 보았다.

18

개방형 직위제도와 관련된 다음 설명 중 가장 옳은 것은?

① 개방형 직위는 반드시 민간인을 임기제 공무원으로 임용하여야 한다.
② 우리나라는 현재 모든 계급에서 개방형 직위를 지정할 수 있으며, 그 규모는 중앙행정기관과 지방자치단체에서 동일하다.
③ 개방형 직위의 지정기준으로는 전문성, 중요성, 민주성, 쇄신성, 조정성 등이 있다.
④ 경력개방형 직위제도는 공무원과 민간인이 경쟁하여 최적임자를 선발하는 것이다.

19

에머리(F. Emery)와 트리스트(E. Trist)가 제시한 환경과 조직구조에 관한 설명 중 가장 옳지 않은 것은?

① 에머리(F. Emery)와 트리스트(E. Trist)는 복잡성과 불확실성을 기준으로 '평온한 무작위적 환경'에서부터 '격동의 장'에 이르기까지 네 가지 환경유형론을 제시하였다.
② 평온-무작위적 환경에서는 환경의 구성요소들의 상호 관련성이 매우 높으므로 조직은 좀 더 장기적인 안목으로 전략을 수립하여 환경에 대응해 나가야 한다.
③ 평온-집합적 환경은 변화의 속도는 느리지만, 조직에게 유리한 요소와 위협적인 요소들이 무리를 지어 집합적으로 존재하는 환경이다.
④ 교란-반응적 환경에서는 조직구조의 분권화 경향이 나타나며, 경쟁에 대응하기 위한 전략이 수립된다.

20

사회학적 신제도주의와 관련된 다음 설명 중 가장 옳은 것은?

① 사회학적 신제도주의는 제도를 개인의 효용을 극대화하기 위한 수단으로 본다.
② 사회학적 신제도주의에서 규범으로 주장하는 것은 능률성이다.
③ 사회학적 신제도주의는 주어진 제도 안에서 적합한 방식을 찾아 행동할 가능성이 높음을 강조한다.
④ 사회학적 신제도주의에서는 제도를 개인들 간 선택적 균형에 기반을 둔 동형화 과정의 결과물로 본다.

제11회 동형모의고사

01
다음은 행정이념 중 하나인 효과성(effectiveness)과 관련된 설명이다. 가장 옳은 것은?
① 효과성은 투입에 대한 산출의 비율을 의미하는 것으로 산출에 대한 비용의 관계라는 조직 내의 조건으로 이해된다.
② 발전행정론에서 강조된 행정이념인 효과성은 산출의 결과보다는 과정에 중점을 둔다.
③ 효과성이 목적적이고 기능적인 이념이라면, 능률성은 수단적이고 개별적 차원의 이념이다.
④ 정부가 직업훈련을 통해서 훈련생을 많이 배출하는 것은 효과성이 높은 것이지 능률성이 높은 것은 아니다.

02
실적주의와 관련된 다음 설명 중 가장 옳은 것은?
① 실적주의는 정치적 중립에 집착하여 인사행정을 소극화·형식화시켰지만 국민에 대한 관료들의 대응성을 높일 수 있다는 장점이 있다.
② 실적주의는 소외집단에 대한 정부 정책의 대응성을 높임으로써 정책의 집행을 용이하게 해준다.
③ 실적주의는 인사권자의 탄력적이고 신축적인 인적자원의 운용에 걸림돌이 될 수 있다.
④ 정책에 큰 변동이 있을 때에는 평상시보다 실적주의에 의한 인사가 더 요구될 수 있다.

03
평정오류와 관련된 다음 설명 중 가장 옳지 않은 것은?
① 연쇄효과란 평정자가 가장 중요시하는 하나의 평정요소에 대한 평가결과가 성격이 다른 평정요소에도 영향을 미치는 것으로, 이를 방지하기 위해서는 강제선택법을 사용한다.
② 평정자마다 척도에 사용되는 용어에 대한 지각과 이해가 상이할 경우 평정상의 오류가 범해질 수 있으며, 이러한 문제는 특히 도표식평정척도법에서 많이 나타난다.
③ 집중화, 관대화, 엄격화 경향이란 각각 평정척도상의 중간 등급에 집중적으로 몰리거나 실제 실적 수준보다 후하거나 엄한 경향으로, 강제배분법을 사용함으로써 나타나는 오류이다.
④ 시간적 오류는 근무평가 대상기간 초기의 업적에 영향을 크게 받는 첫머리 효과와 최근 실적을 중심으로 평가하는 막바지 효과로 나타난다.

04
베버(M. Weber)가 제시한 근대적 관료제 모형에 관한 다음 설명 중 가장 옳지 않은 것은?
① 관료제는 선진국과 후진국 등 모든 국가들에서 공통으로 발견되는 보편적인 현상이다.
② 관료제는 법적·합리적 권한에 의해 구조화된 조직이므로 보편성에 근거한 객관적 업무수행이 용이하다.
③ 관료제에서 모든 직위의 권한과 관할 범위는 법규에 의하여 규정되며, 관료의 업무수행은 문서에 의한다.
④ 관료제는 공직취임에 있어서 기회균등을 제공하고 법 앞의 평등을 구현하는데 기여한다.

05
매트릭스(Matrix) 조직과 관련된 다음 설명 중 가장 옳지 않은 것은?
① 매트릭스 조직은 조직의 활동을 기능부문으로 전문화하는 동시에 전문화된 부문들을 프로젝트로 통합하기 위한 장치이다.
② 정보화 시대에서 팀 구조가 '규모의 경제'를 구현한 방식이라면 매트릭스 조직은 '스피드의 경제'를 보장한 방식이다.
③ 매트릭스 조직은 기능부서와 사업부서 간에 할거주의가 존재할 경우 원만하게 조정하기가 어려운 경우가 많다.
④ 매트릭스 조직은 기존 조직구조 내의 인력을 활용할 수 있기 때문에 인력사용에서 경제성을 확보할 수 있다.

06
다음은 켈리(H. Kelley)가 제시한 귀인이론의 내용이다. 가장 옳은 것은?
① 귀인이론에서 말하는 합의성 또는 일치성이란 같은 사람이 다른 상황에서도 동일한 방식으로 행동하는 정도를 말한다.
② 귀인이론에서 말하는 특이성 또는 구별성이란 동일한 상황에 처한 여러 사람이 같은 방식으로 행동하는 정도를 말한다.
③ 귀인이론에서 말하는 일관성 또는 일치성이란 같은 사람이 다른 상황에서 다른 방식으로 행동하는 정도를 말한다.
④ 귀인이론에 따르면 개인이 동일한 사건에서 다른 사람들과 동일하게 행동하는 정도가 높다면 그 행동의 원인은 외적 요소에 귀인하는 것이다.

07
유비쿼터스 전자정부와 관련된 다음 설명 중 가장 옳지 않은 것은?
① 유비쿼터스 전자정부는 언제 어디서나 개인화되고 중단 없는 정보서비스를 제공함으로써 부가적인 가치를 제공하는 정부이다.
② 유비쿼터스 전자정부는 기술적으로 브로드밴드와 무선, 모바일 네트워크, 센싱, 칩 등을 기반으로 한다.
③ 유비쿼터스 전자정부는 Any-time, Any-where, Any-device, Any-network, Any-service 환경에서 실현되는 정부를 지향한다.
④ 유비쿼터스 전자정부는 개인별 맞춤형 통합서비스의 제공, 스마트폰, 태블릿 PC, 스마트 TV 등 다매체의 활용, 공급자 중심의 서비스 개발, 1회 신청으로 연관된 민원의 일괄처리 등을 특징으로 한다.

08
지방자치단체의 기관에 관한 다음 설명 중 가장 옳은 것은?
① 교육감은 교육, 학예에 관한 사무에 대하여 1년에 한 번 감사를 실시할 수 있다.
② 특별시의 부시장의 정수는 2명을 넘지 아니하는 범위에서 대통령령으로 정한다.
③ 부단체장은 「지방자치법」상 지방자치단체의 장의 보조기관에 해당한다.
④ 합의제행정기관은 대통령령에 따라 조례로 설치할 수 있다.

09

주민투표에 관한 다음 설명 중 가장 옳은 것은?

① 동일한 사항에 대하여 주민투표가 실시된 후 1년이 경과되지 아니한 사항은 주민투표의 대상에서 제외된다.
② 주민투표는 특정한 사항에 대하여 찬성 또는 반대의 의사표시를 하거나 두 가지 사항 중 하나를 선택하는 형식으로 실시하여야 한다.
③ 주민투표에 부쳐진 사항은 주민투표권자 총수의 3분의 1 이상의 투표와 유효투표수 과반수의 득표로 확정된다.
④ 지방자치단체의 장은 주민투표의 전부 또는 일부 무효의 판결이 확정된 때에는 그 날부터 60일 이내에 무효로 된 투표구의 재투표를 실시하여야 한다.

10

신공공서비스론과 관련된 다음 설명 중 가장 옳지 않은 것은?

① 신공공관리론이 경제적 합리성에 기반을 두는 반면에 신공공서비스론은 전략적 합리성에 기반을 둔다.
② 신공공관리론이 기업가 정신을 강조하는 반면에 신공공서비스론은 사회적 기여와 봉사를 강조한다.
③ 신공공서비스론은 규범적 가치에 관한 이론 제시뿐만 아니라 이러한 가치들을 구현하는 데 필요한 구체적 처방을 제시하고 있다는 점에서 의미가 있다.
④ 신공공서비스론은 행정의 규범적 특성과 가치를 지나치게 강조함으로써 행정의 전문성과 효율성 등 수단적 가치가 위축될 수 있다.

11

다음은 디징(P. Diesing)이 제시한 합리성의 개념이다. 가장 옳은 것은?

① 사회적 합리성은 사회 내 여러 세력들 간의 정책결정과정을 개선하는 것을 의미한다.
② 정치적 합리성이 정치 세력의 지지에 의존하는 반면에, 정치적 실현가능성은 다양한 가치들의 합리적 조화를 통해 달성될 수 있다는 점에서 지향성이 다르다.
③ 기술적 합리성은 목표달성에 적합한 수단이 선택되었는지의 여부를 말한다.
④ 기술적 합리성은 경쟁 상태에 있는 목표를 어떻게 비교하고 선택할 것인가 하는 것을 의미한다.

12

정부업무평가와 관련된 다음 설명 중 가장 옳은 것은?

① 재평가는 이미 실시된 평가의 결과, 방법 및 절차에 관하여 그 평가를 실시한 기관 외의 기관이 다시 평가하는 것이다.
② 특정평가는 중앙행정기관 또는 지방자치단체가 소관 정책 등을 스스로 평가하는 것이다.
③ 「정부업무평가 기본법」에 의하면 국가위임사무에 대하여 평가가 필요한 경우에는 행정안전부장관이 중앙행정기관의 장과 함께 특정평가를 실시할 수 있다.
④ 국무총리는 2 이상의 중앙행정기관 관련 시책, 주요 현안시책, 혁신관리 및 대통령령이 정하는 대상부문에 대하여 합동평가를 실시하고, 그 결과를 공개하여야 한다.

13
기획에 관한 다음 설명 중 가장 옳은 것은?

① 하이에크의 '노예의 길'은 미국의 '위대한 사회(The Great Society) 정책'과 유럽식의 '최대의 봉사자가 최선의 정부' 등의 이론적 근거로 작용하였다.
② 파이너(H. Finer)는 기획이 시장의 질서를 교란시키고 국민의 자유권을 침해하여 자유민주주의에 위배할 것이라고 주장하였다.
③ 정책기획(policy planning)은 정치적 결정으로 입법부에 의해 이루어지는 것으로, 정부의 광범위하고 장기적인 기본목표 또는 방침을 제시하는 기획이다.
④ 연동계획은 계획의 이상과 현실을 조화시킬 수 있다는 장점이 있지만 효과적인 선거공약의 제시에는 어려움이 있다.

14
예산의 결정과 관련된 다음 설명 중 가장 옳은 것은?

① 린드블롬(C. Lindblom)은 '어떠한 근거로 X달러를 B사업 대신 A사업에 배분하도록 결정하는가?'라는 질문을 통해 예산결정이론의 필요성을 역설하였다.
② 예산이란 국민의 세금으로 짜인다는 의미에서 예산제도의 개혁은 공정하고 과학적인 분석에 입각해야 하기 때문에 정치성은 배제하는 것이 바람직하다.
③ 루이스(V. Lewis)는 예산배분결정에 경제학적 접근법을 적용하여, 상대적 가치, 증분분석, 상대적 효과성이라는 세 가지 분석명제를 제시하였다.
④ 점증주의 예산결정은 다수의 참여자들 간 고리형의 상호작용을 통한 합의를 중시하는 합리주의와는 달리 선형적 과정을 중시한다.

15
예산개혁과 관련된 다음 설명 중 가장 옳지 않은 것은?

① 프로그램 예산제도는 동일한 정책목표를 가진 단위사업들을 하나의 프로그램으로 묶어 예산 및 성과관리의 기본단위로 삼는 것으로, 우리나라에서는 지방자치단체가 2004년부터, 중앙정부는 2008년부터 공식적으로 채택하였다.
② d-Brain System은 예산편성, 집행, 결산, 사업관리 등 재정업무 전반을 종합적으로 연계 처리하도록 하는 통합재정정보시스템이다.
③ 현재 우리나라는 지방예산이 절약되거나 수입이 증대된 경우 그 일부를 기여자에게 보상으로 지급하는 예산성과금제도를 도입하고 있다.
④ 각 중앙관서의 장은 예산요구서를 제출할 때에 다음 연도 예산의 성과계획서 및 전년도 예산의 성과보고서를 기획재정부장관에게 함께 제출하여야 한다.

16
다음은 부채와 국채의 개념을 설명한 것이다. 가장 옳지 않은 것은?

① 우리나라 「국가재정법」에는 국가부채의 범위가 규정되어 있고, 「국가회계법」에는 국가채무의 개념이 정의되어 있다.
② 금융성 채무는 융자금·외화자산 등 대응 금융자산이 있어 별도의 재원 조성 없이 자체 상환이 가능하다.
③ 적자성 채무는 상환할 때 조세 등으로 별도의 재원을 마련하여야 한다.
④ 국가채무는 금융부채를 말하고, 국가부채는 금융부채 외에 비금융부채까지 포함하므로, 국가채무보다 국가부채의 범위가 더 넓다.

17

소청심사와 관련된 다음 설명 중 가장 옳지 않은 것은?

① 「정당법」에 따른 정당의 당원, 「공직선거법」에 따라 실시하는 선거에 후보로 등록한 자는 소청심사위원회의 위원이 될 수 없다.
② 소청사건의 결정은 재적위원 3분의 2 이상의 출석과 출석위원 과반수의 합의에 따르되 의견이 나뉘어 출석위원 과반수의 합의에 이르지 못하였을 때에는 과반수에 이를 때까지 소청인에게 가장 불리한 의견에 차례로 유리한 의견을 더하여 그 중 가장 유리한 의견으로 결정한다.
③ 감사원에서 조사 중인 사건에 대하여는 조사개시 통보를 받은 날부터 징계의결의 요구나 그 밖의 징계절차를 진행하지 아니할 수 있다.
④ 소청심사위원회는 원징계처분보다 무거운 징계 또는 징계부가금을 부과하는 결정을 하지 못한다.

18

지방채와 관련된 다음 설명 중 가장 옳은 것은?

① 이미 발행한 지방채의 차환을 위해서는 지방자치단체의 장은 지방채를 발행할 수 없다.
② 지방자치단체조합의 장은 지방채를 발행할 수 없다.
③ 외채를 발행할 경우에는 지방채 발행 한도액 범위더라도 지방의회의 의결을 거치기 전에 기획재정부장관의 승인을 받아야 한다.
④ 제주특별자치도지사는 제주특별자치도의 발전과 관계가 있는 사업을 위하여 필요하면 도의회 의결을 마친 후 외채 발행과 지방채 발행 한도액의 범위를 초과한 지방채 발행을 할 수 있다.

19

신공공서비스론과 관련된 다음 설명 중 가장 옳은 것은?

① 신공공서비스론의 이론적 토대는 민주주의 이론, 실증주의, 해석학, 비판이론 등 복합적이다.
② 신공공서비스론은 시장주의와 신관리주의를 결합한 이론으로 행정의 효과성과 능률성을 극대화하고자 하였다.
③ 신공공서비스론은 시장의 가격메커니즘과 경쟁의 원리를 적극적으로 정부에 도입하고자 노력한다.
④ 신공공서비스론은 전통적 관료제에 의한 정부운영방식의 한계를 극복하고 효율성을 확보하기 위해 민간기업의 운영방식을 공공부문에 접목하고자 하는 이론이다.

20

정보공개제도와 관련된 다음 설명 중 가장 옳지 않은 것은?

① 지방자치단체는 그 소관 사무에 관하여 법령의 범위에서 정보공개에 관한 조례를 정할 수 있다.
② 「공공기관의 정보공개에 관한 법률」은 국민 개개인의 청구에 의한 의무적인 정보공개는 물론, 행정기관 스스로의 결정에 의한 자발적 공개도 포함하고 있다.
③ 정보공개청구제도는 특정 청구인을 대상으로 하나 국민생활에 큰 영향을 미치는 정책정보는 청구가 없더라도 공개해야 한다.
④ 모든 국민은 정보의 공개를 청구할 권리를 가지며, 외국인의 정보공개 청구에 관하여는 법률로 정한다.

제12회 동형모의고사

01
정부업무평가와 관련된 다음 설명 중 가장 옳은 것은?
① 「정부업무평가 기본법」에 의하면 기획재정부장관은 정부업무평가위원회의 위원이다.
② 국무총리는 정부업무평가기본계획에 대해 최소한 2년마다 그 계획의 타당성을 검토하여 수정·보완 등의 조치를 하여야 한다.
③ 중앙행정기관의 장은 성과관리전략계획에 당해 기관의 임무·전략목표 등을 포함하여야 하고 최소한 5년마다 그 계획의 타당성을 검토하여 수정·보완 등의 조치를 하여야 한다.
④ 자체평가는 국무총리가 중앙행정기관을 대상으로 국정을 통합적으로 관리하기 위하여 필요한 정책 등을 평가하는 것이다.

02
조직의 혁신에 대한 다음 설명 중 가장 옳은 것은?
① 조직의 분권화, 통솔범위 축소, 책임의 명확화 등은 기술 중심의 개혁에 해당한다.
② 리엔지니어링을 통한 조직의 개선은 특정 기능보다는 기능 내에 존재하는 업무과정에 초점을 둔다.
③ 개혁에 적응하는데 필요한 시간을 충분히 제공하는 것은 개혁에 대한 저항을 극복하기 위한 공리적 전략에 해당된다.
④ 개혁의 공공성 강조, 설득과 참여, 개혁추진자의 카리스마 등의 활용은 개혁에 대한 저항을 극복하기 위한 규범적 전략에 해당된다.

03
공무원 보수체계와 관련된 다음 설명 중 가장 옳은 것은?
① 보수라 함은 직무의 곤란성 및 책임의 정도에 따라 직책별로 지급되는 기본급여 또는 직무의 곤란성 및 책임의 정도와 재직기간 등에 따라 계급별·호봉별로 지급되는 기본급여를 말한다.
② 국가공무원과 지방공무원은 법적 근거로 「국가공무원법」을 따르며, 보수재원은 모두 국비로 충당한다.
③ 기획재정부는 보수의 합리적인 책정을 위하여 민간의 임금, 표준생계비 및 물가의 변동 등에 대한 조사를 한다.
④ 공무원 중 최고호봉을 받고 근무성적이 양호한 자에 대하여는 승급기간을 초과할 때마다 정기승급일이 속하는 달부터 봉급에 근속가봉을 가산할 수 있다.

04
행정현상의 연구에 대한 행태주의 접근의 내용으로 가장 옳지 않은 것은?
① 사이먼(H. Simon)은 인간행태에 연구의 초점을 두었고 행정이론의 과학화에 기여하였다.
② 사이먼(H. Simon)은 행태주의 시각에서 행정현상을 자연적·사회적 환경과 관련시켜 이해하려고 한다.
③ 사이먼(H. Simon)은 논리실증주의 관점에서 고전적 행정원리의 보편성과 과학성에 대한 비판을 전개하였다.
④ 사이먼(H. Simon)은 사회과학이 행태에 공통된 관심을 갖고 있기 때문에 통합된다고 보고 있다.

05

재분배정책(redistributive policy)과 관련된 다음 설명 중 가장 옳은 것은?

① 재분배정책은 집행과정의 안정성과 정형화의 정도는 높고 집행에 대한 갈등의 정도는 낮다.
② 재분배정책에서는 정책내용이 세부단위로 쉽게 구분되고 각 단위는 다른 단위와 별개로 처리될 수 있다.
③ 도로, 다리의 건설, 국·공립학교를 통한 교육서비스의 제공 등이 재분배정책에 해당한다.
④ 이념적 논쟁이 심한 재분배정책은 규제정책보다 갈등의 가시성이 높은 편이다.

06

유추분석에 관한 다음 설명 중 가장 옳지 않은 것은?

① 유추분석은 과거에 다루어 본 적이 있는 문제와의 관계분석을 통해 문제를 정의하는 기법이다.
② 개인적 유추는 분석가가 마치 정책결정자처럼 문제를 경험하고 있는 것으로 상상하는 것이다.
③ 직접적 유추는 분석가가 두 개 이상의 실제 문제 상황 사이의 유사한 관계를 탐색하는 것이다.
④ 상징적 유추는 분석가가 약물중독 문제를 구조화하는데 전염병의 통제경험으로부터 유추하는 것이다.

07

특별회계와 관련된 다음 설명 중 가장 옳지 않은 것은?

① 「지방공기업법」에 따라 설립된 모든 지방직영기업은 지방자치단체 공기업특별회계의 대상이다.
② 「국가재정법」은 우편사업, 조달사업 등과 관련된 특별회계를 설치하고 그 예산 등의 운용에 관한 사항을 규정하고 있는 법률이다.
③ 중앙관서의 장은 특별회계를 신설하고자 하는 때에는 해당 법률안을 입법예고하기 전에 특별회계 신설에 관한 계획서를 기획재정부장관에게 제출하여 그 신설의 타당성에 관한 심사를 요청하여야 한다.
④ 특별회계는 주한 미군기지 이전, 행정중심 복합도시 건설 등 기존의 일반회계에서 처리하기 곤란한 대규모 국책사업을 실행하기 위해 사용된다.

08

정책문제와 관련된 다음 설명 중 가장 옳지 않은 것은?

① 정책문제를 구조화가 잘된 문제, 어느 정도 구조화된 문제, 구조화가 잘 안된 문제로 분류하기도 한다.
② 구조화가 잘된 문제의 해결을 위하여 분석가는 전통적인 방법을 사용하기도 한다.
③ 문제구조화는 상호 관련된 4가지 단계인 문제의 감지, 문제의 정의, 문제의 구체화, 문제의 탐색의 순으로 구성되어 있다.
④ 제3종 오류는 문제구성 자체가 잘못된 경우의 오류를 의미하며, 이를 줄이기 위한 방법으로는 경계분석, 복수관점분석 등이 사용된다.

09
점증모형과 관련된 다음 설명 중 가장 옳은 것은?
① 린드블롬(C. Lindblom)과 오스트롬(V. Ostrom)은 점증모형을 주창하였다.
② 점증모형은 이론이나 분석을 소홀히 하기 때문에 무엇이 최선의 정책인가에 대한 판단기준이 없다.
③ 점증모형은 합리적인 요소뿐만 아니라 직관과 통찰력 같은 초합리적 요소의 중요성을 강조한다.
④ 점증모형은 보다 합리적인 정책결정방법을 시도하지 않을 구실이 될 수 있다.

10
예산의 결정과 관련된 다음 설명 중 가장 옳은 것은?
① 점증주의 예산과정이 적용되면 정책의 기능이 약화될 우려가 있다.
② 관계의 규칙성, 외부적 요인의 영향 결여, 예산통일의 원칙의 예외, 좁은 역할 범위를 지닌 참여자 간의 협상 등이 예산의 점증주의를 유발하는 요인이다.
③ 점증주의 예산방식에서는 예산의 배정이 불안정하며 예산투쟁이 격화될 우려가 있다.
④ 점증주의 예산모형은 순현재가치법, 내부수익률, 비용편익비율 등과 같은 분석기준을 주로 사용한다.

11
재정준칙은 재정수입, 재정지출, 재정수지, 국가채무 등 총량적 재정지표에 대한 구체적이고 법적 구속력이 있는 재정운용목표로, 재정규율을 확보하기 위해 도입된 재정정책 수단이다. 다음 중 가장 옳지 않은 설명은?
① 재정준칙은 총량적 재정지표에 대한 법적 구속력을 부여함으로써 구체적인 재정운용 목표로 재정규율을 확보하기 위한 재정건전화 제도이다.
② 재정준칙은 재정목표의 구속력이 없는 약한 준칙과 정부가 정책목표 달성에 필요한 제도와 권한을 부여한 강한 준칙으로 구분된다.
③ 지출준칙은 세입 감소를 내용으로 하는 신규 입법 시 반드시 이에 대응되는 다른 의무지출의 감소나 세입의 증가 등 재원조달 방안이 동시에 입법화되도록 의무화하는 준칙이다.
④ 채무준칙은 GDP 대비 국가채무 비율을 일정 수준에서 유지 혹은 단계적으로 감소하도록 제약조건을 가하거나 국가채무의 한도를 정하는 준칙이다.

12
지방세에 관한 다음 설명 중 가장 옳은 것은?
① 최근 유사·중복된 지방세의 세목이 통폐합되어 현재 보통세 8개와 목적세 3개의 세목으로 간소화되었다.
② 지방교육세, 지역자원시설세, 환경세 등은 지방세 중 보통세에 해당된다.
③ 지방세 중 목적세로는 레저세, 자동차세, 지역자원시설세, 지방교육세 등이 있다.
④ 광역시의 경우에는 주민세 재산분 및 종업원분은 광역시세가 아니고 구세로 한다.

13
지방공기업과 관련된 다음 설명 중 가장 옳은 것은?
① 지방공사는 지방자치단체 외의 자(법인 등)가 출자를 할 수 있지만 지방공사 자본금의 3분의 1을 넘지 못한다.
② 기획재정부장관은 지방공기업에 대한 경영평가를 실시하고 그 결과에 따라 필요한 조치를 강구하여야 한다.
③ 지방자치단체장은 매년 경영평가 결과를 토대로 경영진단 대상 지방공기업을 선정한다.
④ 지방공기업에 대한 경영평가, 관련 정책의 연구, 임직원에 대한 교육 등을 전문적으로 지원하기 위하여 지방공기업평가원을 설립한다.

14
조세지출예산제도와 관련된 다음 설명 중 가장 옳은 것은?
① 조세지출예산제도는 조세지출의 투명성과 항구성·지속성을 제고하는 장점이 있다.
② 조세지출예산제도는 과세의 수직적·수평적 형평을 파악할 수 있기 때문에 세수 인상을 위한 정책 판단의 자료가 된다.
③ 행정안전부장관은 조세감면·비과세·소득공제·세액공제·우대세율적용 또는 과세이연 등 조세특례에 따른 재정지원의 직전 회계연도 실적과 당해 회계연도 및 다음 회계연도의 추정금액을 기능별·세목별로 분석한 보고서를 작성하여야 한다.
④ 국세감면율이란 당해 연도 국세 수입총액 대비 국세감면액 총액의 비율을 말한다.

15
예산의 집행과 관련된 다음 설명 중 가장 옳은 것은?
① 국고채무부담행위에 대한 국회의 의결은 국가로 하여금 다음 연도 이후에 지출할 수 있는 권한을 부여하는 것이다.
② 국고채무부담행위는 법률에 따른 것과 세출예산금액 또는 계속비의 총액의 범위 이내로 한정된다.
③ 긴급배정은 회계연도 개시 전에 대통령령이 정하는 바에 의해 기획재정부장관이 예산을 배정하는 것이다.
④ 도로 유지·보수 등에 소요되는 경비, 재해복구사업에 소요되는 경비, 범죄수사 등 특수활동에 소요되는 경비, 선박의 운영·수리 등에 소요되는 경비 등은 회계연도 개시 전에 예산을 배정할 수 있는 경비이다.

16
우리나라에서 시행중인 주민투표와 관련된 다음 설명 중 가장 옳지 않은 것은?
① 지방자치단체의 예산·회계·계약 및 재산관리에 관한 사항은 주민투표의 대상에서 제외된다.
② 행정기구의 설치·변경에 관한 사항과 공무원의 인사·정원 등 신분과 보수에 관한 사항은 주민투표의 대상에서 제외된다.
③ 주민투표에 부쳐진 사항은 주민투표권자 총수의 4분의 1 이상의 투표와 유효투표수 과반수의 득표로 확정된다.
④ 지방자치단체의 장 및 지방의회는 주민투표결과 확정된 사항에 대하여 3년 이내에는 이를 변경하거나 새로운 결정을 할 수 없다.

17

다음은 단체장이 제정하는 규칙의 제정과 개정·폐지 등에 관한 의견제출과 관련된 내용이다. 가장 옳지 않은 것은?

① 주민은 권리·의무와 직접 관련되는 사항을 제외하고 규칙의 제정, 개정 또는 폐지와 관련된 의견을 해당 지방자치단체의 장에게 제출할 수 있다.
② 법령이나 조례를 위반하거나 법령이나 조례에서 위임한 범위를 벗어나는 사항은 의견제출 대상에서 제외한다.
③ 지방자치단체의 장은 제출된 의견에 대하여 의견이 제출된 날부터 30일 이내에 검토 결과를 그 의견을 제출한 주민에게 통보하여야 한다.
④ 의견제출 및 의견의 검토와 결과 통보의 방법 및 절차는 해당 지방자치단체의 조례로 정한다.

18

시장실패와 관련된 다음 설명 중 가장 옳은 것은?

① 공공재는 축적이 곤란한 재화로, 생산의 한계비용이 생산의 평균비용보다 높다는 특징을 지닌다.
② 자원배분의 효율성을 저해하는 불완전경쟁과 제3자에게 의도하지 않은 이득이나 손해를 주는 외부효과는 시장실패의 원인이다.
③ 외부불경제는 정부가 추진하는 정책에 대한 직접적인 평가에 대한 기대가 크지 않아서 투입된 자원에 비해 기대할 수 있는 생산량이 최적에 미치지 못하는 현상을 말한다.
④ 이로운 외부효과가 존재하는 경우 효율적인 양보다 지나치게 많이 생산되므로 시장에 의한 자원배분은 비효율적이다.

19

사회적 형평성과 관련된 다음 설명 중 가장 옳은 것은?

① 사회적 형평성은 수량적으로 명시할 수 있는 금전적 효율성을 극대화하는 것을 강조한다.
② 사회적 형평성은 현재 차별을 하지 않을 뿐만 아니라 과거의 차별로 인한 결과의 시정까지 요구한다.
③ 사회적 형평성은 어떤 행위가 궁극적인 목표달성을 위한 최적의 수단이 되느냐를 말한다.
④ 형평성은 공리주의에 기초하고 있는 효용이론이나 후생경제학에 근거를 두고 있다.

20

다음은 정책결정모형의 분류와 관련된 내용이다. 가장 옳은 것은?

① 합리주의 패러다임은 정책결정을 전략적 계획의 틀에 맞추어 이해하는 모형이다.
② 체제모형, 제도모형, 집단모형은 합리주의 패러다임의 범주에 포함되는 정책결정모형의 예이다.
③ 점증주의 패러다임은 지식·정보의 완전성과 미래예측의 확실성을 전제로 한다.
④ 신제도모형은 정책유형과 조직 내외의 상황적 조건을 결부시켜 정부개입의 성격을 규명하려 한다.

제13회 동형모의고사

01
옴부즈만에 관한 다음 설명 중 가장 옳지 않은 것은?
① 국민으로부터 민원 제기가 없어도 언론내용 등을 토대로 옴부즈만 자신의 발의에 의해 조사할 수 있다.
② 옴부즈만은 직무수행상 독립성을 가지는 헌법기관으로 관료와 국민 간의 완충장치 역할을 한다.
③ 옴부즈만은 신분보장은 매우 강하지만 임기는 비교적 짧은 편이다.
④ 옴부즈만은 행정기관의 결정에 대해 직접 취소·변경할 수 있는 권한을 갖지 않는다.

02
전통적 관리와 대비되는 총체적품질관리(TQM)의 특징에 대한 설명이다. 가장 옳지 않은 것은?
① 전통적 관리체계는 개인의 전문성을 장려하는 분업을 강조하는 데 비해 총체적품질관리는 주로 팀 안에서 업무를 수행할 것을 강조한다.
② 전통적 관리체계는 상위층의 의사결정을 위한 정보체계를 운영하는 데 비해 총체적품질관리는 절차 내에서 변화를 이루는 사람들이 적시에 정확한 정보를 소유하는 데 초점을 둔다.
③ 전통적 관리체계는 기능을 중심으로 구조화되는 데 비해 총체적품질관리는 절차를 중심으로 조직이 구조화된다.
④ 전통적 관리체계는 낮은 성과의 원인을 관리자의 책임으로 간주하는 데 비해 총체적품질관리는 낮은 성과를 근로자 개인의 책임으로 본다.

03
다음은 윌슨(W. Wilson)이 제시한 정치행정이원론의 내용이다. 가장 옳지 않은 것은?
① 윌슨(W. Wilson)은 '4년임기법'의 제정에 따라 추진되기 시작한 공무원 제도개혁에 관한 이론적 뒷받침을 시도하였다.
② 윌슨(W. Wilson)은 19세기 후반 미국 내 정경유착과 보스 중심의 타락한 정당정치로 인하여 부패가 극심한 상황에서 행정이 정치로부터 독립해야 한다고 주장하였다.
③ 윌슨(W. Wilson)은 당시 미국의 진보주의와 유럽의 중앙집권적 국가의 관리이론에 영향을 받았다.
④ 윌슨(W. Wilson)은 행정의 전문성을 강조하면서 행정의 영역을 비즈니스의 영역(field of business)으로 규정하기도 하였다.

04
책임운영기관과 관련된 다음 설명 중 가장 옳은 것은?
① 책임운영기관의 설치는 조례로 정하며, 최종 책임은 중앙행정기관의 장이 진다.
② 중앙행정기관의 장은 책임운영기관의 설치를 행정안전부장관에게 요청할 수 있다.
③ 책임운영기관은 기관의 지위에 따라 조사연구, 교육훈련, 문화, 의료, 시설관리, 그 밖에 대통령령으로 정하는 기타 유형으로 구분된다.
④ 인사혁신처장은 5년 단위로 책임운영기관의 관리 및 운영의 전반에 관한 기본계획을 수립하여야 한다.

05

다음은 다원론과 대비되는 신다원론에 관한 설명이다. 가장 옳지 않은 것은?

① 다원주의와 신다원주의는 집단 간 경쟁의 중요성을 강조하는 점에서 같은 입장을 취하고 있다.
② 신다원주의는 사회에 존재하는 이익집단들 간에 정치이익의 균형과 조정이 민주주의의 핵심적 동력으로 작용한다고 본다.
③ 신다원주의는 정책결정에 있어서 정부의 이해관계와 영향력을 간과하고 있다는 비판을 받는다.
④ 신다원론에서는 집단 간 경쟁의 중요성은 여전히 인정하면서 집단 간 대체적 동등성의 개념을 수정하여 특정 집단이 다른 집단보다 더욱 강력할 수 있다는 점을 인정하였다.

06

다음은 예산의 집행과 관련된 설명이다. 가장 옳지 않은 것은?

① 예산배정과 재배정은 지출영역과 시기를 통제하는 제도이고, 정원통제 역시 지출통제의 일종으로 볼 수 있다.
② 기획재정부장관은 매년 2월 말까지 예산집행지침을 각 중앙관서의 장과 국회사무총장에게 통보하여야 한다.
③ 재정건전성은 지출이 수입의 범위 내에서 충당되어 국채발행이나 차입이 없는 재정운용 또는 다소 적자가 발생하더라도 장기적으로 상환 가능할 정도로 크지 않은 재정운용을 의미한다.
④ 예산의 이체와 이월, 예비비, 수입대체경비 등은 예산집행의 신축성 확보방안이다.

07

최근 정부는 부채의 유형을 국가채무(D1), 일반정부 부채(D2), 공공부문 부채(D3)로 구분하여 발표하고 있다. 다음 중 가장 옳지 않은 설명은?

① 국가채무(D1)는 「국가재정법」상의 채무로서 현금주의 기준에 의해 작성한다.
② 국가채무(D1)는 중앙정부와 지방정부의 채무를 합산하고, 내부거래는 제외하며, 비영리공공기관의 채무는 포함하지 않는다.
③ 일반정부 부채(D2)는 발생주의 기준에 의해 작성되며, 정부단위 외에 비영리공공기관을 포함한다.
④ 공공부문 부채(D3)는 금융공기업의 부채까지 포함하여 계산하고 있다.

08

근무성적평정의 기법에 관한 다음 설명 중 가장 옳지 않은 것은?

① 행태관찰척도법은 평정의 임의성과 주관성을 배제하기 위하여 도표식평정척도법에 중요사건기록법을 가미한 방식이다.
② 목표관리제 평정법에서는 목표설정 과정에 개인의 능력 및 태도가 반영되지만 실제평가에서는 활동결과를 평가대상으로 한다.
③ 다면평정법은 여러 사람을 평정자로 활용함으로써 소수 평정자의 주관과 편견, 그리고 이들 간의 개인 편차를 줄여 공정성을 높일 수 있는 제도이다.
④ 다면평가제도는 능력보다는 인간관계에 따른 친밀도로 평가가 이루어질 수 있다는 단점이 있다.

09

다음은 공직윤리와 관련된 「국가공무원법」의 규정이다. 가장 옳은 것은?

① 수사기관이 현행범인 공무원을 구속하려면 그 소속 기관의 장에게 미리 통보하여야 한다.
② 공무원은 외국정부로부터 영예 또는 증여를 받을 경우에는 대통령의 허가를 받아야 한다.
③ 퇴직한 모든 공무원은 본인 또는 제3자의 이익을 위하여 퇴직 전 소속 기관의 임직원에게 법령을 위반하게 하거나 지위 또는 권한을 남용하게 하는 등 공정한 직무수행을 저해하는 부정한 청탁 또는 알선을 하여서는 안 된다.
④ 공무원은 소속 상관의 그 어떤 명령에도 복종하여야 한다.

10

정부서비스와 관련된 다음 설명 중 가장 옳은 것은?

① 시장성 검정(market testing)이란 내부 공무원과 민간업자를 경쟁시켜서 행정서비스의 공급주체를 결정하는 제도이다.
② 복지국가는 민간부문을 조정·관리·통제하는 공공서비스 기능을 강조하므로 수요자 중심의 맞춤형 관점의 성과관리가 이루어진다.
③ 복지국가에서 공공서비스의 배분준거는 재정효율화이며, 선호에 따라 차별적으로 상품화된 서비스의 제공을 강조한다.
④ 갈브레이스의 의존효과(dependence effect)는 공공재의 과다 공급으로 인한 정부실패를 강조하는 이론이다.

11

사회기반시설에 대한 민간투자방식에 관한 다음 설명 중 가장 옳지 않은 것은?

① 주로 도로·철도 등 수익창출이 가능한 영역에 적용되는 BTO 방식의 경우 민간사업자는 시설을 운영하면서 사용료 징수로 투자비를 회수하게 된다.
② BTO 방식에서는 예상수입의 일부를 보장해 주는 최소수입보장제도가 적용되기는 하나 우리나라의 경우 그 부작용으로 인해 지금은 폐지되었다.
③ BTL 방식은 미래세대가 금전적 부담 없이 공공시설에 대한 혜택을 볼 수 있게 하는 방식이다.
④ BTL 방식은 주로 수익성이 낮은 교육, 복지, 문화 등 생활기반시설 관련 사업에 민간투자를 유치하기 위해 도입되었다.

12

행정학의 전개과정과 관련된 다음 설명 중 가장 옳은 것은?

① 1906년에 설립된 뉴욕시정조사연구소는 좋은 정부를 구현하기 위한 능률과 절약의 실천방안을 제시하고자 하였다.
② 애플비(P. Appleby)와 가우스(J. Gaus)는 '행정학논문집'을 통해 초기 행정연구의 학문적 기초를 제공하였다.
③ 윌슨(W. Wilson)은 행정의 연구(The Study of Administration)에서 정부개혁을 통해 특정 지역 및 계층 중심의 관료파벌을 해체하고자 하였다.
④ 신고전적 행정이론은 과업을 가장 효율적인 표준시간과 동작을 정해서 수행할 필요가 있다고 주장하였다.

13
다음은 정책평가를 위한 사회실험에 관한 내용이다. 가장 옳은 것은?

① 실험집단과 통제집단의 성숙효과가 다르게 나타나는 선정과 성숙의 상호작용 효과는 진실험적 방법에서 나타날 수 있는 약점이다.
② 준실험적 방법은 현실적으로 어렵지만 실험집단과 통제집단을 서로 동질적인 것으로 구성하여 정책을 평가하는 방법이다.
③ 준실험적 방법보다 진실험 방법을 사용할 때 내적 타당성의 저해 요인이 다양하게 나타난다.
④ 짝짓기(matching) 방법으로 실험집단과 통제집단을 구성하여 정책영향을 평가하거나, 시계열적인 방법으로 정책영향을 평가하는 것은 준실험적 방법이다.

14
실적주의와 관련된 다음 설명 중 가장 옳은 것은?

① 잭슨(A. Jackson) 대통령이 암살당한 사건은 미국에서 실적주의 도입의 배경이 되었다.
② 실적주의는 관료들이 누구나 자신의 사회적 배경의 가치나 이익을 정책 과정에 반영시키려고 노력한다는 명제를 전제로 한다.
③ 미국에서는 해치법(Hatch Act)의 등장으로 실적주의의 필요성이 인식되었고 영국의 실적주의에 많은 영향을 받았다.
④ 1883년 제정된 펜들턴법(Pendleton Act)은 행정의 전문성 확보를 위한 실적주의 인사제도를 도입하고 있다는 점에서 윌슨(W. Wilson)의 주장과 일치한다.

15
자본예산제도에 관한 다음 설명 중 가장 옳은 것은?

① 자본예산에 의하면 자본적 지출의 경우 장기적 재정계획에 따라 일시적인 적자재정이 정당화될 수 있다.
② 세출규모의 변동을 장기적 관점에서 조정하는 데 기여하는 자본예산은 경상적 지출에 대한 심도 있는 분석에 유리하다.
③ 반복적인 자본적 지출과 반복적이지 않은 경상적 지출을 구분하는 자본예산제도에서 자본적 지출은 회계연도를 초월하여 집행하려는 의도를 가지고 있다.
④ 자본예산제도는 경제적 불황기 내지 공황기에 흑자예산을 편성하여 유효수요와 고용을 증대시킴으로써 불황을 극복하는 유용한 수단이 될 수 있다.

16
다음 중 최근 논의되는 보편적 기본소득의 구성요소로 볼 수 없는 것은?

① 가구 단위로 지급되는 개별성
② 자격심사 없이 모든 사람에게 지급되는 보편성
③ 수급의 대가로 노동을 요구하지 않는 무조건성
④ 일회성이 아닌 정기적 지급 및 현금 지급

17
공직의 유형과 관련된 다음 설명 중 가장 옳은 것은?

① 정치적 임용 또는 선거에 의해서 선출되는 공무원은 별정직 공무원이다.
② 임기제 공무원은 근무기간을 정하여 임용하는 특수경력직 공무원이다.
③ 국회의원 의원실에 근무 중인 비서관 甲은 경력직 공무원에 해당한다.
④ 대통령 비서실 민정수석비서관으로 근무하는 乙은 특수경력직 공무원에 해당한다.

18

우리나라 주민참여와 관련된 다음 설명 중 가장 옳지 않은 것은?

① 주무부장관이나 시·도지사는 주민감사청구를 처리할 때 청구인의 대표자에게 반드시 증거 제출 및 의견진술의 기회를 주어야 한다.
② 주무부장관이나 시·도지사는 주민감사청구를 수리한 날부터 60일 이내에 감사청구된 사항에 대하여 감사를 끝내야 한다. 다만, 그 기간에 감사를 끝내기가 어려운 정당한 사유가 있으면 그 기간을 연장할 수 있다.
③ 주민소송은 반드시 주민감사청구를 먼저 거쳐야 하므로 주민감사청구 사항이 주민소송 사항보다 그 범위가 넓다.
④ 주민소송의 구체적인 사항과 절차는 「주민소송법」을 따르고, 「행정소송법」의 규정은 적용되지 않는다.

19

사회기반시설에 대한 민간투자방식 중 하나인 BTO 제도에 관한 설명으로 가장 옳은 것은?

① BTO 방식은 민간이 시설을 건설하고 직접 소유하면서 운영하는 방식이다.
② BTO 방식은 일반적으로 최종 수요자에게 부과되는 사용료만으로 투자비 회수가 어려운 시설에 대해서 실시한다.
③ BTO 방식은 일반적으로 BTL 방식에 비해 사업리스크와 수익률이 상대적으로 더 높고, 사업기간도 상대적으로 더 길다.
④ BTO 방식은 사업의 운영주체가 민간 사업자이므로 사업운영에 있어 민간 사업자의 위험은 배제된다.

20

1980년대 이후 정부개혁의 이념적 근거로 작용했던 신자유주의에 관한 설명으로 가장 옳지 않은 것은?

① 신자유주의란 케인지안 이후 탄생하여 유럽 좌파에 의해 지지되어 왔던 복지국가 사상의 비효율, 저성장, 고실업, 도덕적 해이 등의 한계에 대한 대안으로 모색된 이론이다.
② 신자유주의 정부이념은 시장실패의 해결사 역할을 해오던 정부가 오히려 문제의 유발자가 되었다는 인식을 바탕으로, 다시 시장을 통한 문제해결을 강조하는 작은 정부를 추구한다.
③ 신자유주의 정부이념은 민간기업의 경영기법을 행정에 접목시켜 효율적인 행정관리를 추구하는 것이다.
④ 신자유주의 정부이념은 수요중시 경제정책을 강조하므로 공급 측면의 경제정책에 대해서는 반대 입장을 취한다.

제14회 동형모의고사

01
정책결정모형과 관련된 다음 설명 중 가장 옳지 않은 것은?
① 점증모형은 이상적이고 규범적인 합리모형과는 달리 실제의 결정상황에 기초한 현실적이고 기술적인 모형이다.
② 점증모형은 상황이 복잡하여 정책대안의 결과가 극히 불확실할 때 지속적인 수정과 보완을 통해 불확실성을 극복할 수 있게 한다.
③ 합리모형은 일단 불완전한 예측을 전제로 하여 정책대안을 실시하여 보고 그때 나타나는 결과가 잘못된 점이 있으면 그 부분만 다시 수정 보완하는 방식을 택하기도 한다.
④ 합리모형은 목표달성을 극대화하는 정책을 최선의 정책으로 평가한다.

02
앨리슨(G. Allison) 모형에 관한 다음 설명 중 가장 옳은 것은?
① 앨리슨(G. Allison)의 관료정치모형은 조직 상층부에서의 의사결정을 설명하는 모형으로, 조직의 응집성이 매우 높을 때 나타나는 모형이다.
② 앨리슨(G. Allison)의 관료정치모형은 여러 다양한 문제에 관심을 갖는 다수의 행위자를 상정하며 이들의 목표는 일관되지 않다.
③ 앨리슨(G. Allison)의 관료정치모형은 조직 하위계층에의 적용가능성이 높다.
④ 앨리슨(G. Allison)의 관료정치모형은 선호의 불명확성(problematic preferences), 불투명한 기술(unclear technology), 일시적 참여자(fluid participation) 등의 현상과 조건에서 적용되는 정책결정모형이다.

03
다음은 립스키(M. Lipsky)의 일선관료제론에 관한 내용이다. 가장 옳은 것은?
① 립스키(M. Lipsky)는 정책집행연구의 초기 학자로, 집행을 정책결정과 분리하지 않고 연속적인 과정으로 정의한다.
② 립스키(M. Lipsky)가 말한 일선관료(street-level bureaucrats)는 시민들과 직접 대면하면서 정책을 집행하는 사람이다.
③ 립스키(M. Lipsky)는 일선관료의 문제성 있는 업무환경으로 자원부족, 권위에 대한 도전, 정책담당자의 보수성 등 세 가지를 제시하고 있다.
④ 립스키(M. Lipsky)에 의하면 일선관료들은 과중한 업무량에 비해 재량권이 부족하여 업무가 지연되는 경우가 많다.

04
소청심사와 관련된 다음 설명 중 가장 옳은 것은?
① 소청심사위원회는 원징계처분보다 무거운 징계를 부과하는 결정을 할 수 있다.
② 소청심사위원회의 결정은 처분행정청에 대해 권고와 같은 효력이 있다.
③ 지방소청심사위원회는 기초자치단체별로 설치되어 있다.
④ 지방소청심사위원회 위원은 자치단체장이 임명 또는 위촉하나 위원장은 위촉위원 중에서 호선한다.

05

우리나라의 행정개혁과 관련된 다음 설명 중 가장 옳은 것은?

① 김대중 정부는 공무원의 전문성과 역량 강화를 위해 고위공무원단 제도를 도입하였다.
② 노무현 정부는 대통령 소속의 중앙인사위원회를 신설하고, 내무부와 총무처를 행정자치부로 통합하였다.
③ 노무현 정부는 국무총리 소속의 국정홍보처를 신설하고, 행정자치부 산하에 소방방재청을 신설하였다.
④ 이명박 행정부는 공기업 선진화를 위해 민영화, 통폐합 등의 조치를 단행하였다.

06

기능구조와 사업구조를 비교한 다음 설명 중 가장 옳지 않은 것은?

① 기능구조는 각 기능부서들 간의 조정과 협력이 요구되는 환경에 적응하기 곤란할 수 있다.
② 기능구조에서는 기능적 통합을 통하여 규모의 경제를 제고할 수 있다.
③ 사업구조는 의사결정의 상위 집중화로 최고관리자의 업무부담이 증가될 수 있다.
④ 사업구조는 부서 내 기능 간 조정이 용이하나 부서 간 조정이 곤란하여 사업영역 간 갈등이 발생한다.

07

허즈버그(F. Herzberg)의 동기부여이론에 관한 다음 설명 중 가장 옳은 것은?

① 직무수행자의 성장 욕구가 낮은 경우에는 단순한 직무를 제공하는 동기유발 전략이 필요하다고 한다.
② 직무요소와 동기 및 성과 간의 관계가 충분히 분석되어 있지 않다는 비판이 있다.
③ 보수 및 대인관계는 동기부여의 충분조건이다.
④ 성취감, 대인관계, 작업조건 등은 허즈버그(F. Herzberg)가 주장한 만족요인에 해당한다.

08

인간관계론에 관한 다음 설명 중 가장 옳지 않은 것은?

① 조직 내 인간의 사회적 관계를 중시하는 인간관계론의 궁극적인 목표는 조직운영의 민주화이다.
② 인간의 사회적·심리적 측면을 밝힘으로써 인간에 대한 이해의 폭을 넓혔으나 인간의 복잡한 측면을 설명하는 데는 실패하였다.
③ 조직의 목표와 조직구성원들의 목표가 서로 일치하지 않을 수 있음을 지적하였다.
④ 메이요(E. Mayo)의 호손실험은 인간관계론을 실증적으로 뒷받침하고 있다.

09

광역행정에 관한 다음 설명 중 가장 옳은 것은?

① 지방자치단체는 다른 지방자치단체로부터 사무의 공동처리에 관한 요청이나 사무처리에 관한 협의·조정·승인 또는 지원의 요청을 받으면 법령의 범위에서 협력하여야 한다.
② 사무위탁, 지방자치단체조합, 분쟁조정위원회, 지방자치단체연합 등은 자치단체 간 수직적 협력방식이다.
③ 지방자치단체나 그 장은 소관 사무의 일부를 다른 지방자치단체나 그 장에게 위임하여 처리하게 할 수 있다.
④ 2개 이상의 지방자치단체가 하나 또는 둘 이상의 사무를 공동으로 처리할 필요가 있을 때에는 규약을 정하여 그 지방의회의 의결을 거쳐 시·도는 행정안전부장관의, 시·군 및 자치구는 시·도지사의 승인을 받아 행정협의회를 설립할 수 있다.

10

지방사무에 관한 다음 설명 중 가장 옳은 것은?

① 자치사무에 대한 국가의 감독에서 적극적 감독, 즉 예방적 감독과 합목적성의 감독은 배제되는 것이 원칙이다.
② 교원능력개발평가와 부랑인선도시설의 감독 그리고 주민등록관리 등은 자치사무에 속한다.
③ 공유재산관리와 국회의원 선거사무 그리고 상하수도사업 등은 자치사무에 속한다.
④ 자치사무와 달리 법령에 의하여 지방자치단체에 속하는 사무에 관해서는 조례로 규정할 수 없다.

11

후기행태주의와 관련된 다음 설명 중 가장 옳지 않은 것은?

① 후기행태주의는 이스턴(D. Easton)에 의해 제시된 행정의 적실성과 실천성을 강조한 이론이다.
② 후기행태주의의 대두배경은 1960년대 흑인에 대한 인종차별, 월남전에 대한 반전데모 및 강제징집에 대한 저항 등 미국 사회의 혼란이라고 볼 수 있다.
③ 후기행태주의는 과학적 방법을 적용할 수 있는 것만을 연구대상으로 삼기보다는 그 사회의 급박한 문제를 연구대상으로 삼아서 사회의 개선에 기여하여야 한다고 주장하였다.
④ 후기행태주의에서 중점적으로 다룬 연구주제는 유권자들의 투표행동(voting behavior)이다.

12

공익과 관련된 다음 설명 중 가장 옳은 것은?

① 의사결정의 합리주의와 관련되는 공익 과정설은 다원화된 이익의 조정과 타협을 강조한다.
② 민주적 공익관은 공익의 기본요소로 도덕적 선과 이익을 그 핵심으로 삼는다.
③ 정부의 소극적 역할을 강조하는 입장에서 보면 공익이란 사회의 다양한 집단 간 타협하고 조정하여 얻어진 결과물이다.
④ 민주화 과정에서 발생하는 지나친 집단이기주의에 대응하기 위해서 공익에 대한 과정설적 입장을 반영하는 판례가 늘고 있다.

13

다음은 라스웰(H. Lasswell)이 제안한 정책학의 개념이다. 가장 옳지 않은 것은?

① 라스웰(H. Lasswell)에 의하면 정책적 의사결정은 사회적 과정의 부분에 해당하므로 다양한 연구방법을 사용하는 것이 바람직하다.
② 라스웰(H. Lasswell)은 정책과정에 관한 연구와 정책과정에 필요한 지식에 관한 연구의 두 가지 방향에서 정책학적 경향이 나타나고 있다고 지적하였다.
③ 라스웰(H. Lasswell)의 '정책지향(policy orientation)'에 의하면 '정책과정에 필요한 지식'은 규범적이고 처방적인 지식을 의미한다.
④ 라스웰(H. Lasswell)은 인간 존엄성의 실현을 위한 민주주의 정책학의 패러다임으로 묵시적 지식과 경험의 존중을 강조하였다.

14

다음은 이슈네트워크와 정책공동체를 비교한 내용이다. 가장 옳은 것은?

① 이슈네트워크는 비교적 폐쇄적이고 안정적인 반면 정책공동체는 개방적이고 유동적이다.
② 이슈네트워크는 상호의존성이 강하나 정책공동체는 상호의존성이 약하다.
③ 이슈네트워크는 장기간 지속되는 비교적 안정된 네트워크이지만 정책공동체는 단기간 지속되는 일시적인 네트워크이다.
④ 이슈네트워크는 관련된 모든 이익이 망라되지만 정책공동체는 경제적 또는 전문직업적 이익이 지배적이다.

15

공직윤리와 관련된 다음 설명 중 가장 옳지 않은 것은?

① 행동강령은 공무원에게 기대되는 바람직한 가치판단이나 의사결정을 담고 있으며, 공무원이 준수하여야 할 행동기준으로 작용한다.
② OECD 국가들의 행동강령은 1990년대부터 집중적으로 제정되었으며, 주로 법률 형식으로 규정하고 있다.
③ 「공무원 행동강령」은 공무원이 준수하여야 할 행동기준으로 「국가공무원법」에 규정되어 있다.
④ 「공무원 행동강령」은 중앙행정기관의 장 등이 공무원 행동강령의 시행에 필요한 범위에서 해당 기관의 특성에 적합한 세부적인 기관별 공무원 행동강령을 제정하도록 규정하고 있다.

16

베버(M. Weber)가 제시한 근대적 관료제 모형에 관한 다음 설명 중 가장 옳지 않은 것은?

① 베버(M. Weber)의 관료제 이론에 따르면 보수를 받지 않고 봉사하는 사람은 관료라고 볼 수 없다.
② 베버(M. Weber)의 관료제 모형에서 관료에게 지급되는 봉급은 업무수행 실적에 대한 평가에 따라 결정된다.
③ 관료제의 병리현상으로 과잉동조에 따른 목표대치, 할거주의, 훈련된 무능력 등을 들 수 있다.
④ 관료제는 소수의 상관과 다수의 부하로 구성되는 피라미드 형태를 취하며 과두제(oligarchy)의 철칙이 나타날 수 있다.

17
균형성과표(BSC)와 관련된 다음 설명 중 가장 옳지 않은 것은?

① 균형성과표(BSC)의 장점은 거시적이고 추상적인 조직목표와 실천적 행동지표 간 인과관계를 확보함으로써 조직의 전략과 기획을 실행에 옮길 수 있게 한다는 것이다.
② 균형성과표(BSC)는 목표관리(MBO)보다 거시적이고 포괄적이다.
③ 균형성과표(BSC)의 무형자산에 대한 강조는 성과평가의 시간에 대한 관점을 단기에서 장기로 전환시킨다.
④ 잘 개발된 균형성과표(BSC)라 할지라도 조직구성원들에게 조직의 전략과 목적 달성에 필요한 성과가 무엇인지 알려주는 데 한계가 있기 때문에 조직전략의 해석지침으로는 적합하지 않다.

18
다음은 지방자치단체에 대한 중앙정부의 통제에 관한 설명이다. 가장 옳은 것은?

① 지방자치단체의 사무에 관한 그 장의 명령이나 처분이 법령에 위반되거나 현저히 부당하여 공익을 해친다고 인정되면 시·도에 대하여는 주무부장관이, 시·군 및 자치구에 대하여는 시·도지사가 즉시 이를 취소하거나 정지할 수 있다.
② 지방자치단체의 자치사무에 관한 그 장의 명령이나 처분이 법령에 위반되거나 현저히 부당하여 공익을 해친다고 인정되면 시·도에 대하여는 주무부장관이, 시·군 및 자치구에 대하여는 시·도지사가 기간을 정하여 서면으로 시정할 것을 명하고, 그 기간에 이행하지 아니하면 이를 취소하거나 정지할 수 있다.
③ 지방자치단체의 장이 법령의 규정에 따라 그 의무에 속하는 국가위임사무의 관리와 집행을 명백히 게을리 하고 있다고 인정되면 주무부장관은 기간을 정하여 서면으로 이행할 사항을 명령할 수 있다.
④ 주무부장관은 지방자치단체의 장이 국가위임사무에 대한 이행명령을 이행하지 아니하면 국가의 비용부담으로 대집행하거나 행정상·재정상 필요한 조치를 할 수 있다.

19
공공선택론과 관련된 다음 설명 중 가장 옳지 않은 것은?

① 공공선택론은 행정의 목적성을 비판하면서 공공행정에 있어서 시장경제원리에 입각한 서비스를 강조하였다.
② 공공선택론은 합리모형의 정책결정 수단으로서의 성격을 인정하면서 동시에 공공재와 공공서비스의 특질을 중시한다.
③ 공공선택론은 정치를 합리적 개인들 간의 자발적 교환 작용으로 파악하므로 정치과정에 있어 제도적 장치는 경시된다.
④ 공공선택론은 정부의 정책결정 규칙이나 결정구조가 어떻게 만들어졌느냐를 중시한다.

20
신공공관리론에 관한 다음 설명 중 가장 옳지 않은 것은?

① 신공공관리론이 강조하는 민간위탁은 공공부문의 책임성과 민주성의 확보를 저해할 수 있다.
② 신공공관리론은 행정의 효율성을 향상시키기 위해 기업가적 재량권을 선호하므로 공적 책임성의 문제를 야기할 수 있다.
③ 신공공관리론은 유인기제가 지나치게 다양하여 공공부문의 성과관리에 어려움을 초래하고 있다는 비판을 받는다.
④ 신공공관리론이 강조하는 성과평가에 대한 지나친 집착은 공무원의 창조적 사고를 억제할 수 있다.

제15회 동형모의고사

01
다음은 정책평가를 위한 사회실험에 관한 내용이다. 가장 옳은 것은?
① 준실험적 방법은 자연과학 실험과 같이 대상자들을 격리시켜 실험하기 때문에, 호손효과(Hawthorne effect)를 강화시킨다.
② 준실험적 방법을 사용할 경우 내적타당도는 확보할 수 있지만 외적타당성의 문제가 심각하게 발생할 수 있다.
③ 준실험적 방법은 복잡한 사회적 요인들이 작용하는 경우에 사용하며, 진실험적 방법에 비해 내적타당도가 높은 편이다.
④ 회귀-불연속설계(regression discontinuity design)는 투입자원이 희소하여 오직 대상집단의 일부에게만 희소자원이 공급될 수밖에 없는 상황에서의 정책효과를 파악하기 위한 연구에 적합하다.

02
정책네트워크모형과 관련된 다음 설명 중 가장 옳지 않은 것은?
① 정책네트워크모형은 정책결정과정의 공식적 측면을 분석하는 것으로, 공적 부문과 사적 부문의 불명확한 관계를 설명하고 있다.
② 정책네트워크 분석에서 행위자들 간의 관계는 자원의존성을 토대로 하며, 행위자들 간의 관계의 밀도와 중심성 개념을 중심으로 표현된다.
③ 정책네트워크모형은 특정한 정책문제의 해결을 위해 정책참여자 또는 조직 간의 상호의존성과 수평적 협력을 강조한다.
④ 정책네트워크를 구성하는 행위자들 간 관계의 형성 동기는 소유자원의 상호의존성에 기인한다.

03
다음은 정책평가에서 활용될 수 있는 자연실험에 관한 내용이다. 가장 옳지 않은 것은?
① 자연실험은 준실험(quasi-experiment)이 아닌 진실험(true experiment)에 가까운 실험설계 방식이다.
② 자연실험에서는 사회실험에 비해 비용 문제나 윤리적 문제 때문에 어려움을 겪을 가능성이 적다.
③ 자연실험에서 실험 여건은 자연적인 충격(shock) 뿐만 아니라 급격한 정책이나 제도변화에 의해서도 형성된다.
④ 독립변수와 종속변수가 서로 영향을 주고받는 동시적 관계에 있을 때 이를 통제하기 위한 수단으로 자연실험을 이용할 수 있다.

04
예산심의 과정과 관련된 다음 설명 중 가장 옳지 않은 것은?
① 의원이 예산 또는 기금상의 조치를 수반하는 의안을 발의하는 경우에는 그 의안의 시행에 수반될 것으로 예상되는 비용에 대한 재정소요를 추계하여야 한다.
② 예산결산특별위원회는 소관 상임위원회의 동의 없이 상임위원회에서 삭감한 세출예산 각항의 금액을 증액할 수 없다.
③ 예산결산특별위원회의 종합심사가 완료된 예산안은 본회의에 상정되어 정책질의와 찬반투표를 거쳐 의결된다.
④ 예산결산특별위원회를 구성할 때에는 그 활동기한을 정하여야 한다. 다만, 본회의의 의결로 그 기간을 연장할 수 있다.

05
예산제도와 관련된 다음 설명 중 가장 옳지 않은 것은?
① 최근 강조되는 성과주의예산은 예산집행에서의 자율성을 부여하되 성과평가와의 연계를 통해 책임성을 확보하고자 한다.
② 최근 강조되는 성과주의예산은 청소된 거리의 양보다는 거리의 청결도나 주민의 만족도 등을 다음 연도 예산배분에 반영하는 것에 초점을 두고 있다.
③ 최근 강조되는 성과주의예산은 전략계획서, 연간 성과계획서 및 사업성과보고서의 작성 등을 본질로 한다.
④ 최근 강조되는 성과주의예산은 과거의 성과주의예산에 비하여 프로그램 구조와 회계제도에 미치는 영향이 훨씬 광범위하고 포괄적이다.

06
성과관리제도는 국가재정운용계획, 총액배분자율편성제도, 디지털예산회계시스템 구축과 함께 재정개혁 과제의 하나로 연계, 추진되고 있다. 다음 중 가장 옳지 않은 설명은?
① 성과관리제도는 조직의 비전과 목표를 설정한 후 이를 기반으로 부서단위의 목표 그리고 개인단위의 목표로 내려가는 하향적 흐름을 지닌다는 점에서 목표관리(MBO)와 유사하다.
② 성과관리제도는 각 행정부처의 예산편성 자율권을 확대하는 한편 재정집행에 대한 부처의 책임성을 제고하고자 한다.
③ 기획재정부장관은 재정사업 성과관리를 효율적으로 실시하기 위하여 5년마다 재정사업 성과관리 기본계획을 수립하여야 한다.
④ 각 중앙관서의 장은 예산요구서를 제출할 때 다음 연도 예산의 성과계획서 및 전년도 예산의 성과보고서를 함께 기획재정부장관에게 제출하여야 한다.

07
예산개혁과 관련된 다음 설명 중 가장 옳은 것은?
① 각 중앙관서의 장은 예산의 집행방법 또는 제도의 개선 등으로 인하여 수입이 증대되거나 지출이 절약된 때에는 이에 기여한 사람에게 성과상여금을 지급할 수 있다.
② 총액인건비제도는 성과관리와 관리유인체계를 제공하기 위한 신공공관리론적 시각을 반영한 것으로, 국 단위기구까지 설립의 자율성이 인정된다.
③ d-Brain 구축이 완료됨에 따라 총액배분자율편성 예산제도의 도입이 가능해졌다.
④ 재정사업 성과관리제도는 재정성과 목표관리제도, 재정사업 자율평가제도, 재정사업 심층평가제도의 세 가지 형태로 운영되고 있다.

08
다음은 지방자치단체에 대한 중앙정부의 통제에 관한 설명이다. 가장 옳지 않은 것은?
① 중앙행정기관의 장은 지방자치단체의 사무에 관하여 조언 또는 권고하거나 지도할 수 있으며, 이를 위하여 필요하면 지방자치단체에 자료의 제출을 요구할 수 있다.
② 행정안전부장관은 지방자치단체의 자치사무가 공익을 현저히 해친다고 판단되면 지방자치단체의 서류·장부 또는 회계를 감사할 수 있다.
③ 지방자치단체나 그 장이 위임받아 처리하는 국가사무에 관하여 시·도에서는 주무부장관의, 시·군 및 자치구에서는 1차로 시·도지사의, 2차로 주무부장관의 지도·감독을 받는다.
④ 지방자치단체의 장이 국가위임사무의 관리와 집행을 명백히 게을리하고 있다고 인정되면 주무부장관은 기간을 정하여 서면으로 이행할 사항을 명령할 수 있다.

09
인사청문과 관련된 다음 설명 중 가장 옳은 것은?
① 소관 상임위원회 인사청문에서 상임위원회가 경과보고서를 채택하지 않는 경우에, 대통령이 후보자를 임명할 수 없다.
② 대법원장, 헌법재판소장, 국무총리, 감사원장 및 대법관은 인사청문특별위원회에서 인사청문이 이루어진다.
③ 국회는 임명동의안이 제출된 날로부터 15일 이내에 인사청문을 마쳐야 한다.
④ 인사청문특별위원회 위원장은 인사청문경과를 국회 본회의에 보고한 후, 대통령에게 인사청문경과보고서를 송부하여야 한다.

10
근무성적평정의 기법에 관한 다음 설명 중 가장 옳은 것은?
① 도표식평정척도법은 평정요소와 등급의 추상성이 높기 때문에 평정자의 자의적 해석에 의한 평가가 이루어지기 쉽다는 단점이 있다.
② 강제배분법에서는 평정자가 미리 정해진 비율에 따라 평정대상자를 각 등급에 분포시키는 방법으로, 미리 순서를 정하고 그 다음에 역으로 등급에 해당하는 점수를 부여하는 역산식 평정을 방지하는 유용한 수단이다.
③ 근무성적평정에 있어 강제선택법은 비록 평가대상 전원이 다소 부족하더라도 일정 비율의 인원이 좋은 평가를 받거나, 혹은 전원이 우수하더라도 일부의 학생은 낮은 평가를 받게 될 수 있는 위험이 있다.
④ 중요사건기록법은 평정대상자로 하여금 자신의 근무실적을 스스로 보고하도록 하는 방법이다.

11
정부규제와 관련된 다음 설명 중 가장 옳은 것은?
① 공정거래법은 경쟁을 통해 기업의 행위를 규제한다는 점에서 가격규제나 진입규제 등의 직접 규제와는 차이점을 지닌다.
② 사회적 규제는 주로 특정 기업의 시장진입을 배제하거나 억압하는 방식으로 작동된다.
③ 사회적 규제는 동일 산업에 속한 기업 간의 자유로운 경쟁을 제약하는 속성을 지닌다.
④ 사회적 규제는 경제적 규제에 비해 역사가 짧지만 경제적 규제에 비해 포획현상이 발생할 가능성이 더 높다.

12
책임운영기관과 관련된 다음 설명 중 가장 옳지 않은 것은?
① 특허청은 행정 및 재정상의 자율성이 부여되고 성과에 대해 책임을 지도록 하는 책임운영기관에 해당한다.
② 중앙책임운영기관의 장의 임기는 2년으로 하되 한 차례만 연임할 수 있다.
③ 책임운영기관의 성과평가를 위해 소속 중앙행정기관에 책임운영기관운영위원회를 둔다.
④ 책임운영기관운영위원회는 위원장 및 부위원장 각 1명을 포함한 15명 이내의 위원으로 구성한다.

13

던리비(P. Dunleavy)의 관청형성모형에 관한 다음 설명 중 가장 옳은 것은?

① 던리비(P. Dunleavy)의 관청형성모형에 의하면 고위직 관료는 수행하는 업무의 성격과 업무환경에서 오는 효용보다는 금전적 편익을 증진시키는 데 더 큰 관심을 갖는다.
② 던리비(P. Dunleavy)의 관청형성모형에 의하면 통제기관의 경우 예산이 증가할수록 권력이 커지기 때문에 예산을 증액하려는 성향이 높게 나타난다.
③ 던리비(P. Dunleavy)의 관청형성모형에 의하면 중·하위관료는 주로 관청예산의 증대를 통해 이득을 얻는다.
④ 던리비(P. Dunleavy)의 관청형성모형에 의하면 고위관료들은 자신의 선호에 맞지 않는 기능을 민영화나 위탁계약을 통해 지방정부나 준정부기관으로 넘기고자 한다.

14

다음은 불확실성에 대처하는 방법들에 관한 설명이다. 가장 옳은 것은?

① 상황에 대한 정보의 획득, 정책실험의 수행, 협상이나 타협 등은 불확실성을 극복하는 적극적 대처방안에 해당한다.
② 민감도분석, 이론의 개발, 정책델파이, 정보의 충분한 획득 등은 정책과정에서 정책결정자가 불확실한 것을 확실하게 하려는 불확실성의 적극적 극복방안에 해당한다.
③ 상황분석은 정책대안의 결과들이 모형상의 파라미터 변화에 얼마나 민감한지를 알아보려는 분석기법이다.
④ 분기점 분석은 가장 두드러진 대안에 불리한 값을 대입하여 우선순위의 변화를 통해 종속변수의 불확실성을 해결하려는 기법이다.

15

다음은 정책변동을 설명하는 이론모형들이다. 가장 옳은 것은?

① 정책패러다임 변동모형은 신념체계나 정책학습 등의 요인이 정책변동에 영향을 주며, 정책변동 과정에서 정책중재자(policy mediator) 역할을 중시한다.
② 정책패러다임 변동모형(paradigm shift)은 정책과정 참여자의 신념체계(belief system)를 가장 강조하는 변동모형이다.
③ 단절적 균형모형은 정책목표, 정책수단, 정책환경의 세 가지 변수 중 정책목표와 정책수단에 급격한 변화가 발생하는 변동모형이다.
④ 무치아로니(G. Mucciaroni)의 이익집단 위상변동 모형에서 이슈맥락은 환경적 요인과 같이 정책의 유지 혹은 변동에 영향을 미치는 정책요인을 말한다.

16

우리나라의 지방의회와 관련된 다음 설명 중 가장 옳은 것은?

① 현재 광역의회의 지역구 선거는 중선거구제를 채택하고 있고, 기초의회 지역구 선거는 소선거구제를 채택하고 있다.
② 지방의회는 조례로 정하는 바에 따라 위원회를 둘 수 있으며, 위원회의 종류는 상임위원회와 특별위원회로 한다.
③ 지방의회는 매년 1회 그 지방자치단체의 사무에 대하여 시·도에서는 10일의 범위에서, 시·군 및 자치구에서는 7일의 범위에서 감사를 실시한다.
④ 지방의회의 의장 또는 부의장에 대한 불신임의결은 재적의원 3분의 1 이상 발의와 재적의원 과반수의 찬성으로 행한다.

17

정보공개제도와 관련된 다음 설명 중 가장 옳은 것은?

① 공공기관은 예산집행의 내용과 사업평가 결과 등 행정 감시에 필요한 정보가 다른 법률에서 비밀이나 비공개 사항으로 규정되었더라도 이를 공개하여야 한다.
② 행정정보공개제도는 국정에 대한 국민의 참여와 국정운영의 투명성 확보를 목적으로 하며, 중앙행정기관의 경우 전자적 형태의 정보 중 공개대상으로 분류된 정보는 공개청구가 없더라도 공개하여야 한다.
③ 우리나라의 행정정보공개 청구는 말로써도 할 수 있으나 외국인은 청구할 수 없다. 한편, 정보의 공개 및 우송 등에 드는 비용은 실비의 범위에서 청구인이 부담한다.
④ 공공기관은 정보공개의 청구를 받으면 부득이한 사유가 있더라도 그 청구를 받은 날부터 연장 없이 10일 이내에 공개 여부를 결정하여야 한다.

18

회사모형과 관련된 다음 설명 중 가장 옳지 않은 것은?

① 사이어트(R. Cyert)와 마치(J. March)가 주장한 회사모형은 느슨하게 연결된 조직의 결정을 다루는 연합모형으로 갈등의 준해결, 불확실성의 회피, 문제중심의 탐색, 조직의 학습 등을 특징으로 한다.
② 회사모형은 의사결정에 참여하는 사람들 간에 무엇을 선호하는지 불분명하며, 목표와 수단 사이에 존재하는 인과관계를 의미하는 기술도 불명확하다고 가정한다.
③ 회사모형(Firm model)에서는 정책결정능력의 한계로 인하여 관심이 가는 문제 중심으로 대안을 탐색하고, 반복적인 의사결정의 경험을 통하여 결정의 수준을 개선하여 목표달성도를 높이고자 한다.
④ 회사모형은 하위조직들 간에 생겨나는 갈등·모순되는 목표들을 하나의 차원이나 기준으로 통합하는 방법이 없기 때문에 갈등은 완전한 해결이 아니라 준해결에 머문다고 본다.

19

강화이론과 관련된 다음 설명 중 가장 옳지 않은 것은?

① 변동비율 강화는 불규칙한 횟수의 행동이 나타났을 때 강화요인을 제공하는 것이다.
② 변동비율로 강화요인을 제공할 때에는 강화요인을 제공하는 사이의 시간 간격을 너무 길게 하지 않게 해서 부하들의 사기가 떨어지지 않도록 배려할 필요가 있다.
③ 매월 20일에 봉급을 주는 것은 고정간격 강화의 한 예이고 생산량에 비례하여 임금을 지급하는 성과급제는 고정비율 강화의 한 예이다.
④ 강화이론에서 불만족스럽거나 불쾌한 상태를 제거하며 기대행동을 유도하는 것을 처벌이라고 한다.

20

메이요(E. Mayo)의 호손실험과 관련된 다음 설명 중 가장 옳지 않은 것은?

① 생산성에 대한 구성원들 간의 사회적 관계의 중요성을 확인하였다.
② 비공식집단은 개인의 생산성을 제고하는데 결정적인 역할을 한다.
③ 본래 실험 의도와 다르게 작업의 과학화, 객관화, 분업화의 중요성을 발견하였다.
④ 면접(interview)기법이 발전되었고, 제2차 세계대전 이후의 행태과학 이론에 기초를 제공하였다.

정답 및 해설편

행정학 동형모의고사

- 제 1 회 동형모의고사 정답 및 해설
- 제 2 회 동형모의고사 정답 및 해설
- 제 3 회 동형모의고사 정답 및 해설
- 제 4 회 동형모의고사 정답 및 해설
- 제 5 회 동형모의고사 정답 및 해설
- 제 6 회 동형모의고사 정답 및 해설
- 제 7 회 동형모의고사 정답 및 해설
- 제 8 회 동형모의고사 정답 및 해설
- 제 9 회 동형모의고사 정답 및 해설
- 제10회 동형모의고사 정답 및 해설
- 제11회 동형모의고사 정답 및 해설
- 제12회 동형모의고사 정답 및 해설
- 제13회 동형모의고사 정답 및 해설
- 제14회 동형모의고사 정답 및 해설
- 제15회 동형모의고사 정답 및 해설

제1회 동형모의고사 정답 및 해설

01	02	03	04	05	06	07	08	09	10
③	①	③	④	④	④	④	②	②	④
11	12	13	14	15	16	17	18	19	20
②	③	②	①	③	②	③	④	③	④

01 ❸

① (×) 개인의 자유를 제한하는 모든 제도와 관행으로부터의 해방은 보수주의 정부관에서 강조하는 자유이다.
② (×) 절대국가와 같은 구질서 혹은 기득권으로부터의 해방을 강조하는 것은 진보주의 정부관에서 강조하는 자유이다.
④ (×) 자유와 다른 가치가 갈등이 있을 경우 자유를 우선적으로 추구하는 것은 보수주의 정부관이다.

진보주의와 보수주의

구분	진보주의
인간관	• 욕구, 협동, 오류 가능성 있는 인간관 • 합리적 경제인관 부정
가치판단	• 자유를 매우 옹호 • 자유와 평등은 양립 가능한 것 • 평등의 증진을 위한 실질적 정부개입의 허용
시장과 정부에 대한 관점	• 효율과 공정, 번영과 진보에 대한 자유시장의 잠재력 인정 • 시장의 결함과 윤리적 결여의 인지 • 시장실패는 정부에 의해 수정 가능
선호정책	• 소외집단을 위한 정책 공익 목적의 정부규제 • 조세제도를 통한 소득재분배 • 복지국가, 혼합자본주의, 진보주의, 규제된 자본주의, 개혁주의

구분	보수주의
인간관	합리적 경제인관
가치판단	• 자유의 강조, 자유는 정부로부터의 자유를 의미함 • 기회의 평등과 경제적 자유의 강조 • 소득, 부 또는 기타 결과의 평등은 상대적으로 덜 중요
시장과 정부에 대한 관점	• 자유시장에 대한 강한 신념 • 정부실패를 우려함 • 개인의 자유를 보호하고 재산권 집행, 외부의 적 방어 등을 수행
선호정책	• 선별적 복지정책의 선호 • 경제적 규제완화, 시장지향적 정책, 조세감면과 완화 • 자유방임적 자본주의, 제한된 최소한의 정부

02 ❶

① (×) 체제론은 행정을 둘러싼 환경적 요소와의 관련 속에서 행정현상을 연구하는 접근방법이지만, 구성요소 간 균형을 강조하므로 기능 간 불균형이 심한 후진국보다는 선진국의 행정현상을 설명하는데 적합하다.
② (○) 체제론은 외부적으로는 더 큰 환경과의 상호작용을 중시하고, 내부적으로는 상위체제와 하위체제 즉, 구조와 기능 간의 관계 그리고 하위체제 간의 상호 균형 등에 초점을 맞추어 현상을 설명하는 접근방법이다.
③ (○) 체제론은 거시적 틀 속에서 그 형태를 유지하고자 하는 균형적 형성이 강하므로 체제를 적극적으로 변화시키는 것보다는 환경변화에 적응하면서 현 상태를 유지하고자 하는 속성이 강한 이론이다.
④ (○) 체제론은 균형이론이다. 이러한 균형에 영향을 주는 이질적 요소가 발생하면 기존의 균형은 깨지고 새로운 균형으로 이어진다.

03 ❸

① (×) 보몰의 병은 정부의 인건비가 생산성에 비하여 빨리 증대되어 정부의 지출이 증대되는 현상을 설명하는 이론이다.
② (×) 피콕과 와이즈만의 전위효과(대체효과)란 위기 시에 팽창(문지방효과)된 재정지출이 평시에도 원상태로 회복되지 않는 현상으로, 이는 공공지출이 민간지출을 대체하는 것을 설명하는 이론이다.

③ (○) 와그너의 경비팽창의 법칙이란 공공재 수요의 소득탄력성과 도시화의 진전에 따른 공공수요의 증대로 인한 재정규모의 팽창현상을 설명하는 이론이다.
④ (×) 보몰효과는 정부의 노동집약적 성격과 공공재 수요의 가격 비탄력성으로 인한 정부팽창을 설명하는 이론이다.

04 ④

① (×) 디징(P. Diesing)은 합리성을 정치적 합리성, 경제적 합리성, 사회적 합리성, 법적 합리성, 기술적 합리성으로 나누었다. 한편, 진화론적 합리성은 환경에 적응해가면서 바람직한 대안을 찾아가는 것과 관련된다.
② (×) 목표와 수단 사이에 존재하는 인과관계의 적절성을 의미하는 것은 기술적 합리성이다.
③ (×) 사회구성원 간의 조화된 통합성을 확보하는 것은 사회적 합리성이다.
④ (○) 법적 합리성은 확립된 규칙과 선례에 부합하는 행동이다. 즉, 보편성과 공식적 질서를 통하여 예측가능성을 높이는 것을 의미한다.

05 ④

① (×) 독립변수와 종속변수 간 전혀 관계가 없음에도 불구하고 효과가 있는 것처럼 보이는 것은 허위변수이다.
② (×) 선정효과나 성숙효과는 혼란변수는 물론 허위변수로도 작용할 수 있다.
③ (×) 매개변수는 독립변수의 결과이면서 동시에 종속변수의 원인이 되는 제3의 변수를 말한다.
④ (○) 조절변수는 원인이 결과에 미치는 영향의 정도를 상이하게 만드는 변수로, 연구설계에 포함되어 있다는 점에서 외재변수와는 구별된다.

06 ④

① (×) 행정위원회는 독립지위를 가진 행정관청으로 결정권과 집행권을 모두 갖는다.
② (×) 자문위원회는 참모기관에 해당한다. 정치적 영향력은 있으나 법적 구속력은 없다.
③ (×) 심의위원회는 의사결정의 구속력이 없다. 의사결정의 구속력은 있지만 집행권이 없는 것은 의결위원회이다.
④ (○) 소청심사위원회는 독자적 결정권과 집행권을 지닌 행정관청적 성격을 지닌 행정위원회이다.

07 ④

① (×) 리더십 상황론은 상황에 따라 리더십의 유형이 달라진다는 이론이므로 모든 상황에 가장 효과적인 리더십의 유형은 존재하지 않는다.
② (×) 리더십 상황론은 리더십의 효율성은 상황에 따라 달라진다고 주장하는 이론이다.
③ (×) 상이한 지도유형이 구성원의 과업 성과에 어떤 영향을 주는가를 분석하는 것은 리더십 행태이론이다.
④ (○) 리더십 상황론은 상황에 따라 리더십의 유형이 달라져야 한다는 것인데, 그 상황변수로 부하의 특성, 과업의 특성, 조직의 특성 등이 사용된다.

08 ②

① (○) 방어적 전략은 안정적 환경을 배경으로 하며, 경쟁자가 자신의 영역에 들어오지 못하게 하는 전략이다.
② (×) 새로운 시장을 개척하고자 하는 것은 탐색적 전략에서 사용된다.
③ (○) 방어적 전략은 기계적 구조에 가깝고 탐색적 전략은 유기적 구조에 가깝다.
④ (○) 방어적 전략은 복잡성·공식성·집권성이 모두 높고, 탐색적 전략에서는 복잡성·공식성·집권성이 모두 낮다.

09 ②

① (×) 문화로서 조직은 조직을 조직구성원들의 마음속에서 사회적으로 구성되는 현실로 간주하는 입장이다.
② (○) 제한된 합리성, 정보처리체제, 학습, 홀로그래픽적 특성 등을 강조하는 것은 두뇌로서의 조직에 관한 설명이다.
③ (×) 흐름으로서 조직은 조직변화의 원동력으로 자기생산, 카오스이론, 복잡성이론, 변증법적 논리 등을 강조한다.
④ (×) 호손실험에서 기인한 유기체로서 조직은 조직의 생존, 환경과의 관계 등에 초점을 둔다.

10 ④

① (×) 공동체생태학은 생태적 공동체 속에서 상호의존적인 조직들을 한 구성원으로 파악하며, 다수의 조직들이 호혜적 관계를 형성함으로써 환경 변화에 공동으로 대처하는 과정을 설명하는 이론이다. 환경의 절대성을 강조하는 환경결정론의 관점을 비판하며, 환경에 능동적으로 대처해 나가는 조직들의 공동노력을 설명하고자 한다. 환경이 조직을 결정한다는 극단적 결정론은 조직군생태론이다.

② (×) 공동체생태학이론은 다수의 조직들의 호혜적 관계를 설명하는 이론이므로 조직의 내적 논리를 강조한다는 표현은 옳지 않다.
③ (×) 성과평가를 용이하게 하는 일의 흐름에 따라 편제된 수평적 구조의 강조, 정보비대칭의 문제를 해소하는 정보의 균형화, 인센티브의 제공과 같은 유인의 제공에 의한 대리손실의 최소화는 모두 대리인이론과 관련된다. 대리인이론은 거래비용경제학과 함께 조직경제학이론에 속한다.
④ (○) 제도적 동형화란 처음에는 달랐지만 시간이 지나면서 점차 지배적 구조를 닮아가는 현상을 말한다.

11 ❷

① (○) 부정적 환류통제는 실적이 목표에서 이탈하였을 때 이를 시정하는 통제이고 긍정적(확장적) 통제는 실적이 목표에 부합되는 것을 발견하고 후속 행동이 같은 방향으로 나가도록 정보를 환류시키는 통제이다.
② (×) 어떤 행동이 통제기준에서 이탈되는 결과를 발생시킬 때까지 기다리지 않고 그러한 결과의 발생을 유발할 수 있는 행동이 나타날 때마다 교정해 나가는 것은 동시적 통제이다. 사전적 통제는 행동이 목표에서 이탈될 수 있는 가능성을 미리 예측하고 그러한 가능성을 제거함으로써 바람직하지 못한 행동이 나타나는 것을 사전에 방지하는 통제이다.
③ (○) 사후적 통제는 목표수행 행동의 결과가 목표기준에 부합되는가를 평가하여 필요한 시정조치를 취하는 통제이다.
④ (○) 행정국가의 도래로 인하여 행정의 복잡성과 전문성이 높아짐에 따라 외부통제의 효율성이 저하되면서, 상대적으로 내부통제의 중요성이 증가하고 있다.

12 ❸

① (×) 대통령은 신규채용, 고위공무원단 직위로의 승진임용, 소속 장관을 달리하는 기관 간의 전보, 전직, 강임, 강등, 면직, 해임, 파면 등을 제외하고 고위공무원단에 속하는 일반직 공무원에 대한 임용권을 소속 장관에게 위임한다.
② (×) 고위공무원단은 범부처적 통합관리를 지향하는 제도로 소속 장관은 해당 기관에 소속되어 있지 않은 공무원도 임용제청할 수 있다.
③ (○) 성과계약 평가제는 장·차관 등 기관 책임자와 실·국장, 과장 간에 성과목표 등에 관해 합의한 후 공식적으로 체결하는 성과계약이다. 당해 연도의 직무성과계약에 의해 개인의 성과를 평가하고, 평가결과를 성과급, 승진 등에 반영하고는 제도로 1년 단위로 계약이 체결된다.
④ (×) 기존의 직권면직 규정에 더하여 적격심사가 추가된 것이므로 신분보장은 약화된 것이다.

13 ❷

① (×) 국회, 법원, 헌법재판소, 선거관리위원회, 감사원, 지방의회에 관한 사항은 각하 대상이다.
② (○) 지방자치단체 및 그 소속 기관에 관한 고충민원의 처리와 행정제도의 개선 등을 위하여 각 지방자치단체에 시민고충처리위원회를 둘 수 있다.
③ (×) 국민권익위원회는 접수된 고충민원을 접수일부터 60일 이내에 처리하여야 한다. 다만, 조정이 필요한 경우 등 부득이한 사유로 기간 내에 처리가 불가능한 경우에는 60일의 범위에서 그 처리기간을 연장할 수 있다.
④ (×) 위원회가 검사로부터 공소를 제기하지 아니한다는 통보를 받았을 때에는 위원회는 그 검사 소속의 고등검찰청에 대응하는 고등법원에 그 당부에 관한 재정을 신청할 수 있다.

14 ❶

① (×) 우리나라가 발행하는 국채의 종류에는 국고채권, 재정증권, 외국환평형기금채권, 국민주택채권 등 4종류가 있다.
② (○) 채권자와 채무자가 모두 국가이므로 상계되어 국가채무의 대상에서 제외되는 것이다.
③ (○) 보증채무는 확정채무는 아니지만 장래 국가의 채무가 될 수 있으므로 국가가 보증채무를 부담하고자 할 때 미리 국회의 동의를 얻어야 한다.
④ (○) 노무현 정부에서는 중앙예산기관과 결산관리기관(수지총괄기관)이 분리되어 있었지만 이명박 정부부터는 두 기관이 기획재정부로 통합되었다.

15 ❸

① (○) 국회는 정부가 제출한 기금운용계획안의 주요항목 지출금액을 증액하거나 새로운 과목을 설치하고자 하는 때에는 미리 정부의 동의를 얻어야 한다.
② (○) 기금관리주체는 안정성·유동성·수익성 및 공공성을 고려하여 기금자산을 투명하고 효율적으로 운용하여야 하고, 자산운용지침에 따라 자산을 운용하여야 한다. 또한 기관전용 사모집합투자기구의 무한책임사원이 될 수 없다.

③ (×) 금융성 기금은 주요항목 지출금액의 변경범위가 10분의 3을 초과하면 국회의 의결이 필요하다.
④ (○) 「국가재정법」에 의하면 각 중앙관서의 장은 「국가회계법」에서 정하는 바에 따라 회계연도마다 소관 기금의 결산보고서를 중앙관서결산보고서에 통합하여 작성한 후 기획재정부장관에게 제출하여야 한다.

16 ❷

① (○) 품목별예산은 투입이라는 지출대상에 초점을 두지만 영기준예산은 사업대안과 정책대안에 초점을 맞춘다.
② (×) 무엇을 할 것인지(What to do)에 주된 관심을 두는 것은 장기계획을 강조하는 계획예산이다. 반면, 어떻게 할 것인지(how to do)에 초점을 두는 것은 미시적인 영기준예산이나 성과주의예산이다.
③ (○) 계획예산제도(PPBS)는 장기적인 계획과 단기적인 예산을 유기적으로 결합시키려는 제도이고, 영기준예산제도(ZBB)는 전년도 사업과 예산에 구애받지 않고 이의 근본적 재평가를 통해 예산을 편성하고자 하는 예산제도이다.
④ (○) 계획예산은 대안의 비교에 있어 비용편익분석과 같은 객관적 기준이 사용되지만 영기준예산은 부처별 우선순위를 강조하므로 상대적으로 주관성이 개입되기 쉽다.

17 ❸

① (×) 지방자치단체에 재원 사용의 자율성을 전적으로 부여하는 재원이 지방교부세이고, 특정한 사업에 사용할 것을 조건으로 선택적으로 지원하는 재원이 국고보조금이다.
② (×) 자원배분의 효율성 즉, 사회 전체의 후생 측면에서는 용도가 지정되지 않은 일반지원금이 더 우수하다.
③ (○) 일반적으로 지방정부는 용도가 지정되지 않은 일반지원금을 선호하지만 중앙정부는 용도를 특정하여 지급하는 특정지원금을 선호한다.
④ (×) 지방교부세는 지방세가 아니며, 국가가 지방에 부여하는 의존재원이다.

18 ❹

① (○) 기관통합형은 지방의회가 관료를 지휘하고 사무를 집행하며, 의회의 의장이 지방자치단체장을 겸직하는 형태이다.
② (○) 기관통합형은 권력통합주의에 입각하여 자치단체의 의결기능과 집행기능을 단일기관인 의회에 귀속시키는 형태이다.
③ (○) 기관대립형은 단일의 단체장에게 행정책임(집행책임)이 집중되므로 의원들이 분할하여 집행하는 기관통합형에 비하여 행정책임의 소재가 분명하다.
④ (×) 기관대립형(기관분리형)은 집행부와 의회의 기구가 병존함에 따라 비효율성이 발생할 수 있다.

19 ❸

① (×) 규제개혁은 규제완화, 규제품질관리, 규제관리 순으로 진행된다.
② (×) 대안적 규제수단의 설계나 규제영향분석 또는 규제기획제도 등은 모두 규제품질관리 단계에서 사용되는 기법들이다.
④ (×) 규제등록제도와 규제정보화시스템, 규제 맵 등은 규제관리 단계에서 사용된다.

20 ❹

① (○) 역사적 신제도주의는 역사적 맥락이라는 거시적 흐름을 강조하므로 방법론적 전체주의 입장이고, 국가 그 자체와 같은 거시적 수준의 제도보다는 개별적인 조직이나 법률과 같은 중위수준의 분석단위를 채택하고 있다.
② (○) 역사적 신제도주의에서 사용하는 제도변수는 마르크스의 계급이론이나 근대화론과 같은 거시적 수준이 아닌 개별적 혹은 중범위적 수준의 제도변수를 설정한 후 다른 제도와의 관련성을 연구하는 이론이다.
③ (○) 역사적 신제도주의는 인과관계를 설명할 때 복잡다양한 요인의 결합을 중시하며, 변수 간의 인과관계는 항상 맥락 속에서 형성됨을 강조한다.
④ (×) 수단으로서 제도의 효율성은 구제도주의나 혹은 합리적 선택 제도주의와 관련된다. 역사적 신제도주의는 기존 제도에 의해 발생하는 의도하지 않았던 결과와 제도의 비효율성을 강조한다.

제2회 동형모의고사 정답 및 해설

01	02	03	04	05	06	07	08	09	10
③	②	②	④	③	③	①	③	③	①
11	12	13	14	15	16	17	18	19	20
①	①	③	③	①	③	①	①	③	①

01 ❸

① (×) 현상학은 개인들의 일상적이고 실체적인 측면을 강조하는 미시적 연구로, 많은 거시적 문제들은 인간의 상호작용에 대한 이해를 통해 해결될 수 있다고 보았다.
② (×) 현상학은 인간행위를 내면적으로 의도된 행동으로 보기 때문에 많은 행동들이 무의식이나 집단규범 또는 외적 환경의 산물이라는 것을 간과한다는 비판을 받는다.
③ (○) 현상학은 철학적이고 사변적인 성격으로 인해 경험적 증명이 곤란하다. 또한 행위의 목적성과 의도성을 어떻게 찾아낼 것인가에 대한 방법과 기술에 대해서는 구체적 언급이 없다는 비판을 받고 있다.
④ (×) 현상학은 인간행태의 내면적 세계의 의미 이해를 중시하는 접근방법으로 인간주의, 상징적 상호작용주의, 신역사주의, 가치주의, 주의(主意)주의 등을 특징으로 한다.

02 ❷

① (○) 사바스(E. Savas)는 공공서비스 공급과 생산의 분리가능성을 전제로 10가지 유형의 공공서비스 유형을 분류한 학자이다. 결국, 여러 주체들의 역할분담에 의해 공공서비스가 공급될 수 있음을 설명하고 있다.
② (×) 안전하고 책임성 있는 공공서비스의 공급을 위해서는 민영화보다는 정부가 직접 공급하는 것이 바람직하다.
③ (○) 민영화된다는 것은 가격에 의해 재화의 공급이 이루어진다는 것을 의미한다. 이로 인하여 서비스의 효율성은 높아질 수 있겠지만 가격에 따른 차별적인 서비스가 나타나므로 서비스 배분의 형평성은 낮아진다.
④ (○) 다수의 소액 주주들에게 주식이 분할되었을 경우 집단행동의 딜레마로 인해 통제의 어려움이 발생할 가능성이 크다. 이는 소액 주주들의 무임승차 현상으로 인하여 민영화된 기업을 통제할 유인책이 낮아지기 때문이다.

03 ❷

① (○) 정의의 제2원칙 중 하나인 차등의 원칙은 최소 수혜자에게 최대 이익을 보장(Maximin)하여야 그 불평등은 정의롭다는 것이다.
② (×) 롤스(J. Rawls)에 의하면 기회의 평등이 우선적으로 확보되어야 하고 그 다음이 결과의 평등(차등의 원칙)이다.
③ (○) 형평성은 각자의 정당한 몫이라는 정의와 관련되며, 신행정론의 등장과 함께 행정학에서 강조되기 시작하였다.
④ (○) 형평성은 헌법상의 평등에서부터 혜택을 받은 자가 비용을 부담해야 한다는 수익자 부담의 원칙에 이르기까지 다양한 의미를 갖고 있으며, 1960년대 후반 미국사회의 혼란과 더불어 제기된 신행정학에서 강조되었다.

04 ❹

① (○) 시민이 바라는 정책은 직선에 의한 시장의 선출이나 지방의회의 구성에서 출발된다는 주장은 다원주의와 관련된다. 다원론은 상향적인 과정을 통해 정책이 결정된다는 것이다.
② (○) 경제 저명인사들은 주로 도시개발의 이슈에 집중되어 있고, 사회 저명인사는 경제 저명인사와 빈번하게 접촉하지 않으며, 공공교육 분야에서는 교사, 교육행정가, 학부모회의 영향력이 크다. 한편, 정당후보자들은 지지가 필요하므로 집단들의 관심을 이끌어 내려고 노력한다. 이러한 기술로 보면 정책결정을 담당하는 엘리트는 분야별로 다른 형태를 보인다는 기술은 옳은 설명이다.

③ (O) 엘리트론은 권력을 가진 소수의 동질적이고 폐쇄적인 엘리트가 일반대중을 지배한다는 이론이다. 엘리트들은 자율적이며 다른 계층에 대하여 책임을 지지 않으며 계층적이고 하향적인 엘리트 중심의 통치질서를 형성하고자 한다.
④ (×) 전국적 차원이 아니라 지역사회의 지배구조에 초점을 맞추면서, 소수 엘리트가 강한 응집성을 가지고 정책을 결정하고 정치에 무관심한 일반대중들은 비판 없이 이를 수용한다고 설명하는 것은 헌터(F. hunter)의 명성접근법이다.

05 ❸

① (×) 정책평가 과정에서 효과가 크게 나타날 사람들만 의도적으로 실험집단에 포함시킴으로써 실제보다 정책의 효과가 과대평가되는 것은 크리밍 효과이다.
② (×) 표본의 대표성 부족은 외적타당성을 위협하는 요인이다.
③ (O) 크리밍 효과는 효과가 크게 나타날 사람만을 실험집단에 배정하여 발생하는 오차로 준실험에서 나타난다. 외적타당성과 내적타당성을 동시에 저해할 수 있는 요인이다.
④ (×) 실험 도중 측정도구의 변화로 인한 오차는 도구요인으로, 이는 내적타당도를 낮추는 요인이다.

06 ❸

① (O) 앨리슨(G. Allison)의 조직과정모형은 기능적 독자성이 높은 느슨한 연합체를 설명하는 이론이다.
② (O) 모델Ⅱ는 조직과정모형으로 목표에 대한 합의가 비교적 약한 반독립적인 하위조직의 정책결정을 설명하는 모형이다.
③ (×) 조직과정모형은 확률을 예측하여 불확실성에 대응하기 보다는 불확실성 자체를 회피하거나 통제하고자 한다.
④ (O) 조직과정모형은 반독립적인 하위부서들 간의 타협이나 또는 이러한 타협의 경험적 산물인 표준운영절차 등에 의해 정책이 결정된다고 본다.

07 ❶

① (×) 명목집단기법은 개별적으로 해결안을 구상하고 제한된 집단토론을 거친 후 표결로 결론을 정하는 기법으로 토론의 방만함을 방지하고 고른 의견을 개진하게 할 수 있다는 장점을 지닌다.

② (O) 교차영향분석은 조건확률을 통하여 선행사건의 발생에 따른 특정사건의 발생가능성을 예측하고, 관련 사건들 간 상호작용이 미치는 잠재적 효과를 분석하는 기법이다.
③ (O) 지명반론자기법은 인위적으로 특정 조직원 또는 집단을 반론을 제기하는 집단으로 지정해 고의적으로 대안의 약점을 최대한 적극적으로 지적하는 방법이다.
④ (O) 변증법적 토론은 대립적인 두개의 팀으로 나누어 토론을 진행하는 과정에서 합의를 형성하는 기법이다.

08 ❸

③ (×) 주민만족도와 수익자 대응성은 모두 질적이고 주관적인 평가지표이다. 반면, 능률성과 효과성이 객관적인 평가지표이다.

나카무라와 스몰우드의 평가지표

	초점	측정방법	비고
효과성	결과	기술적, 계량적	고전적 기술자형
능률성	수단극대화		지시적 위임가형
주민만족도	유권자	질적, 비계량적	협상형
수익자 대응성	소비자		재량적 실험가형
체제 유지도	기관의 활력	혼합적(→ 포괄적)	관료적 기업가형

09 ❸

① (×) 배분적 협상이 이용가능한 자원이 고정적이고 통합적 협상이 유동적이다.
② (×) 배분적 협상은 이해관계가 상반되지만, 통합적 협상은 이해관계가 상호 수렴된다. win-win 전략이 가능한 통합적 협상의 관계가 지속적이고 장기적이다.
③ (O) win-win 전략이 가능한 통합적 협상의 관계가 지속적이고 장기적이다.
④ (×) 통합형 협상은 전체 자원의 증대를 가져올 수 있는 넌제로섬 상황의 협상이다. 반면 한정된 자원을 나누어야 하는 제로섬 상황을 전제로 하는 것은 분배형 협상이다.

10 ❶

① (○) 4차 산업혁명은 인공지능(AI), 사물 인터넷(IoT), 클라우드 컴퓨팅, 빅데이터, 모바일 등 지능정보기술이 기존 산업과 서비스에 융합되거나 3D 프린팅, 로봇공학, 생명공학, 나노기술 등 여러 분야의 신기술과 결합되어 실세계 모든 제품·서비스를 네트워크로 연결하고 사물을 지능화하는 상태를 가져온다.

② (×) 4차 혁명은 인간의 지능을 대체한다는 점에서 인간에 기반을 둔 기존의 산업혁명과는 다르다. 제4차 산업혁명은 초연결(hyperconnectivity)과 초지능(superintelligence)을 특징으로 하기 때문에 기존 산업혁명에 비해 더 넓은 범위(scope)에, 더 빠른 속도(velocity)로 크게 영향(impact)을 끼칠 것으로 보인다.

③ (×) 설문의 내용은 정보기술 아키텍처이다. 정보기술 아키텍처는 조직의 정보화 환경을 묘사한 밑그림으로서, 조직의 비전과 전략, 업무 그리고 정보기술 간 관계에 대한 현재의 상태와 미래의 목표를 문서화한 것이다.

④ (×) 인공지능의 한 응용분야는 전문가시스템이다. 전문가시스템이란 전문가의 지식과 경험을 컴퓨터에 기억시켜 컴퓨터를 통해 전문가의 능력을 빌릴 수 있도록 만든 시스템을 말한다.

11 ❶

① (×) 리더십의 유형을 권위형, 민주형, 방임형으로 분류한 것은 아이오와 대학이다. 미시간 대학은 리더십의 유형을 업무중심형과 직원중심형으로 구분하였다.

② (○) 오하이오 대학은 구조설정과 배려라는 기준으로 네 가지의 리더십 유형으로 분류하였으며, 구조설정과 배려가 다 같이 높을 때 생산성이 가장 높다고 보았다.

③ (○) 관리그리드 또는 관리유형도는 X축에 생산을, Y축에 인간에 대한 관심을 변수로 설정하여 무관심형(1/1), 친목형(1/9), 타협형(5/5), 과업형(9/1), 단합형(9/9)의 5가지 리더십 유형을 제시한 것이다.

④ (○) 블레이크(R. Blake)와 무톤(J. Mouton)의 연구로 X축에 생산을, Y축에 인간에 대한 관심을 변수로 설정하여 무기력형(1/1), 컨트리클럽형(1/9), 중도형(5/5), 과업형(9/1), 팀형(9/9)의 5가지 리더십 유형을 제시하였다. 이 중 과업과 인간을 모두 중시하는 팀형(9/9)을 가장 이상적인 유형으로 간주하였다.

12 ❶

① (×) 연락 역할 담당자란 부문 간 일이나 정보의 흐름을 촉진시켜 주는 개인 또는 집단으로, 민츠버그(H. Mintzberg)에 의하면, 연락 역할 담당자는 공식적 권한은 없으나 비공식적 권한을 상당히 부여받아 업무를 수행하므로 이에 필요한 전문지식을 가지고 있느냐에 따라 업무수행의 성공여부가 결정된다.

② (○) 리커트(R. Likert)의 연결핀 모형은 중간관리자를 조직의 여러 부문의 연결핀으로 삼는 것이다. 즉, 중간관리자는 자신이 관리하는 집단의 의사를 상급관리자에게 연결시켜주는 매개자로서의 역할을 강조하는 모형이다.

③ (○) 계층제란 직무를 권한과 책임의 정도에 따라 등급화하여 지휘와 명령복종관계를 확립하는 것이다.

④ (○) 명령체계란, 한 조직 내의 명령계통이 마치 상하계층 간의 사슬로 연결되어 있는 것처럼 상부에서 내린 명령이나 지시가 한 단계씩 차례대로 말단에까지 전달되게 하는 체제를 말한다. 명령통일의 원리와 함께 계층제의 핵심적인 내용을 이룬다.

13 ❸

① (○) 소속 장관은 해당 기관의 일반직 공무원 직위 중 순환보직이 곤란하거나 장기 재직 등이 필요한 특수 업무 분야의 직위를 인사혁신처장과 협의하여 전문경력관 직위로 지정할 수 있다.

② (○) 전문경력관 직위의 군은 직무의 특성·난이도 및 직무에 요구되는 숙련도 등에 따라 가군, 나군 및 다군으로 구분한다.

③ (×) 전문경력관은 계급 구분과 직군 및 직렬의 분류를 적용하지 아니하는 특수 업무 분야에 종사하는 공무원을 말한다.

④ (○) 임용권자는 일정한 경우 전직시험을 거쳐 전문경력관을 다른 일반직 공무원으로 전직시키거나 다른 일반직 공무원을 전문경력관으로 전직시킬 수 있다.

14 ❸

① (×) 하나의 측정도구를 이용하여 측정한 결과와 다른 기준을 적용하여 측정한 결과를 비교했을 때 도출된 연관성의 정도는 기준타당성이다.

② (×) 동시적 타당성 검증과 예측적 타당성 검증은 기준타당성을 검증하는 수단이다.

③ (○) 차별적 타당성(판별타당성)은 상이한 개념을 측정하는 경우에는 같거나 다른 측정방법을 사용하더라도 그 측정값에는 차별성이 나타나야 함을 의미한다.

④ (×) 시험 그 자체의 문제가 시험의 신뢰성이고 시험과 기준과의 관계가 시험의 타당성이다.

15 ❶

① (×) 소속을 바꾸지 않고 일시적으로 다른 기관이나 국가기관 이외의 기관 및 단체에서 근무하게 하는 것은 파견이다.
② (○) 전보란 동일한 직렬의 동일한 등급으로의 인사이동으로, 필수보직기간은 원칙적으로 3년이다.
③ (○) 인사혁신처장은 행정기관 상호간, 행정기관과 교육·연구기관 또는 공공기관 간에 인사교류가 필요하다고 인정하면 인사교류계획을 수립하고, 국무총리의 승인을 받아 이를 실시할 수 있다.
④ (○) 겸임은 일부 특정직(교육공무원)이 있지만 주로 일반직 공무원을 대상으로 하며, 겸임의 기간은 원칙적으로 2년이며, 특히 필요한 경우 2년의 범위에서 연장할 수 있다.

16 ❸

① (×) 킹슬리(D. Kingsley)가 1944년에 처음 사용한 개념으로, 임명직 관료집단이 민주적 방법으로 행동하도록 하기 위한 방안으로 도입된 것은 대표관료제이다.
② (×) 해치법은 미국에서 1939년 및 1940년에 제정된 공무원의 정치활동 금지법이다. 약 250만 명의 연방공무원의 정치활동이 금지되었으며, 1940년에 정치활동 금지규정을 연방정부의 재정지원을 받는 주정부 공무원에게까지 확대하였다.
③ (○) 펜들턴법(Pendleton Act)은 실적주의 인사행정의 기초를 확립한 미국 최초의 연방공무원법이다.
④ (×) 펜들턴법은 실적주의 인사행정의 기초를 확립한 미국 최초의 연방공무원법으로 독립적이며 초당적인 인사위원회의 설치, 공개경쟁 채용시험에 의한 공무원의 임용, 조건부 임용기간의 설정(시보제도), 공무원의 정치활동 금지, 제대 군인에 대한 특혜 부여, 민간과 정부와의 인사교류 등을 규정하였다.

17 ❶

① (○) 성인지 예산은 세입·세출예산이 남성과 여성에 미치는 영향은 서로 다르다는 전제하에, 예산이 남녀에게 미치는 효과를 평가하여 그 결과를 예산편성에 반영하는 제도로, 국가와 지방 모두 의무화하고 있다.

② (×) 「국가재정법 시행령」에 따르면 성인지 예산서는 기획재정부장관이 여성가족부장관과 협의하여 제시한 작성기준 및 방식 등에 따라 각 중앙관서의 장이 작성한다.
③ (×) 기획재정부와 여성가족부는 대상사업 선정기준을 제시하도록 하지만, 대상사업의 선정은 각 기관별로 능동적으로 발굴·제출하도록 하고 있다. 그리고 2019년도 기준으로 성인지 예산의 대상사업은 33개 중앙관서의 장이 제출한 261개로 전체 규모는 25조 6,283억 원이므로 대부분의 재정사업에 대해 성인지 예산서·결산서를 작성하고 있는 것은 아니다.
④ (×) 성인지 예산서는 예산안의 첨부서류이고, 성인지 결산서는 「국가회계법」에 의거 결산보고서의 부속서류로 첨부된다. 즉, 독립적 안건으로 상정하여 심사가 진행되는 것이 아니다.

18 ❶

① (○) 세계잉여금은 세입세출의 결산상 잉여금이므로 세입세출이 아닌 기금은 제외된다.
② (×) 세계잉여금은 지방교부세의 정산, 공적자금상환기금의 출연, 국채 또는 차입금의 원리금 상환 및 확정된 국가배상금의 상환 등에도 사용할 수 있다.
③ (×) 세계잉여금이란 매 회계연도 세입세출의 결산상 잉여금 중 다른 법률에 따른 것과 이월액을 공제한 금액으로, 지방교부세 및 지방교육재정교부금의 정산, 공적자금상환기금에의 출연, 국채 또는 차입금의 원리금과 「국가배상법」에 따라 확정된 국가배상금의 상환, 추가경정예산안의 편성, 다음 연도의 세입에의 이입 등에 사용된다.
④ (×) 세계잉여금의 사용 또는 출연은 다른 법률의 규정에도 불구하고 국가결산보고서에 대한 대통령의 승인을 얻은 때부터 이를 할 수 있다. 즉, 국회의 사전 동의를 요구하지 않는다.

19 ❸

① (×) 행정협의조정위원회는 국무총리 소속의 위원회이다.
② (×) 지방자치법에는 행정협의조정위원회의 협의·조정 사항을 통보받은 관계 중앙행정기관의 장과 그 지방자치단체의 장은 그 협의·조정 결정사항을 이행하여야 한다고 규정하고 있으므로 행정협의조정위원회의 결정에도 구속력이 있다고 볼 수 있다. 다만, 직무이행명령이나 대집행 규정이 적용되지 않는 관계로 실질적으로 강제력을 지니지 못한 것으로 평가받는다.

③ (○) 권한쟁의심판은 국가기관 상호간 혹은 국가기관과 지방자치단체 간 권한다툼이 있을 때 이를 헌법재판소에서 가리는 절차를 말한다.
④ (×) 중앙분쟁조정위원회는 행정안전부 소속이다.

20 ❶

① (○) 다만, 인구 50만이 넘는 시에는 자치단체가 아닌 구를 둘 수 있다.
② (×) 기초자치단체인 시가 인구 50만 이상일 때에는 일반구를 둘 수 있고 도의 사무를 일부 수행할 수 있지만 별도의 세원을 갖는 것은 아니다.
③ (×) 자치구의 명칭과 구역의 변경은 법률로 정하지만 자치구가 아닌 구의 명칭과 구역의 변경은 그 지방자치단체의 조례로 정한다.
④ (×) 지방자치단체의 관할 구역 경계변경은 대통령령으로 정한다.

제3회 동형모의고사 정답 및 해설

01	02	03	04	05	06	07	08	09	10
③	②	③	②	②	④	②	④	①	④
11	12	13	14	15	16	17	18	19	20
①	③	①	①	②	②	①	③	④	④

01 ❸

① (×) 문제의 진단기준을 내부규제에 두고 관리개혁 방안으로 재량권의 확대를 제안한 것은 탈내부규제모형이다.
② (×) 참여적 정부모형은 문제의 진단기준을 계층제에 두며, 구조개혁 방안으로 평면조직을 제안한다. 구조개혁 방안으로 가상조직을 제안한 것은 신축적 정부모형이다.
③ (○) 유연조직모형 혹은 신축모형은 전통적 모형의 영속성을 비판하고 관리개혁의 방식으로 가변적 관리를 제시한다.
④ (×) 탈규제 정부모형은 내부규제를 완화하자는 것이지 경제적 규제를 완화하자는 주장은 아니다.

02 ❷

① (×) 공유지의 비극과 같은 부정적 외부효과는 정부규제(직접규제 + 간접규제)를 통해서 해결하는 것이 바람직하다.
② (○) 공유지의 비극을 해결하기 위해서 고전적 공유재 모형이 제시한 대안이 공유재를 사유화하는 것이다.
③ (×) 하딘(G. Hardin)은 공유지의 비극을 해소하기 위한 방안으로 소유권의 명확한 설정, 자원의 이용에 대한 정부규제, 이해당사자들의 일정한 합의 등 다양한 방법을 제시하였다. 국가 개입의 필요성은 강조하였지만 소유권의 명확한 정의, 이용규칙의 제정 등을 강조하였으므로 국가의 직접적 규제의 강화를 주장하였다고 볼 수는 없다.
④ (×) 오스트롬(E. Ostrom)은 공유지의 비극을 해결하기 위한 방안으로 시장의 자율성이나 국가의 개입보다는 공동체의 합의를 강조한 학자이다. 즉, 어디에나 적용되는 보편적 이론을 제시한 것은 아니다.

03 ❸

① (×) 행태주의는 과학성을 강조하는 사실 중심의 이론이다. 제도의 변화와 개혁은 처방성과 관련된다.
② (×) 정치체제를 둘러싼 도덕적이고 규범적인 원칙을 논의하는 것은 구제도주의이다. 신제도주의는 제도와 제도 또는 제도와 인간 간의 관계를 분석하고자 하는 실증적 분석이다.
③ (○) 신제도주의는 환경이나 기존 정책이 새로운 선택을 함에 있어 하나의 변수로 작용할 수 있음을 강조하는 이론이다.
④ (×) 신제도주의에 의하면 인간의 선호는 제도라는 제약 속에서 형성되고 변화된다. 그러나 합리적 선택 제도주의는 인간의 전략적 상호작용 속에서 제도가 형성된다고 보며, 역사적 신제도주의 역시 미약하지만 인간의 의지에 의한 제도의 생성 가능성을 긍정한다.

04 ❷

① (×) 유급근로자를 고용하여 재화와 서비스의 생산·판매 등 영업활동을 하여야 사회적 기업으로 인증받을 수 있다. 즉, 자원봉사자로만 구성된 비영리조직은 사회적 기업으로 인증을 받을 수 없다.
② (○) 우리나라의 「사회적기업 육성법」에 의하면 사회적 기업으로 인증받기 위해서는 서비스 수혜자, 근로자 등 이해관계자가 참여하는 민주적 의사결정 구조를 갖추어야 한다.
③ (×) 사회적 기업은 영업활동을 통하여 창출한 이익을 사회적 기업의 유지·확대에 재투자하도록 노력하여야 한다. 그러나 연계기업은 사회적 기업이 창출하는 이익을 취할 수 없다. 한편, 연계기업이란 특정한 사회적 기업에 대하여 재정 지원, 경영 자문 등 다양한 지원을 하는 기업으로서 그 사회적 기업과 인적·물적·법적으로 독립되어 있는 자를 말한다.
④ (×) 고용노동부장관은 사회적 기업의 활동실태를 5년마다 조사하고, 그 결과를 고용정책심의회에 통보하여야 한다. 또한 고용노동부장관은 사회적 기업을 육성하고 체계적으로 지원하기 위하여 기본계획을 5년마다 수립하여야 한다.

05 ❷

② (×) 여론조사는 주민들의 순간적인 인식수준을 진단하는 단순하고 피상적인 의견수렴방식으로 숙의민주주의와는 거리가 있다.

	여론조사
개념	순간적인 인식수준의 진단
방법	전화, 우편, 웹사이트 등 수동적 참여
결과	고정된 선호의 단순 취합(aggregation)
장점	많은 수의 시민을 대상으로 의견수렴
단점	단순하고 피상적인 의견수렴 대표성과 정확성 결여

	공론조사
개념	여론조사 + 숙고의 과정
방법	과학적 표본추출기법 학습 및 토론과 능동적 참여
결과	학습 및 토론을 통한 선호의 변경
장점	학습과 토론을 통한 신중한 의사결정
단점	많은 비용 및 시간, 탈락자의 발생 적은 표본집단, 집단 내 다수의견의 동조현상

06 ❹

① (○) 정책옹호연합모형은 집행과정보다는 정책변화 또는 정책학습에 초점을 맞춘 이론이다. 즉, 정책집행에 대한 시간관을 10년 이상의 장기로 설정하여 단순히 정책결정 이후 한 번에 완료되는 과정이 아닌 지속적인 정책학습과 변동차원으로 파악한다.

② (○) 엘모어(R. Elmore)의 통합모형은 집행자의 국지적 전략들을 고려하면서 결정자가 국지적 해결책을 구성하는 상호가역성의 원리를 바탕으로, 정책을 설계할 때는 하향적 접근으로 정책목표를 결정하되, 상향적 접근에서 제시하는 방법을 수용하여 가장 집행가능성이 높은 정책수단을 선택하는 방법이다.

③ (○) 모호성이 낮고 갈등이 높은 상황은 정치적 집행으로 매수, 담합, 날치기 통과 등과 같은 정치적 현상이 발생한다.

④ (×) 모호성이 낮다는 것은 정책목표가 명확하다는 것을 의미한다. 반면, 정책목표가 모호하고 갈등도 높은 것은 상징적 집행, 혹은 상황적 집행으로 정책집행을 목표와 수단을 해석하는 과정으로 이해한다.

07 ❷

① (×) 정책집행의 하향식 접근방법은 공식적 정책목표를 중요한 변수로 취급하며 이러한 공식적 정책목표의 달성여부를 기준으로 정책의 성공과 실패를 판단한다.

② (○) 목표가 다양하고 가치 갈등이 많은 다원화된 사회에서는 획일적인 하향적 정책집행은 어려울 수 있다.

③ (×) 정책결정과 정책집행 간의 엄밀한 구분에 의문을 제기하는 것은 상향적 접근방법이다.

④ (×) 행위자들의 동기, 전략, 행동, 상호작용 등에 주목하며 일선공무원들의 전문지식과 문제해결능력을 중시하는 것은 상향적 접근방법이다.

08 ❹

① (○) 밀스(W. Mills)는 기업엘리트, 정치엘리트 그리고 군사엘리트를 미국의 파워엘리트로 규정한 학자이다.

② (○) 밀스(W. Mills)는 파워엘리트론(1956)에서 (공식)지위접근법으로 미국 전역을 연구한 결과 군산복합체에 의한 주요 정책의 독점성을 폭로하였다.

③ (○) 헌터(F. hunter)의 이론은 사회적 명성이 있는 소수자들이 결정한 정책을 일반대중이 수용한다는 이론이다.

④ (×) 헌터(F. hunter)는 지역사회를 지배하는 것은 기업엘리트라고 보았다. 정치엘리트는 대중의 지지가 있어야 가능한데, 이렇게 정치엘리트가 지배한다면 그 사회는 민주주의 사회일 것이다. 그가 제시한 40여 명의 엘리트에는 기업가 23명, 노동지도자 2명, 변호사 5명, 고위공직자 4명 등으로 구성된다.

09 ❶

① (○) 특정인이 해택을 보는 편익의 집중 상황에서는 그 정책에 대한 순응의 가능성이 높을 것이다.

② (×) 재분배정책은 비용을 부담하는 가진 자와 혜택을 보는 못 가진 자의 계급갈등이 나타나는 제로섬 상황이 나타나므로 정책의 유형 중 갈등이나 대립이 가장 심하여 정책집행이 곤란하다.

③ (×) 대상집단의 규모가 작고 분명하며, 행태 다양성의 정도가 적고 단순할수록 집행하기가 용이하다. 규모가 크거나 활동이 다양하다면 그만큼 집행의 과정에서 갈등이 발생할 가능성이 높아지기 때문이다. 또한 문제의 해결가능성이 대안의 선택뿐만 아니라 집행단계에서도 가장 중요한 변수이다. 만약 문제의 성격이 집행주체의 역량을 넘어선다면 집행자들이 선뜻 나설 수 없기 때문이다.

④ (×) 수혜집단과 희생집단의 규모가 비슷하고 양 집단의 조직화 정도가 강할 경우에는 정책집행이 곤란하다.

10 ④

① (○) 페로우(C. Perrow)는 전환과정에서 발생하는 기대하지 못한 새로운 사건의 빈도(직무 복잡성)를 과제의 다양성이라 하였고, 전환과정이 객관적으로 분석되어 구성원들이 표준적 절차에 따라 업무수행이 가능한 정도(직무 난이도)를 분석 가능성이라 하였다.
② (○) 장인기술은 예외의 수는 적지만 문제의 분석가능성은 낮은 기술이다.
③ (○) 장인기술은 업무의 분석이 어려워 광범위한 경험과 오랜 훈련이 필요하다.
④ (×) 많은 계량적 정보가 요구되기에 대규모 데이터베이스 등의 지원이 필요한 것은 공학적 기술이다.

11 ①

① (×) 행정기관 등의 장은 해당 기관에서 처리할 민원사항 등에 대하여 관계 법령에서 문서·서면·서류 등의 종이문서로 신청, 신고 또는 제출 등을 하도록 규정하고 있는 경우에도 전자문서로 신청 등을 하게 할 수 있다.
② (○) 행정기관 등의 장은 전자문서로 신청 또는 통지를 하는 경우 전자문서에 첨부되는 서류는 전자화문서로도 할 수 있다.
③ (○) 행정기관 등의 장은 민원인이 첨부·제출하여야 하는 증명서류 등 구비서류가 행정기관 등이 전자문서로 발급할 수 있는 문서인 경우에는 직접 그 구비서류를 발급하는 기관으로부터 발급받아 업무를 처리하여야 한다.
④ (○) 행정기관 등의 장(국회의 경우 국회예산정책처장 등)은 민원인이 첨부·제출하여야 하는 증명서류 등 구비서류가 행정기관 등이 전자문서로 발급할 수 있는 문서인 경우에는 직접 그 구비서류를 발급하는 기관으로부터 발급받아 업무를 처리하여야 한다. 이 경우 민원인이 행정기관 등에 미리 해당 민원사항 및 구비서류에 대하여 관계 법령에서 정한 수수료를 냈을 때에만 할 수 있다.

12 ③

① (×) 네트워크구조는 최고 품질과 최저 비용의 자원을 활용하면서도 대단히 간소화된 조직구조를 취한다.
② (×) 가상조직에서는 경쟁자, 공급자, 고객 간의 경계설정이 곤란하다.
③ (○) 가상조직은 원거리에 있는 조직들을 연결시킬 수 있는 전자 접촉을 활용하며, 동업관계는 비영구적·비공식적이므로 목표가 달성되면 해체된다.
④ (×) 정보화 사회에서는 기획 및 조정은 핵심기능이므로 내부에서 수행하고 생산, 포장, 판매, 유통 등의 나머지 기능은 계약의 형태로 아웃소싱한다.

13 ①

① (×) 의사전달의 미흡 또는 장애는 갈등을 야기하는 의사전달적 요인이다.
② (○) 기능이나 업무의 특성에 따른 분업구조는 갈등을 야기하는 구조적 요인이다.
③ (○) 제한된 자원의 부서 간 공유는 갈등을 야기하는 구조적 요인이다.
④ (○) 업무의 연계성은 갈등을 야기하는 구조적 요인이다.

14 ①

① (○) 다운스(A. Downs)의 보전형은 권력과 위신 및 승진 등을 한정적으로만 추구하고, 가지고 있는 것의 보전에 노력하는 유형으로, 조직의 중간관리층에서 주로 나타난다.
② (×) 포괄적인 기능이나 조직 전체에 충성하는 유형으로 가장 적극적으로 관료적 제국주의 성향을 보이는 것은 창도가형이다.
③ (×) 자신과 동일시되는 사업에는 온 신명을 바치지만 그 외의 사업에 대해서는 무관심한 관료모형은 열중형이다.
④ (×) 경세가형은 사회 전체를 위하여 충성을 바치며 공공복지에 관심을 갖는 유형으로 보수주의나 점증주의와는 관련성이 적으며, 조직 내에서 또 다른 조직을 만들기도 하는 것은 창도가형의 특징이다.

15 ②

① (○) 갈등의 조성전략은 갈등의 순기능을 강조하는 입장에서 가능한 주장이다.
② (×) 갈등은 표면적으로 드러나는 것뿐만 아니라 잠재적 갈등상태까지 포함한다.
③ (○) 갈등에 관한 전통적 견해는 갈등을 조직의 불안을 조성하고 쇄신과 발전을 저해하며, 구성원과 조직의 각 단위 간 반목과 적대감을 유발하는 원인으로만 보았다. 이 경우 갈등은 해소전략만 강구되어야 할 것이다.
④ (○) 정보의 억제 또는 과다 제공, 의사전달 통로의 변경, 수평적 분화 등 직무재설계, 의도적인 긴장의 조성, 개방형 임용 등 인사정책의 활용 등이 갈등의 조장전략으로 거론된다.

16 ❷

① (×) 전자결재 및 전자문서의 유통은 행정의 효율성을 높이기 위해서이다.
② (○) 실무자 중심의 업무처리가 가능하므로 중간관리자의 수는 줄어들며 실무자 대비 관리자의 비율로 측정되는 행정농도 역시 낮아질 것이다.
③ (×) 정보공개란 공공기관이 이 법에 따라 정보를 열람하게 하거나 그 사본·복제물을 제공하는 것 또는 「전자정부법」에 따른 정보통신망을 통하여 정보를 제공하는 것 등을 말한다. 공공기관이 보유·관리하는 정보는 국민의 알권리 보장 등을 위하여 이 법에서 정하는 바에 따라 적극적으로 공개하여야 하여야 하지만 비공개 대상 정보도 있으므로 모든 정보에 대해 접근이 가능한 것은 아니다.
④ (×) 전자정부는 대면적인 관계보다는 사이버상의 관계가 일상화되므로 대고객 관계의 인간화는 저해될 수 있다.

17 ❶

① (×) 국민권익위원회의 위원장 및 부위원장은 국무총리의 제청으로 대통령이 임명하고, 상임위원은 위원장의 제청으로 대통령이 임명하며, 상임이 아닌 위원은 대통령이 임명 또는 위촉한다.
② (○) 국민권익위원회의 직무상 독립을 위하여 위원장과 위원의 임기는 각각 3년으로 하되 1차에 한하여 연임할 수 있다는 신분보장 규정을 두고 있다.
③ (○) 국민권익위원회는 위원장 1명을 포함한 15명의 위원(부위원장 3명과 상임위원 3명을 포함)으로 구성한다. 이 경우 부위원장은 각각 고충민원, 부패방지 업무 및 중앙행정심판위원회의 운영업무로 분장하여 위원장을 보좌한다.
④ (○) 국내에 거주하는 외국인을 포함하여 누구든지 위원회 또는 시민고충처리위원회에 고충민원을 신청할 수 있다. 이 경우 하나의 권익위원회에 대하여 고충민원을 제기한 신청인은 다른 권익위원회에 대하여도 고충민원을 신청할 수 있다.

18 ❸

① (×) BSC에서 강조하는 내부과정 지표에는 의사결정과정의 시민참여, 적법절차, 커뮤니케이션 등이 포함되어 있다.
② (×) 내부프로세스 관점에서는 통합적인 일처리 절차를 중시하며, 의사결정 과정에의 시민참여, 적법절차, 조직 내 커뮤니케이션 구조 및 공개 등으로 측정된다.

③ (○) 학습과 성장은 미래 시각으로, 가장 하부적인 관점이므로 나머지 다른 세 관점의 성공 토대가 될 수 있다. 정부의 경우 물적자원보다는 인적자원의 중요성이 상대적으로 강하므로 학습과 성장으로부터 내부 과정의 합리성을 제고하여 고객에 대한 만족도를 높이는 것이 중요하다.
④ (×) 민간은 재무관점이 성공의 핵심이지만, 공공부분의 경우 목표가 아닌 제약조건으로 작용된다. 이에 따라 고객관점이 가장 중시된다. 다만, 민간과 달리 고객의 범위가 명확하지 않다는 한계점을 고려하여야 하겠다.

19 ❹

① (×) 직업공무원제의 신분보장은 정당 및 정치지도자의 관료들에 대한 지도력과 통솔력을 약화시키는 원인이다.
② (×) 선출직 공무원에 의한 직업공무원의 통제는 행정의 민주성과 대응성을 높이고자 하는 것이다.
③ (×) 외부 전문가의 공직 진출은 개방형 임용제도와 관련된다. 직업공무원제는 폐쇄형 임용제도를 원칙으로 한다.
④ (○) 실적주의와 직업공무원제는 능력 중심의 인사, 신분보장, 정치적 중립 등의 공통점이 많으나 그 역사적 배경이나 이념은 동일하지 않다.

20 ❹

① (×) 직무평가표가 존재하고 요소별로 점수화하는 것은 점수법이다.
② (×) 서열법은 자의성이 개입하기 쉽지만 단순하여 비용이 적게 든다는 장점이 있다.
③ (×) 대표직위가 존재하고 요소별로 평가하여 점수를 부여하는 것은 요소비교법이다.
④ (○) 점수법은 직무를 세부 구성요소로 나눠야 하므로 직무평가기준표가 필요하다. 또한 요소별로 등급기준표에 따른 점수를 합산하여 직무의 상대적 가치를 결정한다.

제4회 동형모의고사 정답 및 해설

01	02	03	04	05	06	07	08	09	10
③	①	②	④	③	②	③	③	③	③
11	12	13	14	15	16	17	18	19	20
④	③	③	③	④	④	③	②	②	③

01 ❸

① (○) 엽관주의는 민주정치와 정당정치의 발전을 배경으로 하며, 집권당의 추종자를 공직에 임명하므로 국민과 관료기구와의 동질성을 확보하기 용이하다.
② (○) 잭슨 대통령은 의회에 보낸 연두교서에서 모든 공직자의 직무는 이해력이 있는 사람이면 쉽게 수행할 수 있는 것이며, 또한 공직의 장기적 종사에 따른 경험적 이득보다는 그 폐해가 더 클 것임을 강조하였다.
③ (×) 엽관주의는 정권이 교체될 때마다 공무원이 대량 경질되므로 공무원의 장기근무는 어렵다.
④ (○) 엽관주의는 집권당의 추종자를 정당에 대한 공헌도와 충성도의 정도에 따라 공직에 임용하므로 집권자의 강력한 정책추진이 유리하다.

02 ❶

① (○) 직위분류제는 전문화된 직무를 전임하는 체제이므로 상호 전문성을 달리하는 예산, 인사, 정책집행의 업무를 중복적으로 수행하기 어렵다.
② (×) 직위분류제는 전문화되고 명확한 업무를 중심으로 공직을 분류하므로 조직 내 인적자원의 교류 및 활용에 주는 제약이 상대적으로 커서 환경의 변화에 따른 인력배치의 융통성과 신축성이 부족하다.
③ (×) 직위분류제는 직무를 기반으로 공직에 임용되므로 직무가 사라지면 공직에서 배제되기 쉽다. 즉, 신분보장이 약하다.
④ (×) 조직의 횡적 의사소통을 수월하게 하며, 봉급 수준의 단계적 차이의 근거를 제공해 주는 것은 계급제이다.

03 ❷

① (×) 국가 또는 지방자치단체는 공직자가 수행하는 직무가 공직자의 재산상 이해와 관련되어 공정한 직무수행이 어려운 상황이 일어나지 아니하도록 노력하여야 한다. 즉, 국가나 지방자치단체도 이해충돌을 방지할 의무가 있다.
② (○) 주식백지신탁제도는 이해충돌을 방지하기 위해 도입된 제도이다.
③ (×) 「공직자윤리법」에 의하면 공개대상자는 본인 및 그 이해관계자 모두가 보유한 주식의 총 가액이 1천만 원 이상 5천만 원 이하의 범위에서 대통령령으로 정하는 금액(3천만 원)을 초과할 때에는 초과하게 된 날부터 1개월 이내에 등록기관에 신고하여야 한다.
④ (×) 공개대상자등 및 그 이해관계인이 보유하고 있는 주식의 직무관련성을 심사·결정하기 위하여 인사혁신처에 주식백지신탁 심사위원회를 둔다.

04 ❹

① (○) 중앙인사위원회는 공무원의 정실임용 방지와 인사행정의 공정성·중립성 유지를 위해 설립되었던 대통령 직속의 합의제 행정기관으로 2008년 2월 「정부조직법」에 의해 행정안전부에 통합되었으며, 2014년 신설된 인사혁신처로 기능이 이관되었다.
② (○) 인사혁신처는 비독립 단독제 형태의 중앙인사기관이다.
③ (○) 우리나라 중앙인사기관은 행정수반에 종속되며 행정수반에 의해 임명되는 비독립 단독형으로, 인사에 대한 의사결정이 신속하고, 책임소재가 명확하다는 장점을 지닌다.
④ (×) 인사상의 공정성 확보가 용이한 것은 독립합의형 인사기관이다. 우리나라는 비독립 단독제의 형태이다.

05 ❸

① (×) 기금은 국가가 특정한 목적을 위하여 특정한 자금을 신축적으로 운용할 필요가 있을 때에 한하여 법률로써 설치하며, 세입세출예산에 의하지 아니하고 운용할 수 있다.

② (×) 기금은 세입세출예산에 의하지 아니하고 운용할 수 있으며, 기금도 예산과 마찬가지로 국회의 심의·의결을 통해 확정된다.
③ (○) 기금관리주체는 매년 1월 31일까지 당해 회계연도부터 5회계연도 이상의 기간 동안의 신규사업 및 기획재정부장관이 정하는 주요 계속사업에 대한 중기사업계획서를 기획재정부장관에게 제출하여야 한다.
④ (×) 정부는 주요항목 단위로 마련된 기금운용계획안을 회계연도 개시 120일 전까지 국회에 제출하여야 한다.

06 ❷

① (×) 기획재정부에서 예산계획서를 검토하는 중에 문제가 있는 경우 행정 각부의 예산담당관을 불러 질의하는 절차는 예산협의이다. 예산심의는 국회에서 이루어진다.
② (○) 상임위원회는 철의 삼각을 구성할 가능성이 높으므로 상임위원회가 소관 부처의 이해관계를 대변하기 쉽다.
③ (×) 미국과 일본은 폐지와 삭감은 물론 새 비목의 설치와 증액도 가능하다.
④ (×) 설문은 예산 불성립의 대처방안을 묻는 것이며 우리나라의 현행 제도는 준예산이다. 가예산은 과거 이승만 정부에서 사용된 제도이다.

07 ❸

① (×) 자본예산에서 자본적 지출은 외부효과가 큰 사업을 대상으로 하는 것이 바람직하다.
② (×) 자본예산은 예산이란 경기 순환기를 중심으로 균형을 이루면 된다는 논리로, 이에 따라 경기 침체기에는 적자예산을 편성하고, 경기 과열기에는 흑자예산을 편성하여 경기변동을 조절하고자 한다.
③ (○) 자본예산은 정부의 총지출을 소비와 투자로 구분하여 평가하므로 자산과 부채와 같은 상태지표 등을 포괄적으로 파악할 수 있게 한다.
④ (×) 자본예산은 국공채나 재정적자와 같은 부채를 통해 사업을 하므로 재정안정화 효과를 저해할 수 있다. 재정안정화 정책이란 세출이 세입의 범위 내에서 충당되고 공채 발행이나 차입이 없는 재정상태를 지칭하는 개념이다.

08 ❸

① (×) 조례안이 지방의회에서 의결되면 의장은 의결된 날부터 5일 이내에 그 지방자치단체의 장에게 이를 이송하여야 한다.
② (×) 재의요구를 받은 지방의회가 재의에 부쳐 재적의원 과반수의 출석과 출석의원 3분의 2 이상의 찬성으로 전과 같은 의결을 하면 그 조례안은 조례로서 확정된다.
③ (○) 「지방자치법」제107조는 '지방자치단체의 장은 재의결된 사항이 법령에 위반된다고 인정되면 대법원에 소를 제기할 수 있다.'라고 규정하고 있으며, 일반적으로 재의결된 조례에 대해서도 준용이 가능하다고 본다.
④ (×) 재의요구에 대한 의회사무를 지방의회가 이행하지 않고 있을 경우의 직무이행명령권은 존재하지 않는다. 직무이행명령은 자치단체의 장이 법령의 규정에 따라 그 의무에 속하는 국가위임사무나 시·도 위임사무의 관리와 집행을 명백히 게을리하고 있다고 인정되면 시·도에 대하여는 주무부장관이, 시·군 및 자치구에 대하여는 시·도지사가 기간을 정하여 서면으로 이행할 사항을 명령하는 제도이다.

09 ❸

①, ② (○) 지방자치단체 상호 간이나 지방자치단체의 장 상호 간 사무를 처리할 때 의견이 달라 다툼이 생기면 다른 법률에 특별한 규정이 없으면 행정안전부장관이나 시·도지사가 당사자의 신청에 따라 조정할 수 있다. 다만, 그 분쟁이 공익을 현저히 저해하여 조속한 조정이 필요하다고 인정되면 당사자의 신청이 없어도 직권으로 조정할 수 있다.
③ (×) 행정협의조정위원회는 중앙행정기관의 장과 지방자치단체가 사무를 처리할 때 의견을 달리하는 경우 이를 협의·조정하기 위하여 국무총리 소속으로 둔다.
④ (○) 동일 광역자치단체 내 기초자치단체 간의 분쟁은 지방분쟁조정위원회에서 조정한다.

10 ❸

③ (×) 임시허가는 제품의 안정성이 확보된 상태에서 이루어진다. 제품의 안정성이 확보되지 않은 상태에서 이루어지는 것은 실증특례이다.

> 기존 규제로 인해 신기술이나 신제품의 출시가 지연될 경우 규제 개선 전에 시장에 출시를 허용하는 제도
> ① **규제의 신속 확인**: 신기술·신산업 관련 규제의 존재 및 내용에 대한 문의를 30일 이내 회신하도록 하는 제도
> ② **임시허가**: 관련 규제가 신기술 등에 맞지 않거나 모호한 경우 2년 이내 법령 정비를 의무화하는 제도(→ 2년 연장 가능)
> ③ **실증특례**: 관련 법령의 모호성이나 불합리성 또는 금지규정을 일정한 경우 배제해주는 제도(→ 최대 4년 이내 법령 정비)

11 ❹

① (○) 신공공서비스론에서는 생산성의 향상 또는 고객의 만족이라는 기준뿐만 아니라 헌법, 법률, 공동체 가치, 정치규범, 전문직업적 기준, 시민들의 이해 등의 도모까지 책임의 범위가 확대된다.
② (○) 신공공관리론은 공익을 사익의 합으로 보지만 신공공서비스론은 공유가치에 대한 담론의 결과물을 공익으로 본다. 또한 신공공관리론은 경제적·기술적 합리성을 강조하지만 신공공서비스론은 전략적 합리성을 강조한다.
③ (○) 신공공서비스론은 폭넓은 담론과정과 같은 집합적 노력과 협력적 과정을 거친 공익 개념의 도출을 강조한다.
④ (×) 주요 통제권이 조직 내 유보된 분권화된 조직은 신공공관리론에서 강조한다. 반면, 신공공서비스론은 조직 내외적으로 공유된 리더십을 갖는 협동적 구조를 추구한다.

12 ❸

① (×) 내부성은 관료의 사익 추구 현상을 말한다. 산출물이 환류될 수 있다면 관료의 사익 추구 성향은 방지될 수 있다.
② (×) 정부실패는 정치적 보상체계의 왜곡, 정치인의 단견, 이익과 손해의 분리 등과 같은 수요 측면에 의해서도 발생한다.
③ (○) 거시적 절연에 대한 설명이다. 정치적 이유라면 규모가 많은 다수가 소수에게 승리할 가능성이 높아진다.
④ (×) 정치인들은 높은 시간할인율을 지니므로 단기적 이익을 중시한다. 반면, 문제해결의 당위성만을 강조하는 것을 정치인의 왜곡된 선호라고 하는데 이는 모순된 줄 알면서도 문제해결의 당위성만 주장하는 현상이다.

13 ❸

③ (×) 진화론적 합리성과 내용적 합리성은 모두 선택의 과정보다는 결과에 초점을 두고 합리성 여부를 판단한다.

14 ❸

① (×) 인간의 주의집중력의 한계 때문에 소수의 문제만이 정책의제가 된다는 주장은 사이먼(H. Simon)의 의사결정론이다.
② (×) 체제의 문지기(대통령 등 정책결정권자)가 선호하는 소수의 문제만이 정책의제가 된다는 주장은 체제이론이다.
③ (○) 사이먼(H. Simon)의 의사결정론과 체제이론은 일부 문제만이 정책의제가 됨을 설명할 수는 있으나, 왜 항상 특정 문제(흑인문제)는 정책의제가 되지 못하는지는 설명하기 곤란하다.
④ (×) 모든 의제가 선택되지 못하는 것을 자연인으로서 지니는 인식능력의 한계로 보는 것은 의사결정론이다.

15 ❹

① (×) 특정 쟁점에 대해 정책대안이나 수단을 모색할 수 있을 정도로 구체적인 상태는 제도의제이다.
② (×) 체제의제(systemic agenda)는 일반대중이 정부가 해결해야 한다고 공감하는 사회문제로, 어떤 방식이든 정부의 조치가 필요하고 이는 정부의 권한에 속한다고 믿는 단계이다.
③ (×) 국민들이 관심을 가지는 사항이 모두 다 공중의제가 되는 것은 아니다. 수많은 사회문제 중 논쟁거리가 되어 일반대중으로 확산된 사회문제만이 공중의제가 될 수 있다.
④ (○) 체제의제(systematic agenda)란 일반대중이 정부가 해결해야 한다고 공감하는 사회문제로, 어떤 방식이든 정부의 조치가 필요하고 이는 정부의 권한에 속한다고 믿는 단계이다.

16 ④

① (×) 정책문제 구조화의 핵심은 제3종 오류를 방지하는 것이다.
② (×) 구조화되지 않은 가설들을 창의적으로 통합하기 위해 사용하는 기법은 가정분석이다.
③ (×) 포화표본추출(saturation sampling)을 통해 관련 이해당사자를 선정하는 것은 경계분석이다.
④ (○) 원인들을 차례로 확인해 나가면서 인과관계의 파악을 주된 목적으로 하는 기법은 계층분석이다.

17 ③

① (○) 신규 사업의 개발에 역점을 두는 것은 완화된 희소성의 상태이다.
② (○) 만성적 희소성은 일상적인 예산부족의 상태로, 계속사업과 계속사업의 점증적 증가분은 가능하나 새로운 사업은 추진하기 곤란한 상태이다. 이에 따라 (신규)사업의 분석과 평가는 소홀하며, 지출통제보다는 관리개선에 역점을 둔다.
③ (×) 급격한 희소성은 계속사업의 점증적 증가분을 추진할 수 없는 상태이다. 계속사업조차도 지속할 만큼 충분하지 못한 경우는 총체적 희소성이다.
④ (○) 기존 사업도 추진할 수 없는 총체적 희소성하에서는 허위 또는 회피 그리고 반복예산이 나타난다.

18 ②

② (×) 총액인건비제도는 노무현 정부시절인 2005년부터 시범적으로 실시된 후 2007년 전면적으로 실시되었다.

총액인건비와 기준인건비

	총액인건비 → 중앙	기준인건비 → 지방
총 정원	총 정원 → 대통령령 직제 정원의 5% 내 증원 가능	기준인건비 내 자율책정 (1~3% 추가자율) 총 정원 제한 없음
계급별 정원	총리령이나 부령	자율 → 조례
기구설치	국 단위는 대통령령, 과 단위는 자율	

19 ②

① (○) 주민의 참정권은 법령 등에 규정되므로 법률에 의해서 주민의 참정권은 제한받을 수 있다. 또한 지방정부의 과세권은 법률로 정해지므로 과세권 역시 법률로 제한받을 수 있다.
② (×) 조례의 제정은 지방의회에서 이루어진다. 즉, 지방자치단체장의 권한이 아니다.
③ (○) 지방자치단체는 조례를 위반한 행위에 대하여 조례로써 1천만원 이하의 과태료를 정할 수 있으며, 과태료는 해당 지방자치단체의 장이나 그 관할 구역 안의 지방자치단체의 장이 부과·징수한다.
④ (○) 사기나 그 밖의 부정한 방법으로 사용료·수수료 또는 분담금의 징수를 면한 자에 대하여는 그 징수를 면한 금액의 5배 이내의 과태료를, 공공시설을 부정사용한 자에 대하여는 50만 원 이하의 과태료를 부과하는 규정을 조례로 정할 수 있다.

20 ③

① (×) 우리나라의 주민참여제도는 지방자치제도가 부활된 이후 주민투표(2004), 주민소송(2006), 주민참여예산제(2006 임의규정, 2011 의무규정), 주민소환(2007)의 순서로 도입되었다.
② (×) 주민소환은 주민의 의사에 의해 구속력 있는 결정이 이루어지는 직접참여 방식이다.
③ (○) 우리나라에 있어 주민발안은 조례의 제정 또는 개폐청구권이다.
④ (×) 우리나라 주민투표는 1994년 「지방자치법」이 개정되면서 근거를 두었으나, 「주민투표법」이 제정되지 않아 시행되지 못하다가, 2004년 「주민투표법」이 제정되어 현재까지 시행되고 있다.

제5회 동형모의고사 정답 및 해설

01	02	03	04	05	06	07	08	09	10
①	①	①	①	②	③	③	①	③	①
11	12	13	14	15	16	17	18	19	20
③	④	④	④	①	④	①	③	④	①

01 ❶

① (O) 선형계획법은 확실한 상황에서 이루어지는 의사결정기법으로, 제약조건과 목표함수가 모두 일차함수이며, 극대화 또는 극소화 함수로 표현된다.
② (×) 제약조건 하의 결과와 최적 상황의 결과와의 차이를 고려하면서 대안을 선택하는 기법은 목적계획법이다.
③ (×) 독립변수 한 단위 증가에 따른 종속변수의 변화량을 알아보는 분석기법은 회귀분석이다. 상관분석은 두 변수 간에 어떤 선형적 관계를 가지는지를 분석하는 방법으로, 이러한 두 변수 간 관계의 강도를 상관관계라 한다. 그러나 상관관계의 정도를 파악하는 상관계수는 두 변수 간의 연관된 정도를 나타낼 뿐 인과관계를 설명하는 것은 아니다. 두 변수 간에 어떤 인과관계가 있는지에 대한 것은 회귀분석을 통해 확인된다.
④ (×) 하나의 문제를 더 작은 구성요소로 분해하고, 이 요소들을 둘씩 짝을 지어 비교하는 것은 계층화분석이다.

02 ❶

① (×) 공모직위는 현직 공무원만을 대상으로 한다.
② (O) 소속 장관은 소속 장관별로 경력직 공무원으로 임명할 수 있는 고위공무원단 직위 총수의 100분의 30의 범위에서 공모직위를 지정하되, 중앙행정기관과 소속기관 간 균형을 유지하도록 하여야 한다.
③ (O) 공모직위에 임용되는 공무원은 전보, 승진, 전직 또는 경력경쟁채용 등의 방법으로 임용하여야 하며, 국가직 공모직위에 지방직 공무원도 응모할 수 있다.
④ (O) 경력직 공무원이 개방형 직위나 공모직위에 임용된 경우 그 임용기간이 만료되면 원 소속으로 복귀가 가능하다.

03 ❶

① (O) 역산제란 미리 정해진 순서대로 평정점수를 부여하는 방식이다.
② (×) 정기평가와 수시평가로 나뉘는 것은 근무성적평가이다. 성과계약 등 평가는 12월 31일을 기준으로 연 1회 실시한다.
③ (×) 근무성적평가제는 성과계약 등 평가제의 적용을 받지 않는 5급 이하 공무원의 업무 성과 향상 및 개인 능력 발전을 위해 시행되고 있는 성과평가제도이며, 매년 6월 30일과 12월 31일을 기준으로 연 2회의 평가가 실시된다.
④ (×) 근무성적평가의 운영과 관련해, 먼저 평가자는 평가 실시 이전에 피평가자와 성과면담을 실시해 평가의 방향을 협의한 후 평가를 시행한다. 또한 평가자는 평가의견을 반드시 작성해 성과관리카드에 기록하고 관리한다.

04 ❶

① (×) 다원주의는 다양한 집단 간 타협과 합의에 의한 정책결정을 강조한다. 즉, 개인 차원에서 직접적으로 정책결정에 영향을 미치는 방식이 아니다.
② (O) 잠재이익집단론은 결정자는 말 없는 잠재집단의 이익을 고려하여야 하므로 활동적 소수의 특수 이익만을 추구하기는 곤란하다는 이론이다. 한편, 활동적 집단의 의견만이 정책에 반영된다는 로이(T. Lowi)의 '이익집단자유주의'라는 반론이 있다.
③ (O) 공공이익집단이론은 다양한 이익집단의 주장 중 공공이익에 가장 부합하는 의견이 정책에 반영될 것이라는 이론이다.

④ (○) 달(R. Dahl)에 의하면 엘리트의 존재와 엘리트의 지배는 다른 개념으로, 엘리트는 존재하지만 부·지위 등이 분할되어 있으며 엘리트 간 응집력이 약해 상호 갈등이 발생한다. 또한 선거와 같은 엘리트 간 경쟁으로 엘리트는 대중의 요구에 민감할 수밖에 없으며, 결국 다수에 의한 정치가 이루어지고 어떤 사회문제라도 정치체제로 침투가능하다고 보았다.

05 ❷

① (×) 도슨(R. Dawson)과 로빈슨(J. Robinson)의 허위관계에 의하면 정치적 변수가 정책의 내용에 영향을 미치지 못한다.
② (○) 경제적 자원모형은 정치와 정책을 허위관계로 보는 모형이다. 즉, 정책의 변화는 경제적 요인에 영향을 받은 것이며 정치적 요인은 독자적으로 정책에 영향을 미칠 수 없다는 주장이다.
③ (×) 도슨(R. Dawson)과 로빈슨(J. Robinson)의 결론은 소득, 인구 등의 사회·경제적 요인이 정책내용을 결정한다는 주장이며 정치적 변수와 정책은 허위관계라는 것이다. 이는 정치적 변수가 정책에 단독으로 영향을 미치지 못하고 정치체제는 환경변수와 정책 내용 간의 매개변수도 아니라는 주장으로, 결국 사회경제적 변수와 정치체제, 정책의 순차적 관계를 부정하는 것이다.
④ (×) 정치요인과 정책이 혼란관계라는 것은 혼란변수인 경제뿐만 아니라 정치변수도 정책에 독자적 영향력을 미칠 수 있는 원인이 될 수 있다는 의미이다.

06 ❸

① (×) 테이어(F. Thayer)의 '계서제 없는 조직'은 소집단의 연합체, 모호하고 유동적인 경계, 협동적 과정을 통한 문제해결, 승진 개념의 소멸, 보수 차등의 철폐 등을 특징으로 한다. 책임과 권한에 따른 보수의 차등화는 관료제의 특징이다.
② (×) 견인이론(Pull Theory)은 일의 흐름을 중시한다. 기능의 동질성은 압력이론(Push Theory)에서 강조한다.
③ (○) 정부는 기획, 조정, 통제 등 주요 결정만 담당하고, 집행업무는 민간에 위탁할 경우, 이러한 위탁업무를 처리하는 기관을 제3자 정부 혹은 대리정부라 한다. 혼돈정부란 혼돈이론(chaos theory), 비선형동학(nonlinear dynamics), 복잡성이론(complexity theory) 등을 정부조직에 적용한, 지식정보화 시대의 정부조직 형태를 말한다.
④ (×) 혼돈정부는 조직 내에 존재하는 혼동을 발전의 초기 조건으로 보는 정부이고, 공동조직은 기획이나 조정과 같은 핵심기능에 한정하고 나머지는 외부와의 계약을 통해 처리하는 조직이다.

07 ❸

① (○) 카리스마적 리더십은 리더의 높은 자신감과 강한 동기, 도덕적 정당성에 대한 신념 등이 강조되는 리더십으로, 뛰어난 비전과 개인적 위험의 감수 의지, 상황에 대한 정확한 평가와 관습에 얽매이지 않는 전략, 부하들에 대한 계몽과 자신감의 전달, 개인적 권력의 활용 등을 특징으로 한다.
② (○) 서번트 리더십은 리더를 조직의 관리자가 아닌 섬기는 자로 정의하는 입장으로, 경청과 감정이입, 치유, 환경에 대한 인식과 설득, 개념화와 예지능력, 청지기 의식, 공동체의 설계 등을 특징으로 한다.
③ (×) 문화적 리더십은 문화와 의식을 통해 구성원들에게 솔선수범을 보이는 성직자와 같은 리더십으로, 리더의 역할과 가치관에 따라 조직문화가 형성되고 유지됨을 강조한다.
④ (○) 명백하고 공유된 비전과 끊임없는 학습의지를 창출하며, 구성원은 누구나 리더의 기능을 수행할 수 있도록 도와주는 리더십을 상호연계적 리더십이라 한다.

08 ❶

① (○) 공공시설은 원칙적으로 지방자치단체의 관할구역 내에 설치하여야 하지만 관계 지방자치단체의 동의를 받아 그 지방자치단체의 구역 밖에 설치할 수 있다.
② (×) 지방자치단체를 나누거나 합하여 새로운 지방자치단체가 설치되거나 지방자치단체의 격이 변경되면 그 지방자치단체의 장은 필요한 사항에 관하여 새로운 조례나 규칙이 제정·시행될 때까지 종래 그 지역에 시행되던 조례나 규칙을 계속 시행할 수 있다.
③ (×) 행정기구의 설치와 지방공무원의 정원은 대통령령으로 정하는 기준에 따라 그 지방자치단체의 조례로 정한다.
④ (×) 지방세의 세목은 법률로서 정한다. 조례로는 지방세의 세목을 정할 수 없다.

09 ③

① (○) 규제의 편익이 소수에게 집중된다면 규제로 인해 편익을 얻는 소수 집단의 지대추구행위가 나타나며, 규제기관은 규제대상 집단에게 포획(capture)되기 쉽다. 이는 조직화된 소수가 집단행동의 딜레마에 빠진 다수를 이용하는 미시적 절연의 상황으로, 규제는 은밀하게 형성되어 처음부터 강력하게 집행될 가능성이 높다.

② (○) 편익이 분산될 경우 자신의 몫이 적으므로 무임승차에 빠질 가능성이 높지만 비용이 집중될 경우 부담하여야 할 자신의 몫이 크므로 활발한 정치활동이 발생할 가능성이 높다.

③ (×) 환경규제가 성립될 때에는 비용부담자에 의한 대립현상이 발생하지만 완화되는 경우에는 이로 인해 이득이 집중되는 집단에 의한 포획현상 즉, 고객정치 상황이 발생할 수 있다.

④ (○) 한·약분쟁에서는 비용과 편익이 모두 소수에게 집중되는 이익집단정치 상황이 나타난다.

10 ①

① (○) 사회적 네트워크 또는 사회구조의 구성원이 됨으로써 확보할 수 있는 행위자의 능력은 사회적 자본의 미시적 측면이다.

② (×) 사회적 자본은 신뢰, 호혜적 규범, 수평적 네트워크 등으로 구성된다.

③ (×) 사회적 자본은 공동문제를 해결함에 있어 자발적이고 적극적으로 참여하는 사회적 조건으로, 그 지역의 문제를 정부의 개입 없이 스스로 해결할 수 있게 하는 힘이다.

④ (×) 사회적 자본은 참여주의와 공동체주의를 바탕으로 하는 1990년대 신국정관리론과 밀접하게 관련된다. 신행정론은 1960년대 이론이다.

11 ③

① (○) 동질과 이질, 안정과 변동 등이 불확실성의 수준에 영향을 주는 요소이고, 풍족과 궁핍, 집중과 분산 등이 조직의 자원의존도에 영향을 주는 요소이다.

② (○) 환경과 조직구조의 상관성을 연구한 학자는 번스와 스톡, 로렌스와 로쉬 등이다.

③ (×) 구조적 상황론은 개별조직이 놓여 있는 상황(규모·기술·환경 등)과 조직구조의 적합성 여부가 조직의 성과를 좌우한다고 본다. 즉, 조직이 처한 상황이 다르면 효과적인 조직설계 및 관리방법도 달라져야 한다는 주장이다.

④ (○) 불확실한 환경에서는 다른 부서와의 수평적 협력이 강조되므로 매트릭스조직과 같은 탈관료제 모형이 등장할 것이다.

12 ④

① (○) 균형성과표는 기업의 사명과 전략을 측정하고 관리할 수 있는 포괄적 측정지표로, 추상성이 높은 비전에서부터 구체적인 성과지표로 이어지는 위계적 체제를 가진 조직의 평가지표이다. 전통적 지표인 재무적 관점은 전략(미래)과 연관되어 있지 않은 과거의 정보이며 사후적 결과만을 강조하기 때문에 미래 경쟁력에 대한 지표로 활용되기 곤란하였기에 균형성과표가 개발되었다.

② (○) 잘 개발된 BSC는 구성원들에게 조직의 비전과 전략에 대한 설명기능을 지니고 있으므로 구성원 간 의사소통의 도구가 될 수 있다.

③ (○) BSC 역시 성과라는 최종 결과를 얻기 위한 관리기법이라는 점에서 TQM이나 MBO와 크게 다르지 않다. 다만 MBO가 결과에만 초점을 두고 있고 TQM은 외부 고객의 만족에 초점을 두고 있는 관리기법이라면 BSC는 결과뿐만 아니라 과정 그리고 외부뿐만 아니라 내부까지 모두 고려하는 포괄적 성과관리 기법이다.

④ (×) 균형성과표(BSC)는 재무적인 측면과 더불어 비재무적 측면 즉, 고객, 내부프로세스, 학습과 성장 등 기업의 성과를 종합적으로 평가하는 성과기록표이며, 현재의 기업 상황을 평가하는 것뿐만 아니라 미래에 대한 경고의 역할도 담당한다.

13 ④

④ (×) 「지방자치분권 및 지역균형발전에 관한 특별법」에 의해 설치되어 있는 기관은 주민자치회이다.

	주민자치위원회	주민자치회
법적 근거	지방자치법 및 관련 조례	지방자치법 및 관련 조례
위상	읍·면·동 자문기구	주민차치 협의·실행기구
위촉권자	읍·면·동장	시·군·구청장
대표성	지역유지 중심, 대표성 미약	주민대표성 확보
기능	주민자치센터 프로그램 운영 및 심의 (문화, 복지, 편익 기능 등)	주민자치사무, 협의 및 자문 사무(읍·면·동 예산협의회 관련 사무 등), 지방자치단체가 위임·위탁하는 사무처리 등
재정	읍·면·동사무소 지원 외에 별도 재원 거의 없음	자체재원(회비, 수익·위탁사업 수입, 사용료 등), 기부금 등 다양
지방자치 단체와의 관계	읍·면·동 주도로 운영	대등한 협력 관계

14 ④

① (○) 공권력에 의해 공급량이 고정된 재화나 서비스의 독점적 공급으로 얻는 추가적 이익을 지대라 하며, 이를 얻기 위한 로비활동을 지대추구행위라 한다.

② (○) 생산성과 관계없이 정부의 허가나 면허를 받았다는 이유만으로 주어지는 절대지대를 말하며, 이러한 지대를 추구하기 위하여 정부를 상대로 경쟁을 벌이는 행위를 지대추구행위라 한다.

③ (○) 포획이론은 보호를 필요로 하는 경제주체들이 이익집단을 형성하여 정부를 설득해 자기에게 유리한 각종 규제정책을 이끌어내는 현상을 설명하는 이론이다.

④ (×) 새로운 위험만 규제하다 보면 사회의 전체 위험 수준은 증가하는 상황은 규제의 역설과 관련된다.

15 ①

① (×) 정책이 달성하려는 장기 목표와 중·단기 목표들을 잘 달성했는지에 초점을 맞춘 모형은 목표모형이다.

② (○) 논리모형은 프로그램의 요소들과 해결하려고 하는 문제들 사이의 논리적 인과관계를 투입 → 활동 → 산출 → 결과로 정리해 표현해주는 하나의 다이어그램을 말한다. 정책이 특정 성과를 산출하기 위해 어떤 논리적 인과구조를 가지고 있는지를 명시적으로 보여주어 정책집행 과정 및 성과를 명확히 평가할 수 있도록 해준다.

③ (○) 논리모형은 정책이 핵심적으로 해결하려는 문제 및 정책의 결과물이 무엇인지를 명확히 해주기 때문에 정책형성 과정의 인과관계에 대한 가정의 오류와 정책집행 실패를 구분할 수 있도록 해서 평가의 타당성을 제고한다.

④ (○) 성과평가에 관한 목표모형은 의도했던 장기 목적과 중·단기 목표들을 달성했는지에 초점을 맞춘 평가모형이다.

16 ④

① (○) 상실요인은 실험기간 중 구성원의 (일부) 탈락으로 인하여 나타나는 오차이다.

② (○) 구성원의 상실로 그 결과가 왜곡되는 것을 상실요인이라 한다.

③ (○) 무작위배정을 통해 두 집단의 동질성을 높인다면 선발요인을 제거할 수 있고, 사전 측정을 통해 집단별 성적의 분포비율을 알 수 있다면 탈락으로 인해 나타나는 효과를 제거할 수 있을 것이다.

④ (×) 호손효과 또는 실험조작의 반응효과에 대한 설명으로, 이는 외적타당성을 저해하는 요인이다.

17 ①

① (○) 이밖에도 행정의 전문성과 생산성의 저하, 인사기술상 어려움 등이 한계점으로 지적되고 있다.

② (×) 양성평등채용목표제는 공직구성의 성비 불균형을 해소하기 위해 특정한 성이 일정한 비율을 넘지 않게 합격자를 조정하는 제도로 대표관료제 혹은 균형인사정책의 한 유형이다. 한편, 대표관료제는 능력과 자격을 부차적 임용기준으로 삼기 때문에 행정의 전문성과 생산성을 저하시킬 수 있다.

③ (×) 인사청문회는 국민의 대표인 국회에 의한 고위공무원의 임명을 위한 사전 검증수단으로, 고위공무원의 민주성과 전문성을 검증하는 장치이기는 하지만 대표관료제와는 직접적 관련성이 낮다.

④ (×) 대표관료제는 헌법에 규정된 진보적 평등에 기여하며, 역차별의 문제점을 지니지만 실적주의가 빚어놓은 폐단을 시정하기 위하여 또는 실적주의의 문제점을 보완하기 위하여 다양한 형태로 도입되어 있다.

18 ❸

① (×) 차관수입, 채권, 용역의 판매수입과 같은 세외수입이 발생했을 경우는 특별회계의 설치요건에 해당하지 않는다.
② (×) 교육비특별회계는 시·도에 설치되어 있다. 시·도의 교육·학예에 관한 경비를 따로 경리하기 위하여 당해 지방자치단체에 교육비특별회계를 둔다.
③ (○) 중앙정부의 기업특별회계에는 5개(우편사업, 우체국예금, 양곡관리, 조달, 책임운영기관특별회계)가 있다.
④ (×) 특별회계는 일반회계로부터 전입금을 받을 수도 있고 그 잉여금을 일반회계로 전입시킬 수도 있다.

19 ❹

① (×) 행정부처의 장이 실무부서에게 지출을 할 수 있는 권한을 부여한다는 것은 예산의 재배정이다.
② (×) 예산의 재배정은 예산의 배정을 받은 각 중앙관서의 장이 산하기관에게 나눠주는 절차이다.
③ (×) 예산배정계획은 분기별로 작성하며, 국회의 심의는 필요하지 않다.
④ (○) 기획재정부장관은 예산배정요구서에 따라 분기별 예산배정계획을 작성하여 국무회의 심의를 거친 후 대통령의 승인을 얻어야 하며, 이를 각 중앙관서의 장에게 배정한 때에는 감사원에 통지하여야 한다.

20 ❶

① (○) 자치경찰사무를 처리하기 위하여 도지사 소속으로 자치경찰단을 두며, 국가경찰과 자치경찰 간의 사무분담과 사무수행방법은 도지사와 제주자치도 지방경찰청장이 협약으로 정하여 공표하여야 한다.
② (×) 제주특별자치도의 경우 자치계층은 단층제이지만 행정계층은 3~4계층제이므로 자치계층과 행정계층이 일치하지 않는다.
③ (×) 세종특별자치시의 관할구역에는 시·군·자치구를 두지 아니한다. 광역시에는 자치구뿐만 아니라 군도 설치할 수 있다.
④ (×) 시의 설치기준에는 인구의 수를 규정하고 있지만 광역시에는 인구의 수에 관한 규정이 없다.

제6회 동형모의고사 정답 및 해설

01	02	03	04	05	06	07	08	09	10
①	④	③	②	①	③	②	①	④	③
11	12	13	14	15	16	17	18	19	20
②	④	①	③	④	③	②	④	④	③

01 ❶

① (×) 다른 사람을 다르게 취급하고 있으므로 수직적 형평성에 해당한다.
② (○) 실적의 차이에 따른 차등적 배분을 강조할 경우 실적이론은 수직적 형평성에 바탕을 둔 기준이다.
③ (○) 소득이 다르므로 다르게 세금이 부과되어야 한다는 의미이며, 이는 수직적 형평성에 해당한다.
④ (○) 현 세대와 다음 세대라는 시대의 차이가 있으므로 일반적으로 수직적 형평성의 개념으로 사용된다. 다만, 수익자부담의 원칙이라는 측면에서 본다면 수평적 형평성으로도 볼 수 있다.

02 ❹

① (○) 다원주의는 특정 집단에 의한 정책과정의 독점을 부정하며, 다양한 집단들의 상호작용을 통한 정치적 균형과 타협을 강조한다. 또한 정책결정의 주도자 논쟁에서 다원주의는 사회 중심적 접근법이다. 반면, 조합주의는 국가 중심적 접근법이다.
② (○) 다원주의는 권력의 원천이 특정 집단에 독점되어 있지 않고 여러 집단에 분산되어 있다는 이론으로, 이러한 이익집단 간 견제와 균형이 민주주의의 핵심적 요소라고 주장한다.
③ (○) 다원주의는 다양한 이익집단들이 경쟁하는 체제로, 이익집단들은 기본적은 게임의 규칙을 준수하여야 하며 정부는 이러한 게임규칙의 준수를 감시하는 중립적 심판자의 역할을 수행한다.
④ (×) 다원주의에 의하면 이익집단들은 개별적인 영향력의 차이는 있지만 상호견제와 중복회원 등으로 인해 이익집단들 간 전체적인 영향력은 균형을 유지한다고 본다. 이에 따라 각종 이익집단들은 정책과정에의 동등한 접근성을 가지며, 정부는 중립적 입장에서 각 집단의 이익을 조정하는 심판자의 역할을 수행한다고 본다.

03 ❸

① (×) 특별지방행정기관의 수는 지방자치가 본격적으로 부활하였던 1980년대 말부터 급격히 증가하였다.
② (×) 농촌진흥청은 농림축산식품부에 부는 중앙행정기관이다.
③ (○) 특별지방행정기관은 해당 업무의 전문성과 특수성으로 인하여 자치단체 또는 그 기관에 위임하여 처리하는 것이 적합하지 않을 때 이의 효율적·광역적 추진을 위해 설치할 수 있다.
④ (×) 특별지방행정기관의 관할 범위가 넓어지면 고객의 편리성은 저하된다.

04 ❷

① (×) 공정거래위원회는 국무총리 소속의 중앙행정기관이고, 특허청은 산업통상자원부장관 소속의 중앙행정기관이다. 문화재청은 문화체육관광부장관 소속의 중앙행정기관이다.
② (○) 중앙행정기관과 합의제 행정기관은 법률로써 설치한다.
③ (×) 방송통신위원회는 방송과 통신에 관한 규제와 이용자 보호 등의 업무를 수행하기 위하여 대통령 소속으로 설치된 위원회로, 「정부조직법」에 따른 중앙행정기관으로 본다.
④ (×) 금융감독원은 「금융위원회의 설치 등에 관한 법률」에 의해 금융위원회의 지도·감독을 받아 금융기관에 대한 검사·감독업무 등을 수행하기 위하여 설립된 무자본의 특수법인이다.

05 ❶

① (○) 로렌츠 곡선은 계층별 소득분포에서 인구의 누적점유율과 소득의 누적점유율의 대응관계로, 대각선일 경우 소득분배는 완전한 균등상태이다. 그러나 지역 간 비교가 어렵다는 단점을 지니고 있어 지니계수로서 이를 보완하고 있다.
② (×) 로렌츠곡선이 45° 대각선이 되면 지니계수는 0이 되고, 이는 완전한 소득균등배분이 이루어졌음을 의미한다.
③ (×) 지니계수는 기존의 소득배분 상태를 나타낼 뿐 미래를 예측하는 지표는 아니다.
④ (×) 지니계수는 0이면 완전균형 상태이고 1이면 완전불균형 상태이다. 따라서 지니계수가 증가하였다면 이는 소득재분배 활동이 제대로 수행되지 않았다는 의미이다.

06 ❸

① (×) 행정절차법 등은 협의형에 속하며 국민의 입법제안과 전자국민투표와 같은 것은 정책결정형에 속한다.
② (×) 옴부즈만 제도는 협의형에 속하지만 정보공개법은 정보제공형에 속한다.
③ (○) 국민신문고는 정부에 대한 민원·제안·참여, 부패·공익신고, 행정심판 등을 인터넷으로 간편하게 신청하고 처리하는 온라인 소통창구이고, 천만상상 오아시스 시스템은 서울시민의 상상과 제안을 정책으로 실현하기 위한 시민제안 창구이다.
④ (×) 'challenge. gov'는 오바마 정부에서 정책에 대한 민간의 아이디어를 공모하는 플랫폼이다. 시민 누구나 아이디어를 제시할 수 있으므로 시민을 프로슈머로 보는 프로그램이다.

07 ❷

① (○) 구조란 전체 구성요소들의 체계적 배열을 말한다. 과학적 관리법, 관료제 이론, 행정관리론 등과 같은 고전적 행정학에서 강조되었던 변수이다.
② (×) POSDCoRB는 최고관리자의 7대 기능 혹은 참모조직 원리의 두문자로, 하향적 관리의 특징을 지닌다.
③ (○) P는 기획(Planning)으로, 목표달성을 위한 구체적인 집행전략을 말하고 O는 조직화(organizing)로, 목적달성을 위한 구조편제를 말한다.
④ (○) Co는 목표달성을 위해 집단적 활동을 결집하는 조정(Coordinating)이고 B는 예산(Budgeting)으로, 물적 자원의 편성과 관리를 말한다.

08 ❶

① (×) 넛지란 어떤 선택을 금지하거나 경제적 유인을 크게 변화시키지 않으면서 사람들의 행동을 변화시키는 선택설계의 제반 요소를 의미한다.

	신공공관리론	넛지 이론
이론의 학문적 토대	신고전학파 경제학, 공공선택론	행동경제학
합리성	완전한 합리성, 경제적 합리성	제한된 합리성, 생태적 합리성
정부역할의 이념적 기초	신자유주의, 시장주의	자유주의적 개입주의
정부역할의 근거와 한계	시장실패와 제도실패, 정부실패	행동적 시장실패와 정부실패
공무원상	정치적 기업가	선택설계자
정부정책의 목표	고객주의, 개인의 이익 증진	행동변화를 통한 삶의 질 제고
정책수단	경제적 인센티브	넛지
정부개혁 모델	기업가적 정부	넛지 정부

09 ❹

① (×) 전통적 요소와 현대적 요소가 동시에 존재하는 것을 이질혼합성(heterogenity)이라 하며, 이는 개발도상국의 특징이다.
② (×) 행정의 모든 일들이 일반적이고 상식적인 수준에서 해결되어야 한다고 생각하는 일반주의는 개발도상국의 특징이다.
③ (×) 발전도상국은 프리즘 사회이다. 융합사회는 가치가 융합된 농업사회를 말한다.
④ (○) 발전도상국은 융합사회와 분화사회의 특징을 동시에 지닌 프리즘 사회이다. 리그스(F. Riggs)에 의하면 이러한 프리즘 사회에서는 혈연과 지연에 의존하는 연고주의, 현대규범과 전통규범의 혼재, 정찰가격이 없고 거래될 때마다 개별적으로 결정되는 바자(bazaar)-캔틴(canteen), 단기 투기성 투자 등의 특징이 나타난다.

10 ❸

① (○) 수단적 학습은 정책개입이나 집행설계의 실행가능성에 초점을 둔다. 즉, 집행수단이나 기법에 치중하며, 학습된 집행수단을 적용한 후 그 변화가 정책성과로 연결되었다면 성공적이다.
② (○) 사회적 학습은 정책 또는 사회적 구성에 관한 학습으로, 사업목표에 대한 태도와 정부활동의 본질적 타당성까지도 검토하며, 정책문제에 내재하는 인과이론을 더 잘 이해할 수 있었다면 성공적이다.
③ (×) 정치적 학습이란 주어진 정책적 사고나 문제를 주장함으로써 그 주장을 더 정교하게 다듬기 위한 전략에 관한 학습으로, 새로운 정치적 정보를 습득하여 그들의 전략과 전술의 변화를 도모할 때 주로 나타난다. 단순한 프로그램 관리의 조정수준을 넘어서 정책의 목적들과 정부 행동들의 성격과 적합성까지 포함하는 것은 사회적 학습이다.
④ (○) 사회적 학습은 정책 또는 사회적 구성에 관한 학습으로, 사업목표에 대한 태도와 정부활동의 본질적 타당성까지도 검토하며, 정책문제에 내재하는 인과이론을 더 잘 이해할 수 있었다면 성공적이다.

11 ❷

① (×) 다중합리성모형은 정부예산의 과정론적 접근방법이다.
② (○) 다중합리성모형은 정부예산의 성공을 위해서는 예산과정 각 단계에서의 예산활동 및 행태를 구분해야 함을 강조한다.
③ (×) 다중합리성모형은 예산과정과 정책과정 간 연계점의 인식틀을 제시하기 위하여 킹던(J. Kingdon)의 정책결정모형과 루빈(I. Rubin)의 실시간 예산운영모형을 통합하고자 하였다.
④ (×) 서메이어(K. Thumaier)와 윌로우비(K. Willoughy)의 다중합리성모형은 중앙예산기관의 예산분석가들이 예산결정을 할 때 복수의 합리성 기준을 적용한다는 이론이다.

12 ❹

① (×) 불요불급한 지출을 억제하고 감축관리를 지향하는 예산제도는 영기준예산이다.
② (×) 목표관리예산제도(MBO)는 상향적 흐름과 단기적 시각을 특징으로 한다.
③ (×) 행정기관 및 사업의 수명을 설정하고 주기적 심사를 통해 그 존속과 폐기의 여부를 결정하도록 하는 것은 일몰법이다.
④ (○) 목표관리(MBO)는 상향적이고 분권적인 흐름을 통해 구체적이고 가시적이며 양적인 단기목표의 설정을 강조한다.

13 ❶

① (○) 기업가적 정부를 강조하는 정부재창조는 정부에 의한 직접적인 서비스 공급보다는 시민들이 스스로 할 수 있게 해주는 권한부여 방법을 강조한다.
② (×) 기업가적 정부는 직접적인 서비스 제공(service)보다는 할 수 있게 해주는 권한부여(empowering)를 강조한다.
③ (×) 행정가치의 측면에서 기업가적 정부는 효율성과 효과성을 추구하며, 형평성과 민주성 등을 간과한다는 비판을 받는다.
④ (×) 기업가적 정부는 투입이나 과정보다는 성과를 강조한다.

14 ❸

① (×) 「근로기준법」의 적용은 보호적 규제정책에 해당된다.
② (×) 독과점 규제는 보호적 규제정책에 해당한다.
③ (○) 조세, 병역, 물자수용, 노력동원 등과 관련된 정책은 추출정책이다.
④ (×) 2002년 월드컵 경기대회의 개최는 국민의 일체감을 높이기 위한 상징정책이다.

15 ❹

① (×) 혼잡통행료라는 정책의 실시 전후에 유류가격의 급등이라는 상황(우연한 사건)이 발생하여 정책의 효과를 교란시키는 것은 역사요인에 속한다. 검사요인(testing)은 동일한 시험문제를 실험 전과 후에 사용한 경우처럼, 실험 전 측정이 실험에 영향을 주는 학습에 의한 변이를 말한다.
② (×) 실험(testing)효과는 정책 및 프로그램의 실시 전후 유사한 검사를 반복하는 경우에 시험에 친숙도가 높아져 측정값에 영향을 미치는 경우를 말한다. 순전히 시간의 경과 때문에 발생하는 조사대상 집단의 특성 변화는 성숙효과이다.

③ (×) 측정자와 측정방법이 달라짐으로써 측정결과에 영향을 미치는 것은 측정도구요인이다. 시험효과(측정요인)는 동일한 시험문제를 실험 전과 후에 사용한 경우처럼, 실험 전 측정이 실험에 영향을 주는 학습에 의한 변이 현상으로, 2개의 실험집단과 2개의 통제집단을 사용하는 솔로몬 4집단 설계방법이 해결책으로 제시된다.

④ (○) 모방효과는 실험집단의 실험내용을 통제집단의 대상들이 따라하는 현상으로, 이는 실험집단과 통제집단을 자연과학의 실험처럼 완전히 분리·차단할 수 없기 때문에 발생하는 내적타당성의 저해요인이다.

16 ③

① (○) 로크(E. Locke)의 목표설정이론은 개인의 성과는 목표의 특성(구체성 및 난이도)에 의해 결정되고, 그 영향의 정도는 상황요인에 따라 달라진다는 이론이다. 그에 의하면 구체적 목표는 개인에게 노력의 방향을 제시하며, 곤란성이 높은 도전적 목표는 노력의 강도를 높여준다. 한편, 환류는 동기를 유발하여 높은 수준의 목표설정을 유도하며, 참여적 목표설정은 목표의 수용과 몰입을 촉진한다.

② (○) 조작적 조건화는 스키너의 연구로, 반응을 이끌어 내기 위해 외적 자극을 조작하는 이론이다.

③ (×) 행동을 결정하는 데 외적 자극뿐만 아니라 내적 기대 등도 함께 영향을 미친다는 주장은 사회학습이론과 관련된다.

④ (○) 잠재적 학습이론은 학습의 성립에 필요한 것으로 간주되는 보수나 반응이 없는데도 불구하고, 잠재적으로 이루어지는 학습이다. 욕구충족이 학습 성립의 필요조건이라는 강화설에 반대하는 인지설의 근거이다. 처음으로 남의 집을 찾아갈 때, 이전에 그 집 근처를 아무런 목적 없이 산책한 경험이 있었다면 쉽게 찾을 수 있는데, 이는 골목 모퉁이나 건물 등의 관계가 인지되어 있기 때문이다.

17 ②

② (×) 성과와 보상의 관계는 수단성으로 표현된다. 유의성은 보상에 대한 주관적 만족감을 의미한다.

브룸(V. Vroom)의 기대이론(1964)

① 욕구의 충족과 동기유발 간 직접적 인과성 부정 → 전통적인 욕구이론에 주관적 기대(→ 가능성)라는 개념의 추가
② **성과에 영향을 미치는 요인** : 노력, 직무수행능력, 환경요인 등
③ 보상의 내용이나 실체보다는 보상에 대한 개인적 매력에 초점 → 내용이론의 보완
④ **동기유발과정**
  ㉠ **기대(expectancy)** : 노력이 1차 수준의 성과를 가져온다는 주관적 확률(→ 0~1)
  ㉡ **수단성(instrumentality)** : 1차 결과가 보상을 가져올 것이라는 믿음의 강도(→ -1~+1)
  ㉢ **유인가(valence)** : 2차 수준의 결과(→ 보상)에 대한 개인적 선호의 강도(→ -n~+n)

18 ④

① (×) 감수성훈련은 대인적 지각과 수용능력을 제고하고자 하는 훈련이다. 창의적인 아이디어의 개발과는 무관하다.

② (×) 감수성훈련은 외부 환경으로부터 차단된 인위적 상황에서 10명 내외의 낯선 사람들의 비정형적 접촉을 통해 대인적 지각과 수용능력을 제고하고자 하는 훈련이다.

③ (×) 실험실훈련(감수성훈련)은 낯선 사람들 간의 비정형적 접촉을 통해 대인적 지각과 수용능력을 제고하고자 하는 훈련이다.

④ (○) 감수성훈련은 정서적 접촉과 토의의 과정에서 얻어지는 집단 내의 자신의 위치에 대한 이해, 대인관계의 이해 등을 통해 인간관계의 개선을 추구한다.

19 ④

① (×) 셍게(P. Senge)의 학습조직은 공동의 비전과 집단학습을 강조한다.

② (×) 기존의 운영규범 및 지식체계 하에서 오류를 발견하고 수정해나가는 것은 단일고리학습이다. 이중순환고리학습은 학습과정에서 높은 수준의 통찰력이 요구되지만, 학습효과는 장기적으로 광범위하게 천천히 나타난다. 학습효과가 빠르고 국소적으로 나타나는 것 역시 단일고리학습이다.

③ (×) 학습과정의 안정성이 필요하므로 개방적인 조직보다는 폐쇄적인 조직 하에서 발생할 가능성이 높고, 기존의 운영규범 및 지식체계 하에서 오류를 발견하고 수정해나가는 것은 단일순환고리학습이다.
④ (○) 하이퍼텍스트구조에서 프로젝트조직은 지식의 창조를 담당하고, 관료제는 지식의 활용을 담당하며, 지식기반층은 지식의 축적과 교환 및 변환을 담당한다. 그리고 중간관리자가 변화관리자로서의 역할을 수행한다.

20 ❸

① (×) 원래의 분석에서 사용해야 할 값 대신 다른 값을 대치하여 분석하는 것은 민감도분석이다.
② (×) 두 개 이상의 표본에 대한 평균차이를 검정하는 것은 분산분석이다. 분산분석은 두 개 이상 집단들의 평균을 비교하는 통계분석 기법으로, 두 개 이상 집단들의 평균 간 차이에 대한 통계적 유의성을 검증하는 방법이다. 한편, 경로분석은 변수들이 상호 어떻게 영향을 주고받는가를 보여주는 경로 그림에 의해 나타내고 이를 관찰된 자료와 비교하는 방법이다.
③ (○) 의사결정나무 모형은 불확실한 상황에서 확률의 추정과 새로운 정보의 투입에 의한 확률의 수정을 통해 합리적 의사결정을 하려는 분석기법으로, 다단계 의사결정 또는 축차적 결정으로 불린다.
④ (×) 여러 사람이 모여서 자유분방하게 의견을 교환하는 질적 분석기법은 브레인스토밍이다.

제7회 동형모의고사 정답 및 해설

01	02	03	04	05	06	07	08	09	10
④	①	④	①	④	④	④	③	④	②
11	12	13	14	15	16	17	18	19	20
④	②	①	④	①	①	②	③	④	④

01 ④

① (×) 계획예산제도가 제도의 설계나 준비과정이 미흡하여 그 성과를 거두지 못하였지만, 이를 보완하면 효과적인 예산제도라고 옹호한 학자는 쉬크(A. Schick)이다.
② (×) 예산의 분석적 측면만 강조하는 계획예산제도는 예산과정의 정치성을 감안할 때 출발부터 잘못된 제도라고 비판한 학자는 윌다브스키(A. Wildavsky)이다.
③ (×) 계획예산은 조직 간 장벽을 제거한 상태 즉, 국가 전체적 입장에서 거시적 정책의 구조화된 분석을 강조한다.
④ (○) 품목별예산은 투입물에 대한 통제를 강조하므로 회계학적 지식이 필요하고 계획예산은 미래예측과 대안의 화폐가치를 중시하므로 이를 계량화할 수 있는 경제학적 지식이 요구된다.

02 ①

① (○) 아지리스(C. Argyris)의 성숙-미성숙이론은 미성숙 상태의 인간이 성공의 경험을 축적하면서 성숙한 인간으로 변한다는 이론이다. 또한 전통적인 관료제는 미성숙을 가정한 관리방식을 고수하므로 인간의 성숙성을 제약하는 원인이 될 수 있다고 보았다.
② (×) 감독자와 부하의 관계는 허즈버그(F. Herzberg)의 불만요인(위생요인)에 속한다.
③ (×) 미성숙-성숙이론은 아지리스(C. Argyris)의 이론이다.
④ (×) 직무특성이론에서 성장욕구가 약할 때에는 좀 더 정형화된 단순 직무를 부여하는 것이 바람직하다.

03 ④

① (×) 듀브닉(M. Dubnick)과 롬젝(B. Romzek)은 관료적 책임, 법률적 책임, 전문가적 책임, 정치적 책임으로 분류하였다.
② (×) 내부지향적이고, 통제의 정도가 높은 책임성은 관료적 책임성이다.
③ (×) 공무원 신분보장의 강화는 행정통제를 어렵게 하는 요인이다.
④ (○) 행정절차의 명확화는 업무처리에 관한 예측가능성을 높이며, 절차적 적법성을 통하여 분쟁을 사전에 예방하는 기능을 수행할 수 있다.

04 ①

① (○) 강한 조직문화는 조직의 통제력을 강화시키는 요인이 되며, 보다 확고한 조직의 정체성을 제공하기에 경계를 둘러싼 갈등을 최소화할 수 있다.
② (×) 강한 조직문화는 자기 문화에 대한 정체성이 강하여 새로운 문화를 받아들이는데 저항적일 수 있다.
③ (×) 조직의 성숙 및 쇠퇴 단계에서는 조직문화가 조직혁신의 제약요인으로 작용한다.
④ (×) 다문화적 조직은 문화적 다양성의 긍정적 가치를 존중하는 조직으로, 집단 간 갈등은 낮은 편이다. 다른 문화를 포용하지만 문화적 이질성이 높은 조직으로, 집단 간 갈등수준이 상당히 높은 것은 다원적 조직이다.

05 ④

① (×) 지방자치단체의 장은 주민 또는 지방의회의 청구에 의하거나 직권에 의하여 주민투표를 실시할 수 있다.
② (×) 지방자치단체의 예산·회계·계약 및 재산관리에 관한 사항은 주민투표의 대상에서 제외된다.
③ (×) 주민투표는 지방자치단체의 주요 사항을 주민이 직접 결정하는 것으로 직접민주주의의 구현수단이다. 그러나 이는 대의제를 보완하기 위한 장치이지 이를 대체하기 위한 제도는 아니다.

④ (○) 법령에 위반되거나 재판 중인 사항과 국가 또는 다른 지방자치단체의 권한 또는 사무에 속하는 사항 등은 주민투표의 대상에서 제외된다.

06 ④

④ (×) 피터슨(P. Peterson)에 의하면 지방정부는 개발정책, 할당정책, 재분배정책 순으로 선호순위가 높다.

> ① 전통적 연구(→ 누가 지배하는가?에 초점), 성장기구론(→ 무엇을 위해 지배하는가?에 초점)
>   ㉠ **중앙정치** : 다양한 정치경제적 이해관계 중심
>   ㉡ **지방정치** : 주로 토지의 가치(→ 교환가치 + 사용가치) 중심
> ② 성장연합(→ 교환가치 강조 → 개발업자), 반성장연합(→ 사용가치 강조) → 대체로 성장연합의 우위성 강조

07 ④

④ (×) 보조금이나 벌금은 가시성이 높고, 조세지출은 수혜 대상자와 효과가 명확하게 드러나지 않아 가시성이 낮다.

08 ③

① (○) 일선관료들은 집행의 성과에 대한 모호한 기대와 이율배반적인 업무 목표로 인해 정책목표를 달성하기 곤란한 경우가 많다.
② (○) 일선관료는 고객 접점이므로 서면업무보다는 인간적 차원의 대면업무(다양성) 처리가 요청된다.
③ (×) 립스키(M. Lipsky)에 의하면 일선관료제는 정책고객을 고정관념에 따라 유형화하여 각각의 집단에 대해 대응책을 달리하는 방식을 취한다.
④ (○) 립스키(M. Lipsky)에 의하면 일선관료는 자원의 부족에 대처하기 위하여 관례화·정형화시키거나 할당방식의 업무처리를 행한다.

09 ④

① (×) 역사요인, 성숙요인, 회귀요인은 모두 내적타당성을 저해하는 요인이다.
② (×) 선발과 성숙의 상호작용은 내적타당성을 저해하는 요인이다.
③ (×) 정책평가에 있어서 조건이 양호한 집단을 대상으로 정책을 실시하는 것은 크리밍효과의 문제점을 야기할 수 있다.

④ (○) 동일집단에 여러 차례 실험을 하는 경우 실험조작에 익숙해진 실험집단으로부터 얻은 결과를 처치를 전혀 받지 않은 집단에게 일반화하기 곤란한 경우를 다수처리에 의한 간섭이라 하며, 외적타당성의 저해요인이다.

10 ②

① (×) 공직자의 병역사항 신고의무는「공직자 등의 병역사항 신고 및 공개에 관한 법률」에 규정되어 있다.
② (○) 한국은행, 공기업, 정부의 출자·출연·보조를 받는 기관·단체, 지방공사, 지방공단 등이 공직유관단체로 지정될 수 있다.
③ (×) 원칙적으로 재산등록의무자는 4급 이상의 공무원이다.
④ (×)「공직자윤리법」에 근거하여 재산을 공개하여야 하는 의무자에는 국가정보원의 기획조정실장, 고등법원 부장판사급 이상의 법관과 대검찰청 검사급 이상의 검사, 중장 이상의 장관급 장교, 치안감 이상의 경찰공무원, 소방정감 이상의 소방공무원, 지방국세청장 및 3급 공무원 또는 고위공무원단에 속하는 공무원인 세관장 등이 있다.

11 ④

① (×) 위생이론과 동기이론으로 구분한 학자는 허즈버그(F. Herzberg)이다. 맥그리거(D. McGregor)는 전통적 조직이론의 인간관을 X이론으로, 새로운 조직이론의 인간관을 Y이론으로 구분하였다.
② (×) 매슬로우(A. Maslow)의 5단계 욕구범위를 3가지로 수정하여 욕구좌절에 따른 후진적·하향적 퇴행을 제시한 학자는 앨더퍼(C. Alderfer)이다.
③ (×) 인간을 미성숙에서 성숙 상태로 성장한다고 본 학자는 아지리스(C. Argyris)이다.
④ (○) 허즈버그(F. Herzberg)에 의하면 불만요인(위생요인)은 동기부여의 필요조건이나 충분조건은 되지 못한다. 즉, 불만요인의 제거는 작업의 손실을 막아줄 뿐(단기적 효과) 생산성을 높여줄 수는 없다.

12 ②

① (○) 비수락성은 결과는 알지만 만족하지 못하는 상황이고, 비비교성은 결과는 알지만 어떤 대안이 최선인지를 모르는 상황이다. 그리고 불확실성은 대안의 결과를 모르는 상황을 의미한다.

② (×) 의사결정자가 각 대안의 결과를 알고는 있으나 대안 간 비교 결과 어떤 것이 최선의 결과인지를 알 수 없어 발생하는 개인적 갈등의 원인은 비비교성이다. 비수락성은 각 대안의 예상 결과를 알지만 대안들이 만족 기준을 충족시키지 못해 선택에 곤란을 겪게 되는 갈등 상황이다.
③ (○) 타협은 일부는 양보하고 일부는 요구하여 합의에 이르게 하는 갈등의 해소책이다.
④ (○) 토마스(K. Thomas)는 내가 상대방의 요구에 얼마나 협조적(cooperativeness)인가 그리고 내가 나의 목적을 얼마나 주장하는가를 기준으로 갈등의 유형을 경쟁, 제휴, 타협, 회피, 수용 5가지로 나누고 있다.

13 ❶

① (○) 상향적 접근법은 문제해결을 위한 일선관료의 전문지식과 재량을 강조한다. 반면, 하향적 접근법은 법적 구조화를 중시한다.
② (×) 체크리스트로서 집행과정을 점검하는 데 사용할 수 있는 것은 하향적 접근방법이다.
③ (×) 프레스만(J. Pressman)과 윌다브스키(A. Wildavsky)는 하향적 접근방법을 주장한 학자들이다.
④ (×) 상향식 정책집행 연구는 일선현장에서 정책집행에 종사하는 전문성을 띤 공무원이 정책집행에 가장 큰 영향력을 행사하는 행위자이며, 이들을 중심으로 정책집행을 이해하는 접근방법이다. 엘모어(R. Elmore)는 이런 접근방법을 후방접근법(backward mapping)이라고 했다.

14 ❹

① (×) 예산결산특별위원회는 예산안과 결산을 심사하기 위하여 설치된 상설위원회로, 의장이 선임한 50인 이내의 위원과 소위원회 및 분과위원회로 구성되어 있다. 그러나 특별위원회이지 상임위원회는 아니다.
② (×) 예산결산특별위원회는 예산안과 결산을 심사하기 위하여 설치된 상설위원회이다. 즉, 예산이 성립되었다고 하여 해체되는 것은 아니다.
③ (×) 예산결산특별위원회 회의에 대한 비공개 규정은 존재하지 않으므로 회의의 일반적 원칙에 의거하여 공개된다.
④ (○) 정부가 제출한 예산안에 대해 예산결산특별위원회에서 세부 내역을 조정하는 활동을 계수조정이라 한다. 계수조정소위원회에서 계수조정이 끝나면 예산결산위원회 전체 회의에 그 조정결과가 보고되어 승인을 받아야 한다.

15 ❶

① (○) 참여정부는 사전재원배분, 국가재정운용계획, 성과관리제도, 디지털회계정보시스템 등을 4대 재정개혁의 과제로 설정하고 추진하였다.
② (×) 사업계획의 효과와 비용을 계량적·체계적 분석방법에 의하여 대비시켜 목표달성을 위한 합리적인 대안선택과 자원배분을 모색하는 제도는 계획예산제도이다.
③ (×) 조직의 비전과 목표를 설정한 후 이를 기반으로 부서단위의 목표 그리고 개인단위의 목표로 내려가는 성과관리제는 하향적 흐름을 지닌 조직관리 기법이다.
④ (×) 성과관리란 재정사업의 목표와 성과지표를 설정하고 지표에 의한 평가결과에 대한 정보를 다시 예산편성에 반영하여 예산집행의 효율성을 제고하기 위한 제도로, 민주성보다는 효율성의 향상에 직접적인 초점이 있다.

16 ❶

① (×) 권한과 책임의 한계를 분명하게 하는 장치는 계선이다.
② (○) 보조기관은 명령복종의 관계를 가지며 수직적·계층적 구조를 형성하는 계선기관을 말하며, 보좌기관은 계선기관이 원활하게 활동하도록 지원하고 조성하며 촉진하는 막료기관을 말한다.
③ (○) 실무를 거쳐 승진하는 보조기관이 전문성을 가지고 조언하는 보좌기관보다 현실적이고 보수적이다.
④ (○) 담당관이란 행정조직의 경직화를 막고 급변하는 환경에 대처할 수 있도록 전문적 지식을 활용하여 정책 및 계획의 입안과 그 집행 등에 관하여 계선의 장을 보좌하는 참모기관을 말한다.

17 ❷

① (×) 연구자료를 중요사건기록법을 근거로 수집한 학자는 허즈버그(F. Herzberg)이다.
② (○) 복잡인관은 인간욕구의 복잡성과 변이성을 가정하며, 경험을 통해 새로운 욕구가 학습됨을 강조한다. 또한 인간을 조직에서의 역할에 따라 상이한 욕구를 추구하며, 욕구체계와 능력에 따라 상이한 관리전략에 순응하는 존재로 가정한다.
③ (×) 직무조직의 합리적 설계는 합리적 경제인관과 관련된다. 복잡인관은 상황적응적 조직관리를 강조한다.

④ (×) 복잡인관은 상황에 맞는 관리전략을 강조한다. 개인과 조직의 목표를 통합시킬 수 있는 전략을 우선적으로 취하여야 한다는 주장은 자아실현인관과 관련된다.

18 ❸

① (○) 조직의 내부에 초점을 두고 융통성을 강조하는 것은 인간관계모형으로, 인적자원의 개발과 능력의 발휘 및 구성원의 만족을 목적으로 하며, 응집력과 사기 등을 수단으로 활용한다.
② (○) 조직의 내부에 초점을 두고 통제를 강조하는 것은 내부과정모형으로, 안정성과 통제 및 감독을 목표로 하며, 정보관리와 의사소통 등을 수단으로 활용한다.
③ (×) 조직의 외부에 초점을 두고 통제를 강조하는 것은 합리목표모형으로, 생산성과 능률성 및 조직의 안정을 목표로 하며, 기획과 합리적 통제 등을 수단으로 활용한다. 성장 및 자원의 확보는 개방체제모형에서 강조한다.
④ (○) 퀸(R. Quinn)과 로보그(J. Rohrbaugh)의 경쟁가치접근법에서 내부과정모형은 조직의 효과성을 조직 속의 인간과 안정(통제)에서 찾고자 하는 접근법이다.

19 ❹

① (×) 분류구조와 보수체계가 복잡하고 융통성이 적은 것은 직위분류제이다.
② (×) 잠정적이고 비정형적인 업무로 구성된 역동적이고 불확실한 상황에 유용하나 각 계층의 구성원들이 자기집단 이익의 옹호에 집착할 가능성이 높은 것은 계급제이다.
③ (×) 신분보장이 강한 것은 계급제이다. 직무를 기반으로 공직을 구성하는 직위분류제의 경우 직무가 없어지거나 전문성이 약화될 경우 공직에서 배제될 가능성이 높으므로 계급제에 비하여 신분보장이 약하다.
④ (○) 사회의 수평적 분화가 이루어지고 산업사회가 고도화되면 공직의 분류 역시 업무의 성격에 맞게 세분화될 필요성이 높아지며 이에 따라 도입되기 시작한 것이 직위분류제이다.

20 ❹

① (×) 정부기술아키텍처란 업무, 응용, 데이터, 기술, 보안 등 조직 전체의 정보화 구성요소들을 통합적으로 분석한 뒤 이들 간의 관계를 구조적으로 정리하고 이를 통해 정보시스템을 효율적으로 구성하기 위한 방법으로, 그 기본계획은 행정안전부장관이 수립한다.
② (×) 정보의 수집·가공·저장·검색·송신·수신 및 그 활용과 관련되는 기기와 소프트웨어의 조직화된 체계는 정보시스템이다.
③ (×) 업무수행에 필요한 데이터, 업무지원응용시스템의 실행에 필요한 정보기술 등을 체계적으로 정리한 청사진으로서 전자정부추진의 기본 밑그림은 정보기술아키텍처이다.
④ (○) 전자정부의 우수성과 편리함을 국민에게 알리고 국제적 위상을 제고하는 등 지속적으로 전자정부의 발전을 촉진하기 위하여 매년 6월 24일을 전자정부의 날로 한다.

제8회 동형모의고사 정답 및 해설

01	02	03	04	05	06	07	08	09	10
④	③	①	③	②	④	②	④	③	②
11	12	13	14	15	16	17	18	19	20
①	②	③	④	④	③	③	③	③	③

01 ④

① (○) 이것을 일사부재의 원칙이라 한다.
② (○) 지방의회는 그 의결로 소속 의원의 사직을 허가할 수 있다. 다만, 폐회 중에는 의장이 허가할 수 있다.
③ (○) 지방의회의 의결은 원칙적으로 재적의원 과반수 출석과 출석의원 과반수 찬성으로 의결한다. 의장은 의결에 있어서 표결권을 가지며, 가부동수인 때에는 부결된 것으로 본다.
④ (×) 지방의회의 사무직원의 정수는 지방의회가 조례로 정하고, 사무직원은 지방의회의 의장이 임명한다.

02 ③

① (×) 딜런의 법칙이란 지방정부에 대한 주정부(중앙정부)의 우위성을 강조하는 이론으로 자치권의 전래권설과 관련된다.
③ (○) 설문은 오츠의 분권화 정리에 관한 내용이다.

지방정부의 독자성 논쟁

① **딜런의 법칙** : 영미의 개별적 지정주의와 관련, 주정부의 독립성 + 지방정부에 대한 주정부의 우위(→ 전래권설)
② **쿨리의 법칙** : 지방정부 자치권의 고유성 강조 → 고유권설

03 ①

① (○) 행정안전부장관은 지방자치단체의 장이 특별교부세의 교부를 신청하는 경우에는 이를 심사하여 특별교부세를 교부한다. 다만, 행정안전부장관이 필요하다고 인정하는 경우에는 신청이 없는 경우에도 일정한 기준을 정하여 특별교부세를 교부할 수 있다.
② (×) 중앙관서의 장은 기획재정부장관에게 보조금 예산을 요구하여야 한다.
③ (×) 자치구 조정교부금은 특별시와 광역시의 세원 중 대통령령으로 정하는 보통세 수입의 일정액을 조정교부금으로 확보하여 조례로 정하는 바에 따라 해당 지방자치단체 관할구역의 자치구 간 재정력 격차를 조정하는 제도다. 반면, 지방교육세는 목적세이다.
④ (×) 행정안전부장관은 지방자치단체가 소속 공무원의 인건비를 30일 이상 지급하지 못한 경우 해당 지방자치단체를 긴급재정관리단체로 지정할 수 있다.

04 ③

③ (○) 설문은 사회적 가치에 관한 내용이다. 한편, 사회적 가치란 사회의 구성원들이 기본적으로 갖추고 있어야 할 보편적인 것으로, 여기에는 권리, 자유, 권한, 기회, 그리고 소득이나 재산 등과 관련된 가치들이 포함된다.

05 ②

① (○) 여러 기관의 협력적 업무수행은 조직의 창의성 개발에 도움이 된다.
② (×) 중첩성(overlapping)은 기능이 여러 기관에 독립적으로 분할되어 있지 않고 혼합적으로 수행되며, 행정기관이 상호의존성을 가지면서 공동으로 관리하는 것이다. 동일한 기능을 여러 기관들이 독자적 상태에서 수행하는 것은 중복성(duplication)이다.
③ (○) 동등잠재력은 주된 조직이 작동하지 않을 때 다른 기관이 그 기능을 인수해서 수행하는 것으로 가외성의 방안 중 하나이며 오류의 가능성을 줄여주므로 조직의 신뢰성을 높일 수 있는 장치이다.
④ (○) 가외성은 불확실성에 대한 소극적 대응책이다. 즉, 최선의 답보다는 최악을 피하자는 것이다.

06 ④

① (×) 공해, 대중교통, 범죄 예방, 정부조직개혁 등 전체적 이슈, 전체적 편익, 부분적 비용을 가져오는 문제는 정책의제로 채택되기 곤란하다.
② (×) 전체적 편익을 가져오고 그 비용을 일부 집단이 부담할 경우 비용부담 집단의 반발로 인하여 의제채택이 어렵다.
③ (×) 체제의제가 먼저 일어나고 그 다음이 제도의제이다.
④ (○) 존스(C. Jones)는 정책의제설정단계를 문제의 인지와 정의, 결속과 조직화, 대표화, 의제채택 순으로 구분하였다.

07 ②

① (×) 명확한 정책목표에 의거하여 정책을 집행하는 것은 하향적 집행이다. 반면 버만(P. Berman)의 적응적 집행은 집행현장을 강조하는 상향적 성격의 정책집행이다.
② (○) 프로그램(사업)과 집행조직의 표준운영절차가 함께 변하는 것을 상호적응이라 한다.
③ (×) 행정을 통해 구체화된 정부프로그램이 집행을 담당하는 지방정부의 사업으로 받아들여지는 것은 채택이다.
④ (×) 지방정부가 채택한 사업을 실행사업으로 변화시키는 것은 미시적 집행이다.

08 ④

① (×) 역사적 신제도주의에 의하면 제도는 인간의 의지뿐만 아니라 기존 제도의 발달경로, 역사적 우연성, 새로운 아이디어 등의 우연한 결합 등에 의해서도 생성될 수 있다.
② (×) 역사적 신제도주의는 역사적 위기가 발생할 때 기존 제도의 균형은 단절되고 새로운 제도로 전환된다는 단절적 균형과 제도의 역동성을 받아들이므로 특정 제도가 급격한 변화에 의해 중단될 수 있음도 인정한다.
③ (×) 시차적 접근법은 원인변수의 작용 순서에 따라 결과변수와의 인과관계가 달라진다. 시차적 접근법에 의하면 변화 시작의 시간적 전후관계나 동반관계, 변화과정의 시간적 장단(長短)관계를 사회현상 연구에 적용하는 접근방법이다. 정책이 실제로 실행되는 타이밍, 정책대상자들의 학습시간, 정책의 관련요인들 간 발생순서 등이 정책효과를 다르게 할 수 있다고 주장한다.
④ (○) 시차적 접근법은 현상을 발생시키는 속성이나 행태가 주체에 따라 시간적 차이를 두고 변화되는 사실을 사회현상에 적용하는 연구방법으로, 같은 정책이라 해도 주체에 따라 시간적 차이가 발생할 수 있으므로 새로운 제도의 효과성을 평가하기 위해서는 어느 정도의 숙성기간을 고려하는 것이 바람직하다고 본다.

09 ③

① (×) 직제 또는 정원이 변경되거나 예산의 감소 등으로 직위가 폐직되었을 경우 한 등급 아래로 내리는 것은 강임이다.
② (×) 해임은 원칙적으로 퇴직급여의 삭감이 없다. 다만, 금품 및 향응수수, 공금의 횡령·유용으로 해임된 때에는 퇴직급여의 4분의 1까지 삭감될 수 있다.
③ (○) 탄핵 또는 징계에 의하여 파면된 경우 재직기간이 5년 미만인 사람의 퇴직급여는 그 금액의 4분의 1을 감액한다.
④ (×) 징계의결 등의 요구는 징계 등의 사유가 발생한 날부터 3년(금품 및 향응수수, 공금의 횡령·유용의 경우에는 5년)이 지나면 하지 못한다.

10 ②

① (○) 공무원(지방의회의원 포함) 또는 공직유관단체의 임직원은 외국으로부터 선물을 받거나 그 직무와 관련하여 외국인(외국단체 포함)에게 선물을 받으면 지체 없이 소속 기관·단체의 장에게 신고하고 그 선물을 인도하여야 한다.
② (×) 취업심사대상자는 퇴직일부터 3년 간 취업심사대상기관에 취업할 수 없다. 다만, 퇴직 전 5년 동안 소속하였던 부서 또는 기관의 업무와 취업심사대상기관 간에 밀접한 관련성이 없다는 확인을 받거나 취업승인을 받은 때에는 취업할 수 있다.
③ (○) 자신이 직접 처리한 업무는 퇴직 후에 취급할 수 없는데 이는 모든 공무원에게 적용된다.
④ (○) 근무한 기관이 처리한 업무와 관련된 업무는 2년 간 취급할 수 없으며, 이는 취업심사대상자(4급 이상 공무원)에게만 적용된다.

11 ①

① (○) 외부주도형의 경우 정부로 진입하는 단계에서 공식의제가 성립하지만, 동원형과 내부접근형의 경우 정책의 주도단계에서 이미 공식의제로 성립되어 있을 가능성이 높다.

② (×) 포자모형은 이슈촉발장치가 마련되고 이슈 창도자의 적극적인 역할이 전개되어 유리한 환경이 조성될 때 정책이 의제화될 가능성이 높아진다고 보는 모형이다. 이는 정책문제 그 자체보다는 환경의 중요성을 강조하는 것이다.
③ (×) 이슈관심주기 모형은 이슈 자체의 생명주기보다는 공공이 관심을 갖는 시간에 일정한 한계가 있다는 이론이다.
④ (×) 정책흐름모형 역시 쓰레기통모형과 같은 흐름모형에 속하며, 의사결정요소의 독자적 흐름이 어떤 사건을 계기로 만나 의사결정의 기회를 갖는다고 본다.

12 ❷

① (×) 이 모형은 이미지, 고정관념, 사람·사건에 대한 가치부여 등에 관한 해석을 통해 정책대상 집단의 사회적 구성이 이루어진다는 이론이다.
② (O) 정책의 대상집단은 수혜집단, 주장집단, 의존집단, 이탈집단으로 유형화되며, 특정 정책에는 이러한 대상집단이 복수로 관련될 수 있다는 의미이다.
③ (×) 정책설계 및 집행의 맥락을 이해하기 위해 사회적·정치적 상황을 포괄적으로 분석하자는 것이지 객관적 분석으로 단순화하자는 것은 아니다.
④ (×) 정책설계 역시 다양한 이해관계가 가미된 정치적 과정이므로 어느 집단의 이익을 더 많이 반영할 것인가에 대한 논쟁이 야기된다.

13 ❸

① (×) 예산의 획득을 위한 경쟁과 예산배분에 관한 결정으로 선택의 정치가 나타나는 것은 세출의 흐름이다.
② (×) '누가 얼마만큼 부담할 것인가?'에 대한 질문이 중요하며 설득의 정치가 나타나는 것은 세입의 흐름이다.
③ (O) 예산균형의 흐름은 예산균형에 관한 결정으로 제약조건의 정치가 나타난다.
④ (×) '계획된 대로 수행할 수 있는가?'에 대한 의사결정으로 기술적 성격이 강하고 책임성의 정치라는 특성을 지니는 것은 집행의 흐름이다.

14 ❹

① (O) 다면평가제도는 1999년 임의규정으로 도입된 후 2003년에 강행규정으로 전환되었다가 2008년 다시 임의규정으로 완화되었다. 소속 장관은 소속 공무원에 대한 능력개발 및 인사관리 등을 위하여 해당 공무원의 상급 또는 상위 공무원, 동료, 하급 또는 하위 공무원 및 민원인 등에 의한 다면평가를 실시할 수 있다.
② (O) 다면평가의 결과는 역량개발, 교육훈련 등에 활용하도록 하며, 승진, 전보, 성과급 지급 등에는 참고자료로 활용하도록 하고 있다.
③ (O) 우리나라는 평정자와 확인자로 구성되어 있는 이중평정제를 실시하고 있다.
④ (×) 우리나라의 승진임용은 근무성적평정·경력평정, 그 밖에 능력의 실증에 따른다. 특히, 5급 이하 공무원의 경우 승진임용의 점수 중 80%가 근무성적평정의 결과이므로 성과급의 지급에만 이용된다는 설명은 옳지 않다.

15 ❹

① (×) 행정개혁의 시기에 소극적인 측면에서 저항 혹은 관료병리로 평가될 수 있는 것은 점증주의 예산결정이다.
② (×) 총체주의 즉, 합리모형은 목표는 주어진 것으로 간주하고 최선의 수단을 모색하는 목표-수단분석을 실시한다. 따라서 목표에 대한 사회적 합의가 도출되지 않았다면 적용되기 곤란하다.
③ (×) 밀러(G. Miller)가 비합리적 의사결정모형을 예산에 적용하여 개발한 예산이론은 모호성모형이다.
④ (O) 다중합리성모형은 킹던의 결정의제 개념을 확장시켜 예산결정의제의 설정을 강조한다. 여기서 예산결정의제란 정책결정자들이 적극적으로 다음 예산에 포함시키려고 고려중인 이슈들의 집합을 말한다.

16 ❸

① (O) 발생주의회계는 보다 장기적인 수익과 비용의 정보를 제공하므로 재정의 성과를 파악하기 용이하다. 또한 기간별 자산가치의 증감 및 손익의 계산에 관한 정보를 제공하므로 재정의 투명성과 효율성 및 책임성을 제고할 수 있다.
② (O) 발생주의회계는 실제로 주고받은 시점에 관계없이 그것이 어느 기간의 손익에 해당하는지를 구분하여 그 기간의 손익으로 처리하는 방법으로, 현금의 출납이 없는 미지급비용이나 미수수익 등도 재무제표에 반영된다.
③ (×) 발생주의는 수익은 권리가 확정된 시점에, 비용은 채무가 확정된 시점에 기록되므로 출납폐쇄기한이 상대적으로 불필요하다.

④ (○) 성과의 파악이 용이한 발생주의회계는 재량을 주고 그 성과를 통해 책임을 묻고자 하는 새로운 관리방식에 적합한 회계제도이다.

17 ❸

① (×) 대표관료제는 관료에 대한 외부통제는 근본적 한계를 지닐 수밖에 없다는 인식이 확산되면서 제기되었다.
② (×) 객관적 책임이란 제도적으로 정해진 기준에 따르는 책임이다. 그러나 관료들의 재량권이 확대됨에 따라 이러한 객관적 책임은 한계를 지니며 이를 보완하기 위한 장치가 대표관료제이다. 한편, 대표관료제는 외재적 책임을 확보하기 위한 수단이지만 통제방법으로는 비공식적 내부통제에 해당한다.
③ (○) 대표관료제는 외부통제 또는 객관적 책임의 한계로 인해 등장한 내부통제 장치이다.
④ (×) 대표관료제는 실적주의가 초래한 능률성 중심의 인사관리를 개선하기 위해 도입된 제도이다.

18 ❸

① (×) 일반직 공무원의 근무성적평정은 크게 4급 이상을 대상으로 한 성과계약 등 평가와 5급 이하를 대상으로 한 근무성적평가로 구분된다.
② (×) 목표관리제(MBO)는 상향적으로 계약이 체결되지만 성과계약 등 평가는 하향적 흐름으로 계약이 체결된다.
③ (○) 성과계약 등 평가는 4급 이상의 공무원을 대상으로 하는 개인성과 관리제도이고 균형성과표는 조직의 전반적인 성과를 체계적으로 검사하는 평가지표이다.
④ (×) 성과계약 등 평가는 투입보다는 산출이나 성과를 강조한다.

19 ❸

① (○) 비용과 수익이 절연될 경우 비용부담에 대한 압력이 없으므로 자원의 낭비가 나타날 수 있다.
② (○) 정부개입에 의해 초래된 의도하지 않은 부작용을 파생적 외부효과라고 한다.
③ (×) 독점으로 인해 가격을 낮추려는 압박을 받지 않아 자원을 낭비하는 현상은 X-비효율성이다.
④ (○) X-비효율성은 효율성을 추구하기 위한 노력이나 유인의 감소로 구성원들이 나태해지거나 방만해지는 상태이다. 심리상·운영상 비효율성이므로 투입과 산출만의 관계로 효율성을 평가하는 경제학자들은 이를 중요하게 인식하지 못하였다.

20 ❸

① (×) 여러 가지 다른 견해를 갖는 다수의 집단들로 하여금 논쟁을 야기하며, 일반인의 관심을 집중하고 여론을 환기시키는 상태는 사회적 논제(social issue)의 단계이다.
② (×) 개인의 문제가 다수로부터 공감을 얻게 되어 많은 사람들의 문제로 인식된 상태는 사회문제(social problem) 단계이다.
③ (○) 체제의제(system agenda)는 일반대중이 정부가 해결해야 한다고 공감하는 사회문제로, 어떤 방식이든 정부의 조치가 필요하고 이는 정부의 권한에 속한다고 믿지만 아직 정부가 공식적으로 해결하겠다고 천명한 문제는 아니다.
④ (×) 어떤 사회문제의 성격과 해결방법에 대해 집단들 간의 견해 차이가 있어 논쟁의 대상이 되는 문제는 사회적 이슈이다.

제9회 동형모의고사 정답 및 해설

01	02	03	04	05	06	07	08	09	10
④	②	②	③	②	④	②	③	③	④
11	12	13	14	15	16	17	18	19	20
②	②	③	③	④	④	③	④	④	④

01 ④

① (×) 재정권을 독점한 정부에서 정치가나 관료들이 독점적 권력을 국민에게 남용하여 재정규모를 과도하게 팽창시키는 행위를 의미한다는 내용은 리바이어던(Leviathan) 가설이다.

② (×) 니스카넨(W. Niskanen)의 모형은 의원이 아닌 관료들이 자신의 효용을 극대화시키기 위해 부서의 예산을 극대화시킨다는 이론이다.

③ (×) 니스카넨(W. Niskanen)의 예산극대화 모형은 관료들이 자신의 권력을 극대화하기 위하여 부서의 예산규모를 극대화한다는 이론이다. 그에 따르면 관료는 공공재를 산출하는 공급자이고, 정치가는 공공재 구매자로 양자는 쌍방독점 관계이다. 정치가는 사회후생의 극대화[순편익의 극대화(수요와 공급의 균형점)]를 추구하여 한계편익곡선과 한계비용곡선이 교차하는 점에서 공공서비스를 공급하려고 하지만 보다 많은 정보를 보유한 관료는 정보비대칭성을 이용하여 자신의 효용을 극대화하려 하며, 그 결과 정부의 산출물은 총편익과 총비용이 일치하는 지점(순편익=0)까지 확대된다.

④ (○) 예산극대화모형에 의하면 국민의 대표인 정치가는 사회후생의 극대화를 추구한다. 이는 한계편익과 한계비용이 일치하는 점으로 총편익에서 총비용을 뺀 순편익이 가장 큰 상황이다.

02 ②

① (○) 행태주의는 가치와 사실을 구분할 수 있고 나아가 구분하여야 한다는 논리실증주의에 기반을 둔 이론이다. 반면, 왈도(D. Waldo)로 대변되는 후기행태주의는 이러한 가정에 의문을 제기한다.

② (×) 왈도(D. Waldo)는 후기행태주의에 바탕을 둔 신행정론을 주장한 학자이다. 행정원리의 강조는 고전적 행정이론이다.

③ (○) 행정은 강제력에 기반을 둔 권위가 필요하다. 다만 이러한 권위는 주권자인 국민에 의해 주어진 권한이므로 민주주의라는 목적을 위배하지 않는 범위 내에서만 정당하다.

④ (○) 왈도(D. Waldo), 마리니(F. Marini), 프레데릭슨(H. Fredrickson) 등이 신행정론의 대표적인 학자들이다.

03 ②

② (×) 보즈만은 시장 메커니즘이 효율적으로 작동하고 있음에도 불구하고 본질적 가치를 제공하지 못하는 현상을 공공가치실패로 정의하였다.

 무어(M. Moore)의 공공가치창출론(1995) → 전략적 삼각형 모형

① 민주적으로 선출되어 정당성을 부여 받은 정부의 관리자들이 공공자산을 활용해 공공가치를 창출해야 한다는 주장
② **전략적 삼각형** : 외부환경으로부터의 정당성과 지원, 공적 가치의 형성, 운영 역량의 형성

보즈만(B. Bozeman)의 공공가치실패론(2002)

① **공공실패** : 시장 혹은 공공부문의 행위자가 공공가치에 부합하는 재화나 서비스를 제공하지 못하는 현상
② **핵심가치** : 인간의 존엄성, 지속가능성, 시민참여, 개방성과 기밀성, 타협, 온전성, 강건성 등

04 ③

① (○) 수혜자와 피해자가 명확한 규제정책이 수혜자 중심의 분배정책보다 갈등이 심하다.

② (○) 수혜자와 피해자가 명백히 구분되는 규제정책이나 재분배정책이 수혜자 중심의 배분정책보다 갈등과 반발이 심하다.

③ (×) 혜택을 받기 위한 은밀한 밀어주기(log-rolling)와 나눠먹기(pork-barrel)는 배분정책과 관련된다.
④ (○) 구성정책은 헌정의 수행에 필요한 운영규칙과 관련된 정책으로, 대외적 가치배분에는 영향을 주지 않고 대내적 게임의 규칙과 관련된 정책이다.

05 ❷

② (○) 설문은 윤리적 리더십에 관한 내용이다.
③ (×) 진성(authentic) 리더십은 리더가 정직성, 가치의식, 도덕성을 바탕으로 팔로워들의 믿음을 이끌어내는 리더십을 말한다.

06 ❹

① (○) 롤리스(D. Lawless)는 상황적응적 관리를 Z이론으로 보았다.
② (○) 룬드스테트(S. Lundstedt)는 인간에 대한 가정에 기반하여 권위형, 민주형, 방임형 관리를 주장한 학자이다.
③ (○) 오우치(W. Ouchi)의 Z이론은 미국식 관리(A형)와 일본식 관리(J형)의 조화로, 장기고용, 근면중시의 인사고과, 느린 승진제도, 정기이동, 비전문적 경력, 집단적 의사결정, 명시적 관리시스템, 개인적 책임 등을 특징으로 한다.
④ (×) 신속한 평가와 빠른 승진, 빈번하고 공식적인 평가의 강조는 미국식 관리이다. 오우치(W. Ouchi)의 Z이론(1981)은 미국식 관리를 A형, 일본식 관리를 J형, 미국에서의 일본식 관리를 Z형이라 하였고, J형이나 Z형이 A형보다 성과가 높다고 주장한 이론이다.

07 ❷

① (×) 주민의 세대 간 비용부담을 공평하게 하는 지방자치단체의 재원은 지방채이다.
② (○) 현재 대통령령으로 자동차세(주행), 담배소비세에, 조례로는 취득세, 등록면허세, 주민세, 지방소득세, 재산세, 자동차세(소유), 목적세(지방교육세, 지역자원시설세) 등에 탄력세율을 적용하고 있다.
③ (×) 행정서비스에 의해 이익을 받는 자로부터 그 비용의 전부 또는 일부를 반대급부로 징수하는 수입은 수수료이다.
④ (×) 주민의 복지증진을 위해 설치한 공공시설을 특정소비자가 사용할 때 그 반대급부로 개별적 보상원칙에 따라 지방자치단체의 조례에 의거하여 강제적으로 부과·징수하는 공과금은 사용료이다.

08 ❸

① (×) 합리적 선택 제도주의가 방법론적 개체주의(individualism)에 기반을 두고 있고, 사회학적 신제도주의가 방법론적 전체주의(holism)에 기반을 두고 있다.
② (×) 합리적 선택 제도주의는 행위자 선호의 외생성을 가정하지만, 역사적 신제도주의와 사회학적 신제도주의는 선호가 제도적 구조의 산물이라고 보는 내생적 선호를 가정한다.
③ (○) 선진제도 학습에 따른 제도의 동형화를 강조하는 것이 사회학적 신제도주의이고 기존 경로를 유지하려는 제도의 속성을 강조하는 것이 역사적 신제도주의이다.
④ (×) 역사적 신제도주의가 제도의 종단면적 측면을 중시하고, 사회학적 신제도주의가 제도의 횡단면적 측면을 강조한다.

09 ❸

① (○) 공론조사는 여론조사를 거쳐 선정된 대표자들이 숙의와 토론과정을 통해 의견을 교환하고 수정하므로 여론조사에 비하여 정제된 국민여론을 수렴하기 용이하다.
② (○) 우리나라의 경우 신고리 5·6호기 원자력발전소 공사의 중단을 놓고 공론조사를 활용하였다.
③ (×) 공론조사는 조사 기간이 상대적으로 장기이므로 조사 중간에 대상자가 탈락할 가능성이 높다.
④ (○) 조사 대상자들을 한곳에 모아 일정 기간 동안 공론화 과정을 거치는 것은 공론조사이다. 따라서 공론조사는 복잡한 절차로 인해 비용과 시간이 많이 든다.

10 ❹

① (×) 선형계획, 투입·산출분석, 회귀분석 등은 인과관계를 토대로 미래를 예측하는 이론적 기법이다.
② (×) 이론적 미래예측기법이란 인과관계를 토대로 미래를 예측하는 연역법을 뜻한다. 시계열분석은 역사의 반복성을 가정하고 경향의 투사에 의해 미래를 예측하는 귀납적 방법이다. 구간추정이란 표본을 통해 얻은 평균값으로 신뢰도 90%, 95%, 99%에 따라 모집단의 평균값이 있을만한 구간을 추정하는 이론적 분석기법이고, 회귀분석은 변수 간의 관계를 분석해, 알고 있는 변수를 기초로 하여 알려지지 않은 변수의 값을 예측하는 통계적 분석방법이다. 여기서 단순히 변수 간의 밀접한 정도를 분석하는 것이 상관분석이다.

③ (×) 인과관계를 토대로 미래를 예측하는 기법은 연역법이다. 시계열자료 분석은 귀납법에 속한다.
④ (○) 검은줄기법(black thread technique) 또는 흑선기법은 시계열적 예측의 한 유형으로 시계열적 변동의 굴곡을 직선으로 표시하는 기법이다.

11 ❷

① (○) 총액배분자율편성제도는 국가재정운용계획과 연계되어 있어 다년도 계획기능이 강화되어 중기적 시각의 재정운용과 재정의 경기조절기능이 향상될 수 있다.
② (×) 각 부처는 총액의 범위 내에서 자율적으로 예산을 운용하므로 재원배분의 효율성과 전문성을 강화할 수 있다.
③ (○) 자원의 전략적 배분과정에서 각 부처의 갈등이 심하며, 잘못하면 정치적 타협에 치우쳐 자원배분의 효율성을 저해할 우려도 있다.
④ (○) 총액배분자율편성은 성과에 대한 책임성을 확보하기 위하여 예산배정과 집행관리를 강화해야 한다. 이에 따라 예산집행 도중에 수시로 점검할 필요성이 크다.

12 ❷

① (×) 한 회계연도의 세입과 세출은 모두 예산에 계상하여야 한다는 것은 예산 완전성의 원칙이다.
② (○) 예산 완전성의 원칙은 모든 수입은 국고에 편입되어 하나로 합쳐진 후 지출체계를 설정하여야 한다는 것으로, 이는 국고에 편입되기 전에 지출용도를 정해서는 안 된다는 의미이다.
③ (×) 목적세는 예산 통일성 원칙의 예외이다.
④ (×) 국방비와 외교활동비 등 국가기밀은 예산 공개성 원칙의 예외이다.

13 ❸

① (×) 사업의 대안들을 제시하도록 하고, 가장 효과적인 프로그램에 대해 재원배분을 선택하도록 하는 것은 계획예산이다.
② (×) 미국 정부의 지출을 체계적으로 구조화한 최초의 예산제도는 품목별예산이다.
③ (○) 정부의 업무는 명확한 성과단위의 선정과 그 결과에 대한 평가가 곤란하므로 실제 운영에 있어 어려움이 크다.
④ (×) 성과주의예산은 관리지향이다. 기획지향은 계획예산이다.

14 ❸

① (×) 처분사유 설명서를 받은 후 30일 이내에 심사청구를 할 수 있다.
② (×) 인사혁신처에 설치된 소청심사위원회는 위원장 1명을 포함한 5명 이상 7명 이내의 상임위원과 상임위원 수의 2분의 1 이상인 비상임위원으로 구성한다.
③ (○) 「국가공무원법」 제33조(결격사유)에 해당하는 자, 「정당법」에 따른 정당의 당원, 「공직선거법」에 따라 실시하는 선거에 후보자로 등록한 자는 소청심사위원회의 위원이 될 수 없다.
④ (×) 소청사건의 결정은 재적위원 3분의 2 이상의 출석과 출석위원 과반수의 합의에 의한다. 의견이 나뉘어 출석위원 과반수의 합의에 이르지 못하였을 때에는 과반수에 이를 때까지 소청인에게 가장 불리한 의견에 차례로 유리한 의견을 더하여 그 중 가장 유리한 의견으로 결정한다.

15 ❹

① (×) 공식적 및 비공식적 정보전달통로를 의식적으로 변경시키는 것은 갈등의 조성전략이다.
② (×) 갈등을 일으킨 당사자들에게 공동으로 추구해야 할 상위목표를 제시하는 것은 갈등의 해소전략이다.
③ (×) 공동의 적을 확인시키고 이를 강조하는 전략은 갈등의 해소전략이다.
④ (○) 적응은 갈등의 해소전략에 속한다.

16 ❹

④ (×) 전자정부기본계획은 5년 단위로 수립되지만 정보기술아키텍처 기본계획은 3년마다 수립하여야 한다.

> **전자정부법**
> ① **전자정부기본계획** : 중앙사무관장기관의 장(→ 행정안전부장관)이 5년마다 수립
> ② **정보기술아키텍처 기본계획** : 행정안전부장관이 3년 단위로 수립

17 ❸

① (×) 기초자치단체 우선의 원칙, 행정책임 명확화의 원칙, 보충성의 원칙 등이 지방사무 배분원칙으로 거론된다.

② (×) 시·도와 시·군 및 자치구는 사무를 처리할 때 서로 경합하지 아니하도록 하여야 하며, 사무가 서로 경합하면 시·군 및 자치구에서 먼저 처리한다.
③ (○) 포괄적 예시주의는 법에 지방자치단체가 수행할 수 있는 업무를 예시하되 예시되지 않은 사항도 다른 법령에 특별한 규정이 없다면 지방자치단체가 수행할 수 있는 사무로 간주하는 사무배분 방식을 말한다.
④ (×) 축산물·수산물 및 양곡의 수급조절과 수출입 사무는 국가사무에 해당한다.

18 ④

① (○) 규제영향분석은 규제의 시행에 따라 규제를 받는 집단과 국민이 부담하여야 할 비용과 편익을 사전에 비교분석하는 것이다.
② (○) 규제영향분석이란 규제로 인하여 국민의 일상생활과 사회·경제·행정 등에 미치는 여러 가지 영향을 객관적이고 과학적인 방법을 사용하여 미리 예측·분석함으로써 규제의 타당성을 판단하는 기준을 제시하는 것이다. 이는 규제로 인한 비용과 편익의 분배를 측정하는 수단이므로 이를 통해 관련자들 간 이해관계의 조정과 수렴을 위한 자료로도 활용될 수 있다.
③ (○) 규제란 행정부가 민간의 활동을 제한하는 행위이므로 국회, 법원, 헌법재판소 및 감사원 등의 사무는 규제의 개념적 정의에 해당하지 않는다.
④ (×) 규제의 존속기한 또는 재검토기한은 규제의 목적을 달성하기 위하여 필요한 최소한의 기간 내에서 설정되어야 하며, 그 기간은 원칙적으로 5년을 초과할 수 없다.

19 ④

① (○) 공공서비스의 생산과 분배에 있어 시민들의 생산적 참여인 공동생산은 시장실패와 정부실패를 동시에 극복할 수 있는 방안으로 거론된다.
② (○) 자발성과 비영리성에 근거를 두고 있는 공동생산은 강제력에 기반을 둔 정부의 한계와 가격에 기반을 둔 시장의 한계를 동시에 극복할 수 있는 새로운 공공서비스 공급방안으로 거론된다.
③ (○) 모든 서비스 영역에서 시민공동생산이 가능한 것은 아니며, 사적 영역과 공적 기능이 결합되는 부문에서 공동생산이 가능하다. 즉, 자신이 수요하고자 생산한 서비스가 지역 공동체에도 도움이 되는 서비스를 생산하는 것이다.

④ (×) 브루더니(J. Brudney)와 잉글랜드(R. England)는 정책집행부문에서 공동생산이 이루어지기 쉽다고 주장하였다.

20 ④

① (○) 신제도주의에 의하면 제도는 인간의 의지나 기존의 제도에 영향을 받는 종속변수이면서 동시에 인간의 활동이나 후속 제도 등에 영향을 주는 독립변수이기도 하다.
② (○) 신제도주의는 제도라는 틀 속에서 영향을 받는 인간의 활동을 설명하고자 한다.
③ (○) 신제도주의는 제도를 통해 인간행위를 연구한다는 점은 동일하나 경제학, 정치학, 조직사회학 등 다양한 학문분야에서 개별적으로 발달하였다.
④ (×) 합리적 선택 제도주의는 경제학에 배경을 두고 있다. 정치학을 배경으로 하는 것은 역사적 신제도주의이다.

제10회 동형모의고사 정답 및 해설

01	02	03	04	05	06	07	08	09	10
④	③	①	②	③	④	④	④	④	④
11	12	13	14	15	16	17	18	19	20
①	③	②	③	④	④	①	③	②	③

01 ④

① (○) 사회 전체 이익의 극대화를 추구하는 효율성과 개인의 몫을 강조하는 형평성은 원칙적으로 배타적인 관계이다.
② (○) 민주성과 능률성은 원칙적으로 충돌된다. 그러나 민주적으로 설정된 목표를 능률적으로 달성한다는 관점에서 본다면 양자는 상호 보완될 수 있다. 또한 민주성의 확보가 정책에 대한 정당성을 높이고 정책집행의 순응도를 높일 수 있다면 장기적 관점의 능률성과 조화될 수 있다.
③ (○) 주민이 원하는 서비스의 제공을 위한 신축성의 강화는 예측가능성이라는 합법성을 저해할 수 있으며, 엄격한 법규정의 준수는 상황에 맞는 서비스의 제공을 어렵게 할 수 있다.
④ (×) 목적을 달성하여도 비용은 과다하게 소모할 수 있다. 즉, 효과성은 달성하여도 능률성은 저하될 수 있다.

02 ③

① (○) 벤틀리(A. Bently)와 트루만(D. Truman)의 이익집단이론은 국가나 관료의 소극성을 강조하는 다원주의의 대표이론이다.
② (○) 말 없는 다수의 이익이 정책에 반영된다는 잠재이익집단론과 여러 집단에 중복으로 소속되어 있어 한 집단의 이익만을 반영하기는 어렵다는 중복회원이론 등은 다원론의 주요한 이론적 근거이다.
③ (×) 조직화되지 못한 다수의 침묵적 집단의 이익이 정책으로 반영되기 곤란하다는 것은 이익집단자유주의이다.
④ (○) 영향력 있고 활동적인 이익집단의 주장만이 정책에 반영된다는 것이 이익집단자유주의이고, 조직화되지 못한 이익들도 정책에 반영될 것이라는 이론이 잠재집단이론이다.

03 ①

① (○) 선형적 승계는 기존의 정책을 완전히 종결하고 같은 정책 영역에서 기존 정책과 같거나 유사한 목적을 가진 새로운 정책을 채택하는 것이다. 과속차량의 단속이라는 목적은 바뀌지 않았지만 그 수단은 변경되었으므로 이는 정책승계에 해당한다.
② (×) 부분적 종결은 어떤 사업의 자원투입이나 정책산출이 줄어드는 정책전환을 말한다. 반면, 하나의 정책이 다수의 새로운 정책으로 분할되는 것은 정책분할이다.
③ (×) 정책통합은 둘 이상의 정책들을 전부 또는 부분적으로 종결하고, 이를 대체하도록 유사한 목적을 추구할 단일의 정책을 새로 채택하는 것이다. 새로운 정책이 과거의 정책을 대체하여 양자의 관계가 명확하게 나타나는 가장 단순한 형태의 정책승계는 선형적 승계이다.
④ (×) 현존하는 정책의 기본적 성격을 바꾸는 것으로서, 정책의 근본적 수정을 필요로 하는 경우 정책을 없애고 새로이 완전히 대체하는 경우 등을 포함하는 것은 정책승계이다. 반면, 정책종결이란 정책목표를 달성하기 위한 전반적인 정책수단을 소멸시키고 이를 대체할 다른 정책을 마련하지 않는 것을 말한다.

04 ②

① (×) 품의제는 모든 대규모 조직의 일반적인 의사결정방식이며, 단계별 결재과정을 거쳐야 하므로 시간이 지체될 수 있다.
② (○) 품의제는 수직적 의사결정 방식이므로 당사자 간의 토론이나 회의와 같은 수평적 결정에는 장애가 될 수 있다. 다만, 집행인인 하급자가 기안하고 상급자의 결재 후 다시 기안자에 의해서 집행되므로 정책결정과 집행의 유기적 연계에는 유용한 의사결정 방식이다.

③ (×) 품의제는 하급자와 상급자 간의 결재방식으로 정책이 결정되므로 실무자선의 횡적 협조는 약화될 수 있다.
④ (×) 품의제는 모든 결정이 최종 결재권자에 의해 이루어지므로 행정의 전문성을 약화시킬 수 있다.

05 ❸

① (×) 중앙행정기관의 장은 그 소속기관의 정책 등을 포함하여 자체평가를 실시하여야 한다.
② (×) 평가의 공정성과 객관성을 확보하기 위하여 자체평가위원의 3분의 2 이상은 민간위원으로 하여야 한다.
③ (○) 지방자치단체의 장은 그 소속기관의 정책 등을 포함하여 자체평가를 실시하여야 한다. 그리고 지방자치단체의 장은 정부업무평가시행계획에 기초하여 소관 정책 등의 성과를 높일 수 있도록 자체평가계획을 매년 수립하여야 한다.
④ (×) 국무총리는 중앙행정기관의 자체평가결과를 확인·점검 후 평가의 객관성·신뢰성에 문제가 있어 다시 평가할 필요가 있다고 판단되는 때에는 위원회의 심의·의결을 거쳐 재평가를 실시할 수 있다.

06 ❹

① (×) 공무원의 정년은 다른 법률에 특별한 규정이 있는 경우를 제외하고는 60세로 한다.
② (×) 별정직 공무원의 근무상한 연령은 원칙적으로 60세이다. 한편, 일반임기제 공무원으로 채용할 수 있는 것은 경력직 공무원이다. 별정직은 특수경력직에 속한다.
③ (×) 20년 이상 근속한 자가 정년 전에 자진하여 퇴직하는 경우는 명예퇴직이다. 조기퇴직은 20년 미만 근속한 자가 정년 전에 자진하여 퇴직하는 경우이다.
④ (○) 고위공무원단에 속하는 일반직 공무원이 근무성적평정에서 최하위 등급의 평정을 총 2년 이상 받은 경우, 대통령령으로 정하는 정당한 사유 없이 직위를 부여받지 못한 기간이 총 1년에 이른 경우, 근무성적평정에서 최하위 등급을 1년 이상 받은 사실이 있고 대통령령으로 정하는 정당한 사유 없이 6개월 이상 직위를 부여받지 못한 사실이 있는 경우 적격심사를 받아야 한다.

07 ❹

① (×) 조직 내에 존재하는 활동이 분화되어 있는 정도를 말하는 것은 복잡성이다.

② (×) 직무기술서, 내부규칙, 보고체계 등의 명문화 정도로 측정할 수 있는 것은 공식화이다.
③ (×) 고객에 대한 신속한 서비스 제공의 요구는 분권화를 촉진한다.
④ (○) 소규모 조직이나 신설 조직일 때, 선례가 없어 최고결정자의 영향력이 증대될 때, 위기의 발생이나 경쟁의 격화 등 강력한 리더십이 요청될 때 조직은 집권화된다.

08 ❹

① (×) 자신의 투입에 대한 산출의 비율을 비교대상의 투입에 대한 산출과 비교하는 것은 아담스(J. Adams)의 공평성이론이다.
② (×) 기대란 노력이 근무성과를 가져올 것이라는 주관적 확률이다.
③ (×) 어떤 특정한 수준의 성과를 달성하면 바람직한 보상이 주어지리라고 믿는 정도는 수단성(Instrumentality)이다.
④ (○) 수단성(instrumentality)이란 1차 결과가 2차 보상을 가져온다는 믿음의 강도(-1~+1)를 말한다.

09 ❹

④ (○) 조직 내부에 초점을 두고 안정된 환경에서 일관성을 지향하는 문화는 관료문화이다.

		전략의 초점	
		외부	내부
환경요구	안정성	사명문화	관료문화
	유연성	적응문화	동류문화

10 ❹

① (○) 성과계획서 및 성과보고서 등 성과관리제도는 국가와 지방 모두 의무화하고 있다.
② (○) 재정사업자율평가제도는 사업의 수행부처가 재정사업을 자율적으로 평가하고 기획재정부가 확인·점검한 평가결과를 재정운영에 활용하는 제도로 「국가재정법」 제8조 등에 의거 2005년부터 시행된 제도이다.
③ (○) 재정사업자율평가제도는 정부의 주요 재정사업에 대한 성과를 점검하여 평가결과를 예산편성 등에 활용하기 위해 2005년부터 도입한 제도이다.
④ (×) 재정사업자율평가는 사업의 수행부처가 재정사업을 자율적으로 평가하는 제도로, 「국가재정법」에 근거를 두고 있으며, 전체 재정사업을 매년 평가하여야 한다.

11 ❶

① (×) 평정자가 최근에 일어난 일에 더 많은 영향을 받는 오류는 근접효과이다. 이러한 근접효과를 방지하는 수단으로 독립된 평정센터의 설치, 목표관리(MBO), 중요사건기록법의 활용 등이 있다.
② (○) 일관적 착오 또는 규칙적 오류란 평정자의 평정기준이 다른 평정자보다 높거나 낮아 다른 평정자들보다 항상 후한 점수를 주거나, 박한 점수를 줄 때 발생하는 착오이다.
③ (○) 상동오차는 장기적으로 형성된 유형화(집단화·정형화), 고정관념, 선입관에 의한 오차를 말한다.
④ (○) 후광효과는 평정자의 일반적인 인상에 의해서 생기는 반면 논리적 오차는 평정하고자 하는 한 특성이 어떤 다른 특성과 관계가 있다는 인과성에 의해서 생기는 오차이다.

12 ❸

① (×) 우리나라는 자치단체장의 권한이 강한 강시장형을 택하고 있다.
② (×) 우리나라는 단체장의 불신임권과 지방의회의 해산권이 없다.
③ (○) 과거 지방의회 의원은 명예직으로 분류되었지만 「지방자치법」의 개정으로 유급직으로 전환되었다.
④ (×) 총선거 후 최초로 집회되는 임시회는 지방의회 사무처장·사무국장·사무과장이 지방의회의원 임기 개시일부터 25일 이내에 소집한다.

13 ❷

② (×) 자치단체조합은 설립, 해산 등을 명할 수 있지만 「지방자치법」에 규정된 특별지방자치단체에는 권고만 가능하다.

14 ❸

① (○) 킹던(J. Kingdon)은 과정모형과 쓰레기통모형을 결합해 정책의제설정의 과정을 설명한다. 그는 문제의 흐름, 정책대안의 흐름, 정치의 흐름이 각각 독자적으로 흐르다가 합쳐질 때 즉, 기회의 창이 열릴 때 현재의 점증적 변화와는 다른 큰 변동이 나타난다고 보았다.
② (○) 킹던(J. Kingdon)은 우연한 정치적 사건이 정책과 만났을 때 정책의 창이 열릴 수 있음을 강조한다.
③ (×) 문제를 검토하여 해결방안들을 제안하는 전문가들과 분석가들로 구성되는 것은 정책의 흐름이다.
④ (○) 킹던(J. Kingdon)은 정책결정에 필요한 세 가지 요소인 문제의 흐름, 정책의 흐름, 정치의 흐름이 만날 때 정책결정을 위한 기회의 창이 열린다는 이론이다. 이중 정권교체, 의석수 변경, 여론의 변동과 같은 정치적 요인이 가장 중요한 변수이다.

15 ❹

① (○) 계획예산제도는 케인즈 경제학과 후생경제학 등 분석기법의 발달과 의사결정기법 및 정보기술의 발달로 미래예측능력이 향상되면서 등장한 제도이다.
② (○) 계획예산은 1965년 존슨 대통령이 연방정부에 도입하였으나 실패한 것으로 평가받는다. 닉슨 대통령이 포기하였으며 1973년 공식적으로 중지된 후 목표관리(MBO)로 대체되었다.
③ (○) 계획예산제도는 장기적인 계획과 단기적인 예산을 유기적으로 결합시키려는 제도로, 장기계획과 단기예산을 프로그래밍(사업구조)을 통해 연결시키고자 한다.
④ (×) 각 대안을 최소 수준, 현행 수준, 증가된 수준으로 나누어 분석하는 것은 영기준예산이다.

16 ❹

① (×) 피평정자의 근무실적에 큰 영향을 주는 사건들을 평정자로 하여금 기술하게 하는 방법은 중요사건기록법이다.
② (×) 중요사건기록법은 사실에 근거하고 평정자와 평정대상자의 상담을 촉진하므로 평정결과의 수용을 촉진할 수 있다.
③ (×) 바람직한 행동과 바람직하지 못한 행동과의 상호배타성을 극복한 것은 행태관찰척도법이다.
④ (○) 행태관찰척도법은 직무성과와 관련이 있는 중요한 행위를 사전에 나열하고 그러한 행위를 얼마나 자주 하는가에 대한 빈도를 표시하는 척도를 만들어 평가하는 방법이다. 행태기준척도법과 도표식평정법이 혼합된 것으로 행태기준척도법의 단점인 바람직한 행동과 바람직하지 못한 행동과의 상호배타성을 극복하기 위해 개발되었다. 그러나 한 용지에서 여러 평정요소를 동시에 평정하므로 연쇄효과가 나타날 수 있고 빈도수의 책정에 있어 등급 구분의 모호성이 나타날 수 있다.

17 ❶

① (○) 미국의 행정학은 베버(M. Weber)의 관료제론과 테일러(F. Taylor)의 과학적 관리법이라는 고전적 조직이론으로부터 영향을 받아 성립하였다.
② (×) '정책과 행정'의 저자는 애플비(P. Appleby)이다. 디목(M. Dimock)의 저서는 '현대 정치와 행정'이다.
③ (×) 윌슨(W. Wilson)이 정치와 행정의 분리를 주장한 논문은 '행정의 연구'이다. '정치와 행정'은 굿노(F. Goodnow)의 저서이다.
④ (×) 정치는 국가의 의지를 표명하고 정책을 구현하는 것이고 행정은 이를 실천하는 것으로 본 학자는 굿노(F. Goodnow)이다.

18 ❸

① (×) 개방형 직위는 원칙적으로 임기제 공무원으로 임용하나 임용 당시 경력직 공무원은 전보·승진·전직의 방법에 의하여 경력직 공무원으로 임용될 수 있다.
② (×) 개방형 직위는 고위공무원단 직위 총수의 20%와 과장급 직위 총수의 20% 범위에서 지정하므로 모든 직급과 계급에서 개방형 직위를 지정할 수 있는 것은 아니다. 또한 지방자치단체의 경우 광역자치단체는 1~5급 직위 총수의 10%, 기초자치단체는 2~5급 직위 총수의 10%이므로 중앙행정기관과 지방자치단체가 동일한 것도 아니다.
③ (○) 개방형 직위의 지정기준은 전문성, 중요성, 민주성, 혁신성(변화 필요성), 조정 필요성 등이다.
④ (×) 일반적인 개방형 직위는 공무원도 경쟁이 가능하지만 경력개방형 직위는 민간인만이 선발될 수 있다. 소속 장관은 개방형 직위 중 특히 공직 외부의 경험과 전문성을 적극 활용할 필요가 있는 직위를 공직 외부에서만 적격자를 선발하는 경력개방형 직위로 지정할 수 있다.

19 ❷

① (○) 일반적으로 복잡성이란 외부요소의 수와 상이성의 정도를 말하고, 불확실성(또는 역동성)이란 외부요소의 변화 정도를 말한다.
② (×) 평온-무작위적 환경에서는 환경의 구성요소들의 상호 관련성이 매우 낮으며, 좀 더 장기적인 안목으로 전략을 수립하여 환경에 대응해 나가는 것은 평온-집약적 환경과 관련된다.
③ (○) 평온-집합적 환경은 환경의 유·불리요소가 혼재하며 장기적 안목의 필요성이 높아 집권의 필요성이 높은 상황이다.
④ (○) 교란-반응적 환경은 유사한 목적을 추구하는 많은 경쟁자가 있으나 소수 기업이 시장을 독점하는 과점 상황으로 조직구조의 분권화 경향이 나타나며, 경쟁에 대응하기 위한 전략이 수립된다.

20 ❸

① (×) 제도를 개인의 효용을 극대화하기 위한 수단으로 보는 것은 합리적 선택 제도주의이다.
② (×) 사회학적 신제도주의는 능률성보다는 사회적 정당성의 획득을 위해 제도를 문화적 인지에 의해 채택한다고 본다.
③ (○) 사회학적 신제도주의는 제도를 어떤 목적을 달성하기 위한 효율적인 도구로 보지 않고 사회의 지배적인 관습이나 문화와 같은 관행으로 인식한다.
④ (×) 제도를 개인들 간 선택적 균형으로 보는 입장은 합리적 선택 제도주의이다. 사회학적 신제도주의는 기술적 합리성보다는 사회적 정당성에 입각하여 제도를 채택하는 제도적 동형화를 중시한다.

제11회 동형모의고사 정답 및 해설

01	02	03	04	05	06	07	08	09	10
③	③	③	①	②	④	④	③	②	③
11	12	13	14	15	16	17	18	19	20
③	①	④	③	①	①	③	④	①	④

01 ③

① (×) 투입에 대한 산출의 비율을 의미하는 것으로 산출에 대한 비용의 관계라는 조직 내의 조건으로 이해되는 것은 능률성이다. 효과성은 목표달성도를 의미한다.
② (×) 효과성은 목표달성도를 의미한다. 즉 과정보다는 산출의 결과에 중점을 둔다.
③ (○) 효과성은 목적달성이라는 기능적이고 대외적인 이념이며, 능률성은 목적보다는 수단에 초점을 맞춘 대내적 이념이다.
④ (×) 정부가 직업훈련을 통해서 훈련생을 많이 배출하는 것은 능률성이 높은 것이지 효과성이 높은 것은 아니다. 효과성이 높기 위해서는 취업생을 많이 배출하여야 한다. 직업훈련의 궁극적인 목적은 결국 취업이기 때문이다.

02 ③

① (×) 국민에 대한 관료들의 대응성을 높일 수 있는 것은 엽관주의이다. 실적주의는 오히려 관료의 특권화(신분보장)로 인하여 민주통제를 어렵게 하여 행정의 대응성과 책임성을 저해할 수 있다.
② (×) 소외집단에 대한 정부 정책의 대응성을 높임으로써 정책의 집행을 용이하게 해주는 것은 대표관료제이다.
③ (○) 시험이라는 형식적 절차, 독립된 중앙인사기관, 신분보장과 정치적 중립을 기본 요소로 하는 초기의 실적주의는 인사권자의 탄력적이고 신축적인 인력의 활용에 장애요인이 될 수 있었다.
④ (×) 정책에 큰 변동이 있을 때에는 평상시보다 엽관주의에 의한 인사가 더 요구될 수 있다.

03 ③

① (○) 연쇄효과란 한 평정요소의 결과가 다른 평정요소에 영향을 미치거나 피평정자의 전반적인 인상이 평정에 영향을 미치는 착오로 후광효과 또는 헤일로 효과라 하며, 이를 방지하는 것이 강제선택법이다.
② (○) 도표식평정척도법은 피평정자를 평정요소별로 관찰하여 해당하는 등급을 표시하는 방법이다. 그러나 그 용어와 등급에 대한 이해가 상이할 경우 등급 배치에 있어 오차가 발생할 수 있다.
③ (×) 강제배분법은 피평정자들의 성적분포가 과도하게 집중화되거나 관대화되는 현상을 방지하기 위하여 성적분포비율을 미리 정하는 방법으로, 분포상의 오차는 방지할 수 있으나 현실의 왜곡 가능성과 미리 정해진 순서대로 평정점수를 부여하는 역산식 평정이 나타날 수 있다.
④ (○) 시간적 오류는 인간 능력의 한계로 인해 평정기간의 모든 실적을 기억할 수 없기에 특정 시점의 실적에만 초점을 두고 평정하여 나타나는 오류이다.

04 ①

① (×) 베버(M. Weber)에 의하면 관료제는 공·사부문의 모든 대규모 조직에서 공통적으로 나타나는 구조적 특징이며, 선진화된 사회에만 존재하는 근대화의 상징이다.
② (○) 보편성에 근거한 객관적 업무수행은 행정의 합리성을 제고할 수 있게 한다.
③ (○) 관료제 내의 모든 권한은 공적 영역에 한정되며, 사적 영역까지 확대되지 않는다.
④ (○) 공직취임에 있어 기회균등의 제고와 법 앞의 평등은 관료제와 민주주의가 조화될 수 있는 핵심적 요소이다.

05 ②

① (○) 매트릭스(Matrix) 조직은 일상기능은 종적으로, 문제과업은 횡적으로 명령을 받는 이중명령체계이다. 즉, 기능부서의 통제권한은 수직적으로 흐르고, 사업부서 간 조정권한은 수평적으로 흐른다.

② (×) 팀 구조는 속도의 경제를 추구한다. 규모의 경제는 관료제와 관련된다. 반면, 매트릭스 조직은 이중명령체계이므로 결정이 지체될 가능성이 높으므로 스피드의 경제를 확보하기 곤란한 경우가 많다.
③ (○) 매트릭스(Matrix) 조직은 기능부서와 사업부서 간 갈등이 잦고 이를 해결하기 위한 시간과 노력이 많이 소모되며, 각 기능부서들이 자신의 주장만을 고집하는 경우 군웅할거의 상황이 발생될 수 있다.
④ (○) 매트릭스(Matrix) 조직은 구성원을 공유하므로 자원의 효율성을 높일 수 있고, 잦은 대면과 회의를 통해서 문제해결능력과 창의성을 제고시킬 수 있다.

06 ❹

① (×) 같은 사람이 다른 상황에서도 동일한 방식으로 행동하는 정도는 일관성 혹은 동의성이라 한다.
② (×) 동일한 상황에 처한 여러 사람이 같은 방식으로 행동하는 정도는 합의성 혹은 일치성이라 한다.
③ (×) 같은 사람이 다른 상황에서 다른 방식으로 행동하는 정도는 특이성 또는 구별성이라 한다.

귀인이론 → 켈리(H. Kelley)

① 행동의 원인이 그 사람의 내적 요인(→ 자신 탓)인지 아니면 외적 요인(→ 환경 탓)인지를 밝히려는 이론
② 기준
  ㉠ 일관성(consistency) : 동일한 사람이 시간이 경과되어도 동일한 방식으로 행동하는 정도
  ㉡ 특이성(distinctiveness) : 동일한 사람이 상이한 상황에 따라 다른 행동을 보이는 정도
  ㉢ 합의성(consensus) : 동일한 상황에 직면한 다른 사람들과 동일한 방식으로 행동하는 정도

일관성		특이성		합의성	
높음	낮음	높음	낮음	높음	낮음
내재적	외재적	외재적	내재적	외재적	내재적

07 ❹

① (○) 유비쿼터스 정부는 고객지향성, 지능성, 실시간성, 형평성 등으로 요약되는 정부로, 개인별 맞춤서비스에 초점을 두고 있다.
② (○) 유비쿼터스 전자정부는 인터넷 기반을 뛰어넘는 유·무선 통합 네트워크 체계이다.
③ (○) 유비쿼터스 전자정부는 물리적 공간을 뛰어넘는 서비스 체계로 언제 어디서나 다양한 네트워크나 장치를 통해 모든 서비스를 제공받을 수 있는 것을 목표로 삼는다.

④ (×) 공급자 중심의 서비스 개발은 전자정부 1.0의 특징이다. 스마트 전자정부는 수요자 중심의 개인별 맞춤 서비스를 강조한다. 고객지향성, 지능성, 실시간성, 형평성 등으로 요약되는 스마트 전자정부는 개인의 관심사, 선호도 등에 따른 실시간 맞춤정보의 제공을 강조하며, 스마트폰, 태블릿 PC, 스마트 TV 등 다매체를 활용한 중단 없는 서비스 제공을 강조한다.

08 ❸

① (×) 교육, 학예에 관한 사무감사권은 지방의회의 권한이다.
② (×) 특별시의 부시장의 정수는 3명을 넘지 아니하는 범위에서 대통령령으로 정한다.
③ (○) 보조기관은 행정기관의 의사 또는 판단의 결정이나 표시를 보조함으로써 행정기관의 목적달성에 공헌하는 기관으로, 부단체장이 이에 해당된다.
④ (×) 지방자치단체는 그 소관 사무의 일부를 독립하여 수행할 필요가 있으면 법령이나 그 지방자치단체의 조례로 정하는 바에 따라 합의제행정기관을 설치할 수 있다.

09 ❷

① (×) 동일한 사항에 대하여 주민투표가 실시된 후 2년이 경과되지 아니한 사항이 주민투표의 대상에서 제외된다.
② (○) 주민투표는 특정한 사항에 대하여 찬성 또는 반대의 의사표시를 하거나 두 가지 사항 중 하나를 선택하는 형식으로 실시하여야 한다.
③ (×) 주민투표에 부쳐진 사항은 주민투표권자 총수의 4분의 1 이상의 투표와 유효투표수 과반수의 득표로 확정된다.
④ (×) 지방자치단체의 장은 주민투표의 전부 또는 일부무효 판결이 확정된 때에는 그 날부터 20일 이내에 무효로 된 투표구의 재투표를 실시하여야 한다.

10 ❸

① (○) 경제적 합리성은 효율성을 뜻한다. 반면, 전략적 합리성은 다양한 의견들이 고루 반영될 수 있는 균형적 시각을 말한다.
② (○) 기업가 정신은 창의성을 바탕으로 수익을 창출할 수 있는 능력을 의미한다. 반면, 사회적 기여와 봉사의 강조는 시민의식을 의미한다.

③ (×) 신공공서비스론은 규범적 가치에 관한 이론은 제시하였지만 이를 구현하는 데 필요한 구체적 처방은 제시하지 못하고 있다는 비판을 받는다.
④ (○) 신공공서비스론은 시민의 능동적 참여라는 당위적 가치의 주장에는 타당한 이론이지만, 이로 인하여 야기될 수 있는 행정의 전문성과 효율성과 같은 수단적 가치가 저해될 수 있음을 간과하고 있다.

11 ❸

① (×) 사회 내 여러 세력들 간의 정책결정과정을 개선하는 것은 정치적 합리성이다.
② (×) 다양한 가치들의 합리적 조화를 강조하는 것이 정치적 합리성이고, 정치 세력의 지지에 의존하는 것이 정치적 실현가능성이다.
③ (○) 기술적 합리성은 주어진 목표를 가장 잘 달성할 수 있는 수단을 찾는 것으로, 목표와 수단 사이에 존재하는 인과관계의 적절성을 의미한다.
④ (×) 경쟁 상태에 있는 목표를 어떻게 비교하고 선택할 것인가 하는 것은 경제적 합리성이고, 주어진 목표를 가장 잘 달성할 수 있는 수단을 찾는 것은 기술적 합리성이다.

12 ❶

① (○) 국무총리는 중앙행정기관의 자체평가결과를 확인·점검 후 평가의 객관성·신뢰성에 문제가 있어 다시 평가할 필요가 있다고 판단되는 때에는 위원회의 심의·의결을 거쳐 재평가를 실시할 수 있다.
② (×) 중앙행정기관 또는 지방자치단체가 소관 정책 등을 스스로 평가하는 것은 자체평가이다.
③ (×) 국가위임사무에 대하여 행정안전부장관이 관계 중앙행정기관의 장과 함께 평가하는 것은 합동평가이다.
④ (×) 국무총리가 2 이상의 중앙행정기관 관련 시책, 주요 현안시책, 혁신관리 및 대통령령이 정하는 대상 부문을 평가하는 것은 특정평가이다.

13 ❹

① (×) 하이에크의 '노예의 길'은 국가의 기획이 독재의 초래와 자유의 위축, 시장경제의 저해 및 의회제도의 파괴 등을 가져올 것으로 보는 신자유주의의 이론적 근거이다. 반면, 미국의 존슨 대통령이 1960년대에 추구한 빈곤 추방정책인 '위대한 사회(The Great Society)'와 유럽식 '최대의 봉사자가 최선의 정부'는 큰 국가를 추구한 진보주의와 관련된다.

② (×) 하이에크(F. Hayek)는 '노예의 길'(1944)에서 기획은 극히 단조로운 사회를 초래할 것이며, 독재의 초래와 자유의 위축, 시장경제의 저해 및 의회제도의 파괴 등을 가져올 것으로 보았다. 반면, 파이너(H. Finer)는 '반동에의 길'(1945)에서 자유와 권리를 보장하는 기획의 가능성을 강조한 학자이다.
③ (×) 정책기획(policy planning)은 행정부가 수립하고 입법부가 의결하는 형식을 취하며, 주로 가치문제를 다루는 기획이다.
④ (○) 연동계획은 국민에 대한 호소력이 약하여 공약으로의 효과가 낮아 정치인들이 선호하지 않는다.

14 ❸

① (×) '어떠한 근거로 X달러를 B사업 대신 A사업에 배분하도록 결정하는가?'라는 질문을 통해 예산결정이론의 필요성을 역설한 학자는 키(O. Key)이다.
② (×) 예산결정에 있어 자원의 합리적 배분도 중요하지만 국민의 요구에 대한 대응성도 중요하다. 그러므로 예산결정에 있어 정치성을 고려하는 것은 민주주의의 핵심원리이다.
③ (○) 키(O. Key)는 '왜 X달러는 A사업이 아닌 B사업에 배정되었는가?'라는 질문을 통해 예산결정이론의 필요성을 제기하였고, 그 응답으로 경제적 측면을 강조한 입장과 정치적 측면을 강조한 입장이 있다. 루이스(V. Lewis)는 경제학적 명제로 상대적 가치, 증분분석, 상대적 효과성을 제시하였다.
④ (×) 다수의 참여자들 간 고리형 상호작용을 통한 합의를 중시하는 것이 점증주의 예산결정이고 선형적 과정을 중시하는 것이 합리주의 예산결정이다. 여기서 선형적 관계란 객관적인 함수관계를 의미한다. 만약 전년도 대비 선형적이라는 의미라면 이는 점증주의의 특징이다.

15 ❶

① (×) 프로그램 예산제도는 중앙정부가 2007년에 도입하였고 지방정부는 2008년부터 공식적으로 도입하였다.
② (○) 디지털예산회계시스템은 예산의 편성·집행·결산·성과관리 등 정부의 재정활동 과정에서 생성된 정보를 종합적으로 관리하는 정보시스템이다.
③ (○) 예산성과금제도는 중앙과 지방에 모두 시행되고 있다.
④ (○) 각 중앙관서의 장은 예산요구서를 제출할 때에 다음 연도 예산의 성과계획서 및 전년도 예산의 성과보고서를 기획재정부장관에게 함께 제출하여야 한다.

16 ①

① (×) 「국가재정법」은 국가채무의 범위를 규정하고 있고, 「국가회계법」에서 국가부채의 개념을 규정하고 있다.

 채무와 부채

구분		국가채무(D1)	일반정부 부채(D2)	공공부문 부채(D3)
산출근거		국가재정법	국제기준	국제기준
회계기준		현금주의	발생주의	발생주의
기관범위	중앙정부	일반회계와 특별회계 정부관리기금	국가채무, 공공기관관리 기금 비영리 공공기관	국가채무, 공공기관관리 기금 비영리 공공기관
	지방·교육	일반회계와 특별회계 기금 및 교육비 특별회계	지방· 교육채무 비영리 공공기관	지방· 교육채무 비영리 공공기관
	비금융공기업	제외	제외	포함
부채항목	국채	포함	포함	포함
	차입금	포함	포함	포함
	국고채무부담행위	포함	제외	제외
	충당부채 (공무원· 군인연금)	제외	제외 (별도부기)	제외 (별도부기)

17 ③

③ (×) 감사원에서 조사 중인 사건에 대하여는 조사개시 통보를 받은 날부터 징계의결의 요구나 그 밖의 징계절차를 진행할 수 없다.

 소청심사청구

① **사유** : 본인의 의사에 반한 신분상 불리한 처분을 받았을 때 → 안 날부터 각각 30일 이내
② **후임자 보충발령 금지** : 파면 또는 해임이나 면직처분을 한 때
③ **결정기간** : 소청심사청구를 접수한 날부터 60일 이내 → 30일을 연장 가능
④ **소청심사불가대상**
  ㉠ 근무성적평정, 경력평정, 승진심사
  ㉡ 변상명령, 당연퇴직, 행정법령의 개정, 내부 의사결정 단계의 행위, 알선·권고·견해표명 등

18 ④

① (×) 공유재산의 조성 등 소관 재정투자사업과 그에 직접적으로 수반되는 경비의 충당, 재해예방 및 복구사업, 천재지변으로 발생한 예측할 수 없었던 세입결함의 보전, 지방채의 차환 등을 목적으로 지방채를 발행할 수 있다.

② (×) 지방자치단체조합의 장은 그 조합의 투자사업과 긴급한 재난복구 등을 위한 경비를 조달할 필요가 있을 때 또는 투자사업이나 재난복구사업을 지원할 목적으로 지방자치단체에 대부할 필요가 있을 때에는 지방채를 발행할 수 있다.

③ (×) 지방채 발행 한도액 범위더라도 외채를 발행하는 경우에는 지방의회의 의결을 거치기 전에 행정안전부장관의 승인을 받아야 한다.

④ (○) 제주도지사는 제주자치도의 발전과 관계가 있는 사업을 위하여 필요하면 「지방재정법」 제11조에도 불구하고 도의회의 의결을 마친 후 외채 발행과 지방채 발행 한도액의 범위를 초과한 지방채 발행을 할 수 있다.

19 ①

① (○) 신공공서비스론은 실증주의, 해석학, 비판이론, 포스트모더니즘 등을 포괄한 다양한 이론적 접근을 시도한다. 특히 시민 행정학, 인간중심 조직이론, 신행정학, 포스트모던 행정학 등이 강조된다. 여기서 실증주의란 보편적 법칙을 추구한다는 의미보다는 담론과정에서 참여자 개개인들의 가치 하나하나가 의미 있게 해석되고 정책에 반영될 수 있어야 함을 뜻한다.

② (×) 시장주의와 신관리주의를 결합한 이론으로 행정의 효과성과 능률성을 극대화하고자 한 이론은 신공공관리론이다.

③ (×) 신공공서비스론은 시장메커니즘보다 공동체 가치를 중시하며, 책임성의 강화를 중요하게 여긴다. 시장의 가격메커니즘과 경쟁원리를 강조하는 것은 신공공관리론이다.

④ (×) 민간기업의 운영방식을 공공부문에 접목하고자 하는 것은 신공공관리론이다. 신공공서비스론은 소유주로서 시민의 권리회복과 지역공동체 의식의 복원에 초점을 둔 국정운영 방식이다.

20 ④

① (○) 지방자치단체는 그 소관 사무에 관하여 법령의 범위에서 정보공개에 관한 조례를 정할 수 있다.
② (○) 원칙적으로 청구공개이지만 국민생활에 큰 영향을 미치는 정보 등은 자발적으로 공개하도록 규정하고 있다.
③ (○) 국민생활에 매우 큰 영향을 미치는 정책에 관한 정보, 국가의 시책으로 시행하는 공사 등 대규모 예산이 투입되는 사업에 관한 정보, 예산집행의 내용과 사업평가 결과 등 행정감시를 위하여 필요한 정보 등은 청구가 없더라도 공개되는 행정정보의 공표대상이다.
④ (×) 외국인의 정보공개 청구에 관하여는 대통령령으로 정한다.

제12회 동형모의고사 정답 및 해설

01	02	03	04	05	06	07	08	09	10
①	②	④	②	④	④	②	③	④	①
11	12	13	14	15	16	17	18	19	20
③	④	④	②	③	④	①	②	②	④

01 ①

① (O) 위원회는 위원장 2인을 포함한 15인 이내의 위원으로 구성되며, 위원장은 국무총리와 대통령이 지명하는 자이며, 위원은 기획재정부장관, 행정안전부장관, 국무조정실장과 대통령이 위촉하는 자로 구성된다.
② (×) 국무총리는 위원회의 심의·의결을 거쳐 정부업무의 성과관리 및 정부업무평가에 관한 정책목표와 방향을 설정한 정부업무평가기본계획을 수립하여야 하며, 최소한 3년마다 그 계획의 타당성을 검토하여 수정·보완 등의 조치를 하여야 한다.
③ (×) 중앙행정기관의 장은 성과관리전략계획에 당해 기관의 임무·전략목표 등을 포함하여야 하고 최소한 3년마다 그 계획의 타당성을 검토하여 수정·보완 등의 조치를 하여야 한다.
④ (×) 국무총리가 중앙행정기관을 대상으로 국정을 통합적으로 관리하기 위하여 필요한 정책 등을 평가하는 것은 특정평가이다.

02 ②

① (×) 조직의 분권화, 통솔범위 축소, 책임의 명확화 등은 구조 중심의 개혁에 해당한다.
② (O) 리엔지니어링은 업무의 과정과 절차를 정비하여 가장 합리적으로 업무를 수행하고자 하는 개혁이다. 구조·기능 중심의 리스트럭처링이나 기존 절차는 그대로 두고 조직을 변화시키려는 총체적품질관리(TQM)와는 상이하다.
③ (×) 개혁에 적응하는데 필요한 시간을 충분히 제공하는 것은 규범적 전략이다.
④ (×) 개혁의 공공성 강조는 공리적·기술적 전략에 속한다.

03 ④

① (×) 기본급여는 봉급을 말한다. 보수는 기본급여인 봉급과 부가급여인 수당의 합이다.
② (×) 지방공무원의 법적 근거는 「지방공무원법」이고 보수는 지방비로 충당한다.
③ (×) 보수의 합리적인 책정을 위한 민간의 임금, 표준생계비 및 물가의 변동 등에 대한 조사는 인사혁신처의 관할이다.
④ (O) 근속가봉은 대통령령인 「공무원보수규정」에 규정되어 시행되고 있다.

04 ②

① (O) 사이먼(H. Simon)은 논리실증주의를 기반으로 가치와 사실을 분리한 후 사실 중심의 과학성을 강조한 학자이다.
② (×) 행태주의는 행정을 둘러싸고 있는 환경적 요인을 고려하지 못한 폐쇄적 관점의 접근방법이다.
③ (O) 사이먼(H. Simon)은 고전적 행정학에서 강조한 행정원리들은 경험적 검증을 거치지 않은 속담에 불과하다고 비판하였다.
④ (O) 모든 사회과학이 인간의 행태를 연구하므로 다른 학문에서 발견된 이론을 행정학에 도입하기 용이할 것이다.

05 ④

① (×) 집행과정의 안정성과 정형화의 정도가 높고, 집행에 대한 갈등의 정도가 낮은 것은 배분정책이다.
② (×) 정책내용이 세부단위로 쉽게 구분되고 각 단위는 다른 단위와 별개로 처리될 수 있는 것은 배분정책이다.
③ (×) 도로, 다리의 건설, 국·공립학교를 통한 교육서비스의 제공 등은 불특정 다수로부터 획득된 조세를 통하여 특정인 혹은 특정 지역에 재화나 서비스를 나눠주는 배분정책에 속한다.
④ (O) 국민 전체와 관련된 재분배정책이 특정 대상자에 한정되는 규제정책보다는 정책과정의 가시성이 높은 편이다.

06 ④

① (○) 유추분석은 낯선 것을 친숙하게 하는 방법으로 과거에 경험한 사례를 새로운 사항과 비교하는 방법이다.
② (○) 의인적(개인적) 유추는 자신이 주어진 문제의 일부라 생각하고 스스로를 해결해야 할 대상이 되었다고 상상하면서 의인화하여 새로운 아이디어를 유추하는 방법이다.
③ (○) 직접적 유추는 주어진 문제를 전혀 다른 사물이나 현상에 객관적으로 직접 비교하는 방법('전화기'는 사람의 귀를 유추해서 만든 것)이다.
④ (×) 상징적 유추는 어떤 대상의 추상적인 원리나 특성이 되는 상징을 유추하는 방법('신데렐라'라는 동화 속 인물을 통해 '신데렐라 콤플렉스'라는 새로운 의미를 만드는 것)이다. 약물중독과 전염병은 둘 다 실제로, 이는 직접적 유추에 해당한다.

07 ②

① (○) 지방자치단체는 지방직영기업의 적용대상마다 특별회계를 설치하여야 한다. 다만, 둘 이상의 사업에 대하여 관리자를 1명만 두는 경우에는 둘 이상의 사업에 대하여 하나의 특별회계를 둘 수 있다.
② (×) 정부기업에 적용되는 법률은 「정부기업예산법」이다. 이 법은 우편, 우체국예금, 양곡관리 및 조달 등 정부기업별로 특별회계를 설치하고, 그 예산 등의 운용에 관한 사항을 규정함으로써 정부기업의 경영을 합리화하고 운영의 투명성을 제고함을 목적으로 한다.
③ (○) 특별회계는 법률로써 설치하여야 하며 해당 법률안을 입법예고하기 전에 기획재정부장관에게 제출하여 그 신설의 타당성에 관한 심사를 요청하여야 한다.
④ (○) 주한 미군기지 이전이나 행정중심 복합도시 건설 등은 기타 특별회계에 해당한다.

08 ③

① (○) 구조화가 잘된 문제(정형화된 문제)의 원형은 완전하게 전산화된 의사결정의 문제이므로 모든 정책대안의 모든 결과는 미리 프로그램화된다. 반면, 구조화가 어느 정도 된 문제(준정형화된 문제)의 원형은 정책모의실험 또는 죄수의 딜레마가 그 예이다. 그리고 구조화가 잘 안된 문제(비정형화된 문제)의 원형은 모든 대안에 우선하여 선호되는 유일한 정책내안을 선택하는 것이 불가능한 결정을 말한다.
② (○) 전통적인 방법은 관리과학을 의미한다. 구조화가 잘된 문제이므로 전산화된 방식으로 결정이 이루어질 수 있다.
③ (×) 문제구조화의 단계는 문제의 감지, 문제의 탐색, 문제의 정의, 문제의 구체화 순으로 이루어진다.
④ (○) 제3종 오류는 정책문제의 잘못된 인지로 인하여 발생하는 근본적 오류(메타오류)로 이를 방지하기 위한 기법이 경계분석이나 분류분석과 같은 문제구조화기법이다.

09 ④

① (×) 오스트롬(V. Ostrom)은 공공선택모형을 행정학에 도입한 학자이다.
② (×) 점증주의도 규범적 성격을 지니므로 무엇이 최선의 정책인가에 대한 판단기준은 있다. 점증모형은 정치적 합리성을 규범적 판단기준으로 사용한다.
③ (×) 합리적 요소뿐만 아니라 직관과 통찰력 같은 초합리적 요소의 중요성을 강조하는 것은 최적모형이다.
④ (○) 점증모형은 보수적이고 선례에 집착하는 면이 강하므로 보다 합리적 정책을 선택하지 않는 구실이 될 수 있다.

10 ①

① (○) 예산의 정책적 기능이란 사회문제를 해결하기 위한 정부의 적극적이고 능동적인 노력을 말한다.
② (×) 예산상 점증주의는 다원주의 사회구조, 자원은 풍족하나 가용재원이 부족한 경우, 단기적 예산과정이 지배하는 경우, 통일성의 원칙 등 전통적 원칙이 적용되는 경우에 유용하게 사용될 수 있다.
③ (×) 예산의 배정이 불안정하며 예산투쟁이 격화될 수 있는 것은 합리주의 예산결정 방식이다. 점증모형은 전년도의 기득권을 인정하고 소폭의 범위에서 예산의 변화를 추구하므로 정치적 안정성을 높일 수 있다.
④ (×) 합리주의모형은 체제분석의 방법을 활용하여 사회후생의 극대화를 추구하는 예산결정모형이다.

11 ③

③ (×) 세입 감소를 내용으로 하는 신규 입법 시 반드시 이에 대응되는 다른 의무지출의 감소나 세입의 증가 등 재원조달 방안이 동시에 입법화되도록 의무화하는 준칙은 수입준칙이다.

재정준칙의 유형

① **수입준칙**: 세입 감소를 야기하는 신규 입법의 제정시 동시에 재원의 조달방안을 입법화하도록 하는 준칙
② **지출준칙**: 총지출 한도, 분야별 지출한도와 지출 증가율의 한도 등을 설정하는 준칙
③ **재정수지준칙**: 매 회계연도마다 또는 일정 기간 재정수지를 일정 수준으로 유지하도록 하는 준칙
④ **채무준칙**: GDP 대비 국가채무 비율을 일정 수준에서 유지 또는 단계적으로 감소하도록 하는 제약조건

12 ④

① (×) 현재 보통세 9개와 목적세 2개의 세목으로 구성되어 있다.
② (×) 지방교육세와 지역자원시설세는 지방세 중 목적세이고, 환경세는 국세 중 목적세이다.
③ (×) 지방세 중 목적세는 지역자원시설세와 지방교육세뿐이다.
④ (○) 주민세는 균등분, 재산분, 종업원분의 세 가지가 있다. 이 중 재산분과 종업원분은 자치구세라는 의미이다. 원칙적으로 등록면허세와 재산세만이 자치구세인데 광역시의 경우에는 특례를 두어 주민세의 일부를 자치구세로 보겠다는 의미이다.

13 ④

① (×) 지방공사의 자본금은 그 전액을 지방자치단체가 현금 또는 현물로 출자하는 것이 원칙이다. 다만, 공사의 운영을 위하여 필요한 경우에는 자본금의 2분의 1을 넘지 아니하는 범위에서 지방자치단체 외의 자(외국인 및 외국법인 포함)로 하여금 공사에 출자하게 할 수 있다.
② (×) 지방공기업에 대한 경영평가를 실시하고 필요한 조치를 강구하는 것은 행정안전부장관의 권한이다.
③ (×) 지방공기업의 경영평가는 원칙적으로 행정안전부장관이 실시한다.
④ (○) 지방공기업평가원은 지방공기업에 대한 경영평가, 관련 정책의 연구, 임직원에 대한 교육 등을 전문적으로 지원하기 위하여 설립된 독립된 법인이다.

14 ②

① (×) 조세지출예산은 조세지출의 타당성을 평가하여 그 지속성을 개선하기 위해 도입된 제도이다.
② (○) 조세지출은 불필요한 감세에 대한 통제력을 강화하므로 조세 형평성을 높이며 세수 인상을 위한 자료를 제공한다.
③ (×) 조세지출예산서는 기획재정부장관이 작성한다.
④ (×) 「국가재정법」에 따르면 '국세감면율'이란 당해 연도 국세 수입총액과 국세감면액 총액을 합한 금액에서 국세감면액 총액이 차지하는 비율을 의미한다.

15 ③

① (×) 국고채무부담행위는 채무부담권한만을 허락받은 것이지 지출권한을 허락받은 것은 아니다. 실제 지출하기 위해서는 다음 회계연도의 예산에 계상하고 다시 의회의 승인을 얻어야 한다.
② (×) 국고채무부담행위는 국가가 법률에 따른 것과 세출예산금액 또는 계속비 총액의 범위 안의 것 이외의 채무를 부담하는 행위로 이를 할 때에는 미리 예산으로써 국회의 의결을 얻어야 한다.
③ (○) 회계연도 개시 전 예산배정을 긴급배정이라 하며, 그 사유에는 외국, 선박, 교통 불편 지역, 부식물 매입, 범죄수사, 여비, 재해복구 등이 있다.
④ (×) 도로 유지·보수 등에 소요되는 경비 등은 긴급배정 대상경비가 아니다.

16 ④

④ (×) 주민투표결과 확정된 사항에 대하여 2년 이내에는 이를 변경하거나 새로운 결정을 할 수 없다.

 주민투표

① **주민투표권**: 18세 이상의 주민(→ 선거권이 없는 사람은 제외)
  ㉠ 그 지방자치단체의 관할 구역에 주민등록이 되어 있는 사람
  ㉡ 대한민국에 계속 거주할 수 있는 자격을 갖춘 외국인으로서 지방자치단체의 조례로 정한 사람
② **주민투표의 대상**: 주민에게 과도한 부담을 주거나 중대한 영향을 미치는 지방자치단체의 주요결정사항
③ **주민투표의 제외**
  ㉠ 법령에 위반되거나 재판 중인 사항, 국가 또는 다른 지방자치단체의 권한 또는 사무에 속하는 사항
  ㉡ 예산편성·의결 및 집행과 회계·계약 및 재산관리
  ㉢ 지방세·사용료·수수료·분담금 등 각종 공과금의 부과 또는 감면에 관한 사항
  ㉣ 행정기구의 설치·변경에 관한 사항과 공무원의 인사·정원 등 신분과 보수에 관한 사항

ⓜ 다른 법률에 의하여 주민대표가 직접 의사결정주체로서 참여할 수 있는 공공시설의 설치에 관한 사항
ⓑ 동일한 사항(취지가 동일한 경우 포함)에 대하여 주민투표가 실시된 후 2년이 경과되지 아니한 사항
④ **주민투표의 실시요건**
  ㉠ 주민이 주민투표의 실시를 청구하는 경우(→ 필수) → 주민투표청구권자 총수의 20분의 1 이상 5분의 1 이하의 범위
  ㉡ 지방의회가 주민투표의 실시를 청구하는 경우(→ 필수) → 재적의원 과반수의 출석과 출석의원 3분의 2 이상의 찬성
  ㉢ 단체장이 주민의 의견을 듣기 위하여 필요하다고 판단하는 경우 → 재적의원 과반수의 출석과 출석의원 과반수의 동의

17 ❶

① (×) 주민은 권리·의무와 직접 관련되는 규칙의 제정, 개정 또는 폐지와 관련된 의견을 해당 지방자치단체의 장에게 제출할 수 있다. 다만, 법령이나 조례를 위반하거나 법령이나 조례에서 위임한 범위를 벗어나는 사항은 의견 제출 대상에서 제외한다.

규칙의 제정과 개정·폐지 의견제출

① **청구권자** : 주민이 지방자치단체의 장에게 제출
② **대상** : 권리·의무와 직접 관련되는 사항
③ **제외** : 법령이나 조례를 위반하거나 법령이나 조례에서 위임한 범위를 벗어나는 사항
④ **후속조치** : 의견이 제출된 날부터 30일 이내에 검토 결과를 그 의견을 제출한 주민에게 통보

18 ❷

① (×) 공공재는 서비스 형태로 공급되는 재화이므로 원칙적으로 축적이 곤란하다. 한편, 공공재는 비경합성의 성격을 지닌 재화이다. 재화의 비경합성은 추가적인 비용(한계비용)의 크기가 평균비용의 크기보다 낮다는 의미로, 규모의 경제가 발생하는 원인이다.
② (○) 소수의 공급자 혹은 수요자만이 존재하는 불완전경쟁과 제3자에게 의도하지 않은 이득이나 손해를 주는 외부효과는 수요와 공급을 불일치하게 만드는 시장실패의 원인이다.
③ (×) 정부가 추진하는 정책의 성공과 실패에 대한 직접적인 평가가 어려워 최적의 생산량에 미치지 못하는 현상은 X-비효율성이다. 이는 상벌의 크기가 크지 않아 최선의 노력을 다하지 않기 때문이다.
④ (×) 외부경제의 경우 비용은 본인에게 집중되지만 편익은 사회적으로 분산되므로 사회적으로 바람직한 수준보다 적게 생산된다.

19 ❷

① (×) 사회적 형평성은 개인의 몫을 분배하는 원칙이다. 금전적 효율성을 극대화하는 것은 효율성과 관련된다.
② (○) 사회적 형평성은 현재의 차별을 금지하는 것은 물론 과거의 차별을 시정하는 수준까지 요구한다.
③ (×) 어떤 행위가 궁극적인 목표달성을 위한 최적의 수단이 되느냐는 (내용적) 합리성이다.
④ (×) 공리주의에 기초하고 있는 효용이론이나 후생경제학에 근거를 두고 있는 것은 효율성이다.

20 ❹

① (×) 정책결정을 전략적 계획의 틀에 맞추어 이해하고 시간의 장기성, 계량적 요인과 질적 요인의 동시적 고려, 결정자들의 능동성 등과 합리주의와 점증주의의 이점을 취하고 단점을 피하는 모형은 전략적 계획 패러다임이다. 한편, 기술평가·예측모형은 합리주의 패러다임에 속한다.
② (×) 체제모형, 제도모형, 집단모형은 점증주의 패러다임에 속한다.
③ (×) 지식·정보의 완전성과 미래예측의 확실성을 전제로 하는 모형은 합리주의 모형이다.
④ (○) 신제도모형은 정책유형과 조직 내외의 상황적 조건을 결부시켜 정부개입의 성격을 규명하려 하며, 정치적 제도에 초점을 맞추지만 정책과 정부기관, 정치체제 전체, 정책영역별 정치행태유형과의 관계에도 관심을 갖는 모형이다.

제13회 동형모의고사 정답 및 해설

01	02	03	04	05	06	07	08	09	10
③	④	①	②	③	②	④	①	②	①
11	12	13	14	15	16	17	18	19	20
③	①	④	④	①	①	④	④	③	④

01 ❸

① (○) 옴부즈만은 원칙적으로 신청에 의하여 조사활동이 개시되지만 예외적으로 직권으로도 활동을 개시할 수 있다.
② (○) 옴부즈만은 행정에 대한 국민의 불편을 공평무사하게 조사하고 처리하는 기관이다. 1809년 스웨덴에서 처음 발생하였으며 주로 헌법기관이다. 조직상으로는 입법부 소속이지만 직무상으로는 독립성이 보장된다.
③ (×) 옴부즈만의 임기는 비교적 긴 편이며(스웨덴의 경우 4년) 임기 중 신분이 보장된다.
④ (○) 옴부즈만은 간접적 통제로 무효와 취소 또는 변경은 불가하며, 시정권고 등을 통한 통제만이 가능하다.

02 ❹

① (○) 전통적 관리는 개인별 업무수행을 강조하지만 총체적품질관리는 팀 단위의 업무수행을 강조한다.
② (○) 전통적 관리는 집권적 의사과정을 기반으로 하므로 상위층을 위한 정보체계를 강조하지만 총체적품질관리는 고객과 접촉하는 모든 구성원에게 신속하게 정보를 제공할 수 있는 정보체계를 강조한다.
③ (○) 전통적 관리는 기능 중심의 수직적 구조를 취하지만 총체적품질관리는 업무처리 과정에 맞게 조직을 구조화하려고 한다.
④ (×) 총체적품질관리는 낮은 성과의 원인을 조직 전체의 책임으로 간주한다. 한편, 전통적 관리는 관리체계의 미숙으로 인한 낮은 성과는 관리자의 책임이지만, 개인별 전문성의 미약으로 인한 낮은 성과는 구성원 개인의 책임이다.

03 ❶

① (×) 윌슨(W. Wilson)의 정치행정이원론은 '펜들턴법'의 제정에 따라 추진되기 시작한 실적주의 도입에 관한 이론적 뒷받침이다. 한편, '4년임기법'(1820)은 엽관주의와 관련된다.
② (○) 윌슨(W. Wilson)은 엽관주의 또는 정당정치의 폐해로부터 행정의 분리를 주장한 학자이다.
③ (○) 19세기 말 미국의 진보주의는 정치적으로는 직접민주주의 요소를 도입하고 행정적으로는 실적주의를 도입하고자 하는 개혁이다. 한편, 유럽식 중앙집권국가의 관리이론은 독일이나 프랑스의 관료제를 뜻한다. 윌슨(W. Wilson)의 이론은 미국의 민주적 정치체제와 유럽의 비민주적 행정체제가 결합될 수 있는 것은 정치와 행정이 분리될 수 있기 때문이라는 주장이다.
④ (○) 윌슨(W. Wilson)은 행정의 영역을 정치와는 구분되는 관리의 영역으로 보았으며, 행정을 경영과 동일시하여 경영적 행정의 필요성을 주장하였다.

04 ❷

① (×) 책임운영기관은 대통령령으로 설치한다.
② (○) 중앙행정기관의 장은 소관 사무 중 책임운영기관이 수행하는 것이 효율적이라고 인정되는 사무에 대하여는 그 설치를 행정안전부장관에게 요청할 수 있다. 즉, 책임운영기관의 총괄기관은 행정안전부이다.
③ (×) 조사연구, 교육훈련, 문화, 의료, 시설관리 등은 책임운영기관을 사무의 성격에 따라 분류한 것이다. 기관의 지위에 따라서는 중앙책임운영기관과 소속책임운영기관으로 구분된다.
④ (×) 행정안전부장관은 5년 단위로 책임운영기관의 관리 및 운영의 전반에 관한 기본계획(중기관리계획)을 수립하여야 한다.

05 ❸

① (○) 다만, 다원주의는 자동적인 견제와 균형을 받아들이지만, 신다원론은 의도적인 조정에 의한 견제와 균형을 강조한다.

② (O) 신다원론 역시 이익집단 간 견제와 균형이 민주주의의 핵심 동력임을 강조한다. 그러나 전통적 다원론과는 달리 자동적으로 견제와 균형이 되지 않음을 인식한다. 이에 따라 이를 방지하기 위한 구조적 개혁의 필요성을 강조하는데, 선거 등 외적 통제수단보다는 관료 간 내적 견제, 정부기구의 분화 등을 통한 민주주의 확립 필요성을 주장한다.
③ (×) 정책결정에 있어서 정부의 이해관계와 영향력을 간과하고 있다는 비판을 받는 것은 다원주의이다. 신다원주의는 자본주의라는 이념적 특성과 정부의 능동성이라는 특징을 고려한다.
④ (O) 신다원론은 자본주의에서 정부는 기업의 특권적 지위를 고려할 수밖에 없다고 주장하면서, 다원론은 이데올로기의 영향력과 외적 환경 등과 같은 구조적 제약요인을 간과하였다고 비판한다.

기관 범위	중앙정부	일반회계와 특별회계 정부관리기금	국가채무, 공공기관 관리기금 비영리 공공기관	국가채무, 공공기관 관리기금 비영리 공공기관
	지방·교육	일반회계와 특별회계기금 및 교육비 특별회계	지방· 교육채무 비영리 공공기관	지방· 교육채무 비영리 공공기관
	비금융공기업	제외	제외	포함
부채 항목	국채	포함	포함	포함
	차입금	포함	포함	포함
	국고채무 부담행위	포함	제외	제외
	충당부채 (공무원· 군인연금)	제외	제외 (별도부기)	제외 (별도부기)

06 ②

① (O) 배정은 기획재정부장관이 월별자금계획서와 중앙관서의 장이 제출한 예산배정요구서에 근거하여 분기별로 각 중앙관서의 장에게 배분하는 것이고 재배정은 중앙관서의 장이 배정받은 범위 내에서 산하기관에게 배분하는 절차이다.
② (×) 기획재정부장관은 매년 1월 말까지 예산집행지침을 각 중앙관서의 장에게 통보하여야 한다. 그리고 국회에 있어 중앙관서의 장은 국회사무총장이다.
③ (O) 재정건전성이란 국가 재정운용에 있어 세출이 세입을 초과하지 않아 공채발행이나 차입이 없는 상태를 말한다.
④ (O) 전통적 예산 원칙의 예외에 해당하는 이체와 이월, 예비비 및 수입대체경비 등은 모두 예산집행의 신축성을 확보하는 장치들이다.

07 ④

④ (×) 공공부문 부채(D3)는 비금융공기업의 부채까지 포함된다.

국가채무와 국가부채

구분	국가채무(D1)	일반정부 부채(D2)	공공부문 부채(D3)
산출근거	국가재정법	국제기준	국제기준
회계기준	현금주의	발생주의	발생주의

08 ①

① (×) 평정의 임의성과 주관성을 배제하기 위하여 도표식 평정척도법에 중요사건기록법을 가미한 방식은 행태기준척도법이다.
② (O) 목표관리제는 구성원의 참여에 의해 목표를 설정하므로 개인의 능력이나 태도가 반영될 수 있다. 그러나 결국 산출된 결과를 토대로 평가가 이루어진다.
③ (O) 다면평정법은 상사·동료·부하·고객 등 다수의 평가자가 입체적으로 평가하는 방법이므로, 소수 평정자의 주관과 편견, 그리고 이들 간의 개인 편차를 줄여 평가의 공정성을 높일 수 있다.
④ (O) 다면평가제도는 능력보다는 인간관계에 따른 친밀도로 평가가 이루어질 수 있다는 단점이 있다.

09 ②

① (×) 수사기관이 공무원을 구속하려면 그 소속 기관의 장에게 미리 통보하여야 한다. 다만, 현행범은 그러하지 아니하다.
② (O) 외국정부로부터 영예 또는 증여를 받을 경우에는 대통령의 허가를 받아야 한다.
③ (×) 퇴직공무원의 취업제한과 행위제한 등은 「공직자윤리법」에 규정된 내용이다.
④ (×) 소속 상관의 직무상 정당한 명령에 복종하여야 한다.

10 ❶

① (○) 시장성 검증(시장성 테스트)이란 공공성의 정도에 따라 정부의 기능을 재정립하려는 정부개혁의 기법을 말한다.
② (×) 조정, 관리, 통제를 강조하는 것은 전통적 복지국가의 공공서비스 공급방식이지만 수요자 중심의 맞춤형 관점은 신공공관리론에서 강조하는 공공서비스 공급방식이다.
③ (×) 재정효율화와 차별적으로 상품화된 서비스의 제공을 강조하는 것은 신공공관리론이다. 복지국가는 형평적 배분과 최저 수준의 표준화된 공공서비스의 제공을 강조한다.
④ (×) 갈브레이스의 의존효과는 공공재 과소 공급설이다. 수요가 소비자의 자주적 욕망에 의존하는 것이 아니라 생산자의 광고 등에 의존한다는 이론이며, 결국 광고에 의해 민간재의 과다 소비로 연결되기에 상대적으로 공공재의 규모가 축소된다는 주장이다.

11 ❸

① (○) BTO는 사용자에게 사용료를 받을 수 있는 수익사업에 주로 활용된다.
② (○) 과거에는 BTO 방식의 경우 최소수입보장제도가 규정되었으나 지금은 폐지되었다.
③ (×) 임대형 민자사업은 임대기간 동안 임대료를 사업자에게 지불하여야 하므로 결국 미래세대도 그 비용을 부담하게 된다.
④ (○) BTL 방식은 수익성이 낮으므로 정부에게 그 시설을 임대하고 정부로부터 임대료를 받는 방식으로 투자비를 회수한다.

12 ❶

① (○) 뉴욕시정조사연구소는 시정의 과학적 연구를 통해 행정개혁의 근거를 제공하기 위해 1906년 뉴욕에 설치된 행정연구소이다.
② (×) '행정학 논문집'을 통해 행정연구의 학문적 기초를 제공한 학자는 귤릭(L. Gulick)과 어윅(L. Urwicks)이다.
③ (×) 특정 지역 및 계층 중심의 관료파벌을 해체하는 것은 엽관주의의 도입과 관련된다. 윌슨(W. Wilson)은 엽관주의의 폐해를 제거하기 위하여 실적주의를 도입하고자 한 학자이다.
④ (×) 과업별로 가장 효율적인 표준시간과 동작을 정해서 수행할 필요가 있다는 주장은 과학적 관리론이고 이는 고전적 행정이론이다.

13 ❹

① (×) 선정과 성숙의 상호작용 효과는 준실험에서 나타나는 약점이다. 실험집단과 통제집단이 동질적인 진실험은 선정효과와 성숙효과 및 역사요인을 통제할 수 있기 때문이다.
② (×) 실험집단과 통제집단을 서로 동질적인 것으로 구성하여 정책을 평가하는 방법은 진실험이다.
③ (×) 내적타당성을 저해하는 요인은 진실험보다는 준실험에서 다양하게 나타난다.
④ (○) 짝짓기는 정책이 실시되는 지역과 실시되지 않는 지역이 구분되어 있어 무작위 배정이 어려울 때, 비슷한 대상끼리 둘씩 짝지어 배정하는 방식이고, 시계열적 방법은 정책이 전국적으로 실시되어 실험집단과 통제집단을 구분하기 곤란한 경우 별도의 통제집단 없이 동일한 집단에 대하여 정책을 집행하여 비교하는 방식으로, 정책집행 후 일정기간 동안 나타난 산출의 변화를 정책집행 전의 일정기간 동안 나타났던 산출의 변화와 비교하는 방법이다.

14 ❹

① (×) 엽관주의자에 의해 암살된 대통령은 가필드 대통령이다. 잭슨은 엽관주의를 공식적으로 천명한 대통령이다.
② (×) 관료들이 누구나 자신의 사회적 배경의 가치나 이익을 정책 과정에 반영시키려고 노력한다는 명제를 전제로 하는 것은 대표관료제이다.
③ (×) 1883년 펜들턴법(Pendleton Act)의 제정으로 실적주의의 필요성이 인식되었다.
④ (○) 윌슨(W. Wilson)의 논문은 펜들턴법의 제정에 따라 도입된 실적주의의 이론적 뒷받침에 기여하였다.

15 ❶

① (○) 자본예산에서 경상적 지출은 경상적 수입으로 충당하여 원칙적으로 수지의 균형을 이루나, 자본적 지출은 적자재정과 공채발행으로 충당하므로 단기적으로는 불균형이다.
② (×) 자본예산은 자본적 지출에 대한 심도 있는 분석을 위해서 도입된 제도이다.
③ (×) 경상적 지출이 반복적이며, 자본적 지출이 반복적이지 않다.
④ (×) 자본예산은 불황기에 적자예산을 편성하여 경기를 활성화하려는 제도이다.

16 ❶

① (×) 보편적 기본소득은 가구가 아닌 개인 단위로 지급된다.

보편적 기본소득(UBI)

① **의의**
  ㉠ 모든 사람에게 자격심사 없이 개인 단위로, 노동 요구 없이 무조건 전달되는 정기적인 현금 서비스
  ㉡ 공공부조, 사회보험, 사회서비스 모델에 이은 제4의 모델
② **속성**
  ㉠ **개별성** : 가구 단위가 아닌 개인 단위의 지급
  ㉡ **보편성** : 자격심사 없이 모든 사람에게 지급
  ㉢ **무조건성** : 수급의 대가로 노동이나 구직 활동을 요구하지 않음
  ㉣ **정기성과 현금 지급** : 일회성이 아닌 정기적 지급
③ **목적** : 만인의 실질적 자유의 확보 → 공유부(common wealth)에 대한 시민권리 차원
④ **기존 복지서비스와의 차이점** : 본인의 부담 없이 현금으로 지급되며, 사회적 위험에 대한 고려 없이 모두에게 지급

17 ❹

① (×) 정치적 임용 또는 선거에 의해서 선출되는 공무원은 정무직 공무원이다.
② (×) 임기제 공무원은 경력직 공무원에 속한다.
③ (×) 국회의원 의원실에 근무 중인 비서관은 특수경력직에 속한다.
④ (○) 민정수석비서관은 정무직 공무원이므로 특수경력직에 속한다.

18 ❹

① (○) 「지방자치법」 제16조 제5항의 내용이다.
② (○) 주무부장관이나 시·도지사는 감사청구를 수리한 날부터 60일 이내에 감사청구된 사항에 대하여 감사를 끝내야 하며, 감사결과를 청구인의 대표자와 해당 지방자치단체의 장에게 서면으로 알리고, 공표하여야 한다.
③ (○) 감사청구한 주민은 그 감사청구한 사항과 관련 있는 위법한 행위나 업무를 게을리 한 사실에 대하여 해당 지방자치단체의 장을 상대방으로 하여 소송을 제기할 수 있다.
④ (×) 「주민소송법」은 따로 제정되어 있지 않다. 소송에 관하여는 「지방자치법」에 규정된 것 외에는 「행정소송법」에 따른다.

19 ❸

① (×) 민간이 시설을 건설하고 직접 소유하면서 운영하는 것은 BOO(Build-Own-Operate) 방식이다.
② (×) 사용료만으로 투자비 회수가 어려운 시설에 대해서 실시하는 것은 임대료를 통해 투자비를 회수하는 BTL 방식이다.
③ (○) BTO는 고속도로나 다리처럼 투자비가 크고 사업리스크가 크므로 사업기간이 상대적으로 더 긴 편이다.
④ (×) BTO 방식은 민간이 직접 운영을 하는 제도이므로 사업의 위험을 민간이 부담한다.

20 ❹

① (○) 신자유주의란 국가권력의 시장개입을 비판하고 자유시장과 규제완화, 재산권을 중시하는 이론이다. 국가의 시장개입을 완전히 부정하지는 않지만 국가의 직접적 개입보다는 준칙의 제정과 같은 간접적 개입을 강조한다.
② (○) 신자유주의 정부이념은 정부실패 이후 감축관리에 입각한 작은 정부로, 민영화와 규제완화 그리고 정부의 직접적 개입보다는 간접적 개입의 선호 등을 강조하였다.
③ (○) 신자유주의 정부이념은 신공공관리론과 관련된다. 이는 시장기법과 성과기법이라는 민간기법을 정부에 도입하여 정부의 생산성을 높이고자 하는 개혁기법이다.
④ (×) 케인즈 경제학에 기반을 둔 수요중시 경제정책(많은 세금, 많은 정부지출)은 진보주의 혹은 큰 국가(행정국가)에서 강조했던 경제정책이다. 신자유주의는 신고전파 경제학에 기반을 둔 공급중시 경제정책을 추구한다.

제14회 동형모의고사 정답 및 해설

01	02	03	04	05	06	07	08	09	10
③	②	②	④	④	③	②	①	①	①
11	12	13	14	15	16	17	18	19	20
④	③	④	④	③	②	④	③	③	③

01 ❸

① (○) 점증모형은 합리모형의 문제점을 지적하고자 등장한 현실적이고 기술적인 모형이다. 다만, 점증모형 역시 정치적 타협이라는 규범적 가치를 추구하므로 규범적 모형의 특징도 지니고 있다.
② (○) 상황이 복잡하여 정책대안의 결과가 극히 불확실할 때에는 합리모형의 적용이 어렵다. 이러한 경우라면 지속적인 수정과 보완을 통해 정책을 점진적으로 개선하고자 하는 점증모형이 하나의 대안이 될 수 있다.
③ (×) 점증모형에서 강조하는 환류와 관련된 내용이다.
④ (○) 합리모형은 주어진 목표를 극대화할 수 있는 대안을 선택하고자 하는 결정모형이다.

02 ❷

① (×) 조직의 응집성이 매우 높을 때 나타나는 모형은 앨리슨(G. Allison) 모형Ⅰ이다.
② (○) 앨리슨(G. Allison)의 관료정치모형은 여러 다양한 문제에 관심을 갖는 다수의 행위자를 상정하며 이들의 목표는 일관되지 않다.
③ (×) 관료정치모형은 조직의 상위계층에 적용가능성이 높고, 조직과정모형은 조직의 중하위계층에 적용가능성이 높다.
④ (×) 참여자들의 선호의 불명확성을 의미하는 문제성 있는 선호, 대안과 목표(결과) 사이의 인과관계에 관한 지식과 기술의 부족을 의미하는 불명확한 기술, 참여자들의 유동성을 의미하는 일시적 참여 등은 쓰레기통모형의 기본전제이다.

03 ❷

① (×) 정책집행연구의 초기 학자로, 집행을 정책결정과 분리하지 않고 연속적인 과정으로 정의한 학자는 프레스만(J. Pressman)과 윌다브스키(A. Wildavsky)이다.
② (○) 일선관료란 고객에게 직접적인 서비스를 제공하는 관료를 말한다.
③ (×) 립스키(M. Lipsky)는 일선관료의 문제성 있는 업무환경으로 고객들의 비자발성, 과중한 업무량, 인적·물적·시간적·기술적 자원들의 만성적 부족, 집행의 성과에 대한 모호한 기대와 이율배반적인 업무 목표, 권위에 대한 도전과 위협의 상존 등을 제시하였다. 정책담당자의 보수성은 관련이 없다.
④ (×) 일선관료들은 매우 복잡한 업무를 수행하므로 업무수행에 있어 재량이 크다.

04 ❹

① (×) 소청심사위원회는 원징계처분보다 무거운 징계 또는 징계부가금을 부과하는 결정을 하지 못한다.
② (×) 소청심사위원회의 결정은 처분행정청을 기속한다.
③ (×) 지방소청심사위원회는 시·도에 임용권자별로 지방소청심사위원회 및 교육소청심사위원회를 둔다.
④ (○) 지방소청심사위원회의 위원은 특별시장·광역시장·도지사 또는 특별자치도지사 또는 교육감이 임명하거나 위촉한다. 그리고 위원장은 위촉위원 중에서 호선한다.

05 ❹

① (×) 고위공무원단 제도는 노무현 정부 때 도입되었다.
② (×) 대통령 소속의 중앙인사위원회를 신설하고, 내무부와 총무처를 행정자치부로 통합한 것은 김대중 정부이다.
③ (×) 국무총리 소속의 국정홍보처는 김대중 정부에서 신설하였다.
④ (○) 이명박 정부는 2008년 8월 11일부터 총 5차에 걸쳐 공기업 선진화 추진 계획을 내놓았다.

06 ③

① (○) 기능구조는 구성원들 간 응집력이 강해 (기능)부서 내 의사소통과 조정이 유리하다. 그러나 부서들 간 조정과 협력이 요구되는 환경변화에는 적응력이 떨어진다.
② (○) 기능구조는 지식과 기술을 통합적으로 활용하므로 전문지식과 기술의 깊이를 제고할 수 있다. 또한 시설과 자원의 공유가 가능하므로 기능부서 내의 규모의 경제를 높일 수 있다.
③ (×) 의사결정의 상위 집중화로 최고관리자의 업무부담이 증가될 수 있는 것은 기능구조이다.
④ (○) 사업구조는 산출물에 기반을 둔 조직구조로, 산출물 구조 또는 전략적 사업단위라 불리며, 완제품의 생산에 필요한 모든 기능들을 부서 내로 배치한 자기완결적인 단위이므로 부서 내의 기능 간 조정이 극대화될 수 있다.

07 ②

① (×) 직무수행자의 성장 욕구가 낮은 경우 단순한 직무를 제공하는 전략이 필요하다는 주장은 해크맨(J. Hackman)과 올햄(G. Oldham)의 직무특성이론이다.
② (○) 허즈버그(F. Herzberg)의 이론은 개인차를 고려하지 못하였고 기사와 회계사 등을 연구하여 연구대상의 일반화가 곤란하며, 중요사건기록법에 의해 자료를 수집하였기 때문에 동기요인을 과대평가하고 있다는 비판을 받는다.
③ (×) 보수 및 대인관계는 허즈버그(F. Herzberg)의 위생요인으로 이는 동기부여의 필요조건이다.
④ (×) 대인관계와 작업조건은 허즈버그(F. Herzberg)의 위생요인에 해당한다.

08 ①

① (×) 인간관계론의 궁극적 목표는 성과의 제고이다. 다만 과학적 관리법과는 다른 방식으로 접근하는 것이다. 조직 내부의 비공식집단의 활성화도 옳은 표현이지만 가장 궁극적인 목표는 결국 생산성 제고이다.
② (○) 인간관계론은 사회적 인간관을 강조한 나머지 경제적 요인이나 자아실현과 같은 요인을 간과하였다는 비판을 받는다.
③ (○) 인간관계론은 조직의 합리성과 구성원의 감정적 요인들이 일치하지 않음을 강조한 이론이다.
④ (○) 메이요(E. Mayo)의 호손실험은 인간관계론을 이론적으로 뒷받침하고 있다. 생산성을 좌우하는 것은 과학적 관리법에서 강조하였던 작업시간, 조명, 임금과 같은 것이 아니고, 자신이 속한 집단에 대한 감정이나 태도와 같은 심리조건, 사람과 사람과의 관계, 비공식적 상호작용임을 강조한 연구이다.

09 ①

① (○) 지방자치단체는 다른 지방자치단체로부터 사무의 공동처리에 관한 요청이나 사무처리에 관한 협의·조정·승인 또는 지원의 요청을 받으면 법령의 범위에서 협력하여야 한다.
② (×) 사무위탁, 지방자치단체조합, 지방자치단체연합 등은 수평적 협력방식이다.
③ (×) 소관 사무의 일부를 다른 지방자치단체나 그 장에게 처리하게 하는 것은 사무위임이 아니라 사무위탁이다.
④ (×) 행정안전부장관이나 시·도지사의 승인을 받아 설립하는 것은 지방자치단체조합이다.

10 ①

① (○) 자치사무에 대한 국가의 감독은 사후적이고 소극적인 것에 국한된다.
② (×) 교원능력개발평가는 국가사무로서 각 시·도 교육감에게 위임된 기관위임사무이고, 부랑인선도도시설 및 정신질환자요양시설에 대한 지방자치단체장의 지도·감독사무는 국가사무로서 지방자치단체의 장에게 위임된 기관위임사무이다.
③ (×) 국회의원 선거사무는 국가사무로서, 지방자치단체의 장이 처리할 경우 이는 기관위임사무에 해당한다. 반면, 주민등록관리, 공유재산관리, 상하수도사업은 지방자치단체의 자치사무이다.
④ (×) 단체위임사무란 법령에 의해 자치단체에 위임된 사무로, 지역적 이해관계와 국가적 이해관계가 공존하고 있는 사무를 말한다. 단체위임사무는 지역적 이해관계가 있는 자치단체의 사무이므로 지방의회의 관여가 가능하며 지방의회는 조례를 통해 이를 규정할 수 있다.

11 ④

① (○) 후기행태주의는 논리실증주의와 이에 입각한 행태론적 자세를 비판하면서, 사회문제의 해결을 위해 적실성(relevance)과 실천성(action)을 갖는 처방적 학문의 필요성을 강조하였다.

② (○) 후기행태주의는 월남전과 반전운동, 워터게이트 사건(1972), 흑인폭동(1967), 세대갈등(68세대), 물량 중심의 총량지표의 한계(풍요속의 빈곤), 행태주의와 그 이론적 근거인 논리실증주의(가치중립성)의 한계, 미국 내 사회문제의 해결에는 소홀하였던 비교행정론의 한계 등을 배경으로 등장한 이론이다.
③ (○) 후기행태주의는 과학적 방법보다는 사회문제의 해결에 기여할 수 있는 처방적 학문을 주장하였다.
④ (×) 투표행동과 같은 인간행태를 통해 사회현상을 연구하는 접근법은 행태주의이다.

12 ❸

① (×) 공익 과정설은 다원주의, 공리주의, 현실주의, 개인주의 관점으로 의사결정의 점증모형과 관련된다. 합리주의와 관련성을 갖는 것은 실체설이다.
② (×) 민주적 공익관은 공익 과정설을 뜻한다. 반면, 공익의 기본요소로 도덕적 선을 핵심으로 삼는 것은 공익 실체설이다.
③ (○) 사회의 다양한 집단 간에 상호 이익을 타협하고 조정하여 얻어진 결과를 공익으로 보는 것은 공익 과정설의 입장이며, 이는 정부의 소극적 역할을 강조하는 공익관이다.
④ (×) 공익 과정설은 대립적인 이익들을 평가할 수 있는 기준을 제시하지 못한다. 따라서 민주화 과정에서 발생하는 지나친 집단이기주의에 대응하기 위해서는 과정설적 견해보다는 실체설적 견해가 유용하다.

13 ❹

① (○) 정책적 의사결정은 사회적 과정의 부분에 해당하므로 거시적이고 맥락적인 시각에서 접근하여야 한다.
② (○) 라스웰(H. Lasswell)의 '정책지향'은 정책의제론, 정책결정론, 정책집행론 등과 같은 정책과정에 관한 실증적 지식과 정책분석론, 정책평가론 등과 같은 정책과정에 필요한 규범적 지식이 필요하다고 보았다.
③ (○) 라스웰(H. Lasswell)에 의하면 '정책과정에 관한 지식'은 실증적 지식이고, 정책과정에 필요한 지식은 규범적이고 처방적인 지식이다.
④ (×) 묵시적 지식과 경험의 존중을 강조한 학자는 드로어(Y. Dror)이다.

14 ❹

① (×) 폐쇄적이고 안정적인 것이 정책공동체이고, 개방적이고 유동적인 것이 이슈네트워크이다.

② (×) 정책공동체가 상호의존성이 강하고 이슈네트워크가 상대적으로 상호의존성이 약하다.
③ (×) 정책공동체가 이슈네트워크보다 더 장기적으로 지속되는 비교적 안정된 네트워크이다.
④ (○) 정책공동체는 관련된 전문가 중심으로 구성되므로 전문직업적 이익이 지배적이나 이슈네트워크에는 다양한 참여자가 존재하므로 그 추구하는 가치 역시 매우 다양할 수밖에 없다.

15 ❸

① (○) 행동강령은 윤리강령을 구체화하여 세분화된 내용과 절차를 담고 있는 것으로 규범성, 실천성, 자율성, 포괄성과 보편성, 예방적 성격 등을 특징으로 한다.
② (○) OECD 국가들의 행동강령은 1990년대부터 집중적으로 제정되었다. OECD 국가들의 3분의 2가 법률의 형식으로 규정하고 있다.
③ (×) 「공무원 행동강령」은 「부패방지 및 국민권익위원회의 설치와 운영에 관한 법률」에 근거하여 대통령령으로 제정되어 있다. 즉, 「국가공무원법」에 규정되어 있는 것은 아니다.
④ (○) 「공무원 행동강령」 제24조에 따르면 중앙행정기관의 장 등은 이 영의 시행에 필요한 범위에서 해당 기관의 특성에 적합한 세부적인 기관별 공무원 행동강령을 제정하여야 한다.

16 ❷

① (○) 관료제는 계약사회의 구조적 현상이므로 연공과 업적에 따른 승진과 보수를 특징으로 한다.
② (×) 관료제는 연공과 업적에 의한 승진과 보수를 강조하지만 실적에 따른 평가에 의해서 보수가 결정되는 것이 아니라 연공서열에 의해 보수가 결정된다. 물론 실적이 우수할 경우 승진 가능성이 크므로 향후 높은 봉급으로 연결될 가능성 또한 높다. 다만, 이러한 실적에 의해 직접적으로 보수가 결정되는 것은 아니다.
③ (○) 관료제는 그 본질적 특성에 순기능뿐만 아니라 역기능도 내포되어 있는데, 분업으로 인한 할거주의와 훈련된 무능, 계층제로 인한 권위주의, 법과 규칙에 따른 동조과잉과 형식주의 등은 관료제의 역기능에 속한다.
④ (○) 과두제의 철칙이란 모든 조직에서 상위 지도자들이 그 조직을 계속 지배하려는 목적으로 원래의 조직목표는 망각하고 그 목표를 실현하기 위한 수단을 더욱 중시하는 현상을 말한다.

17 ④

① (○) BSC는 추상성이 높은 미션(mission)과 비전(vision)에서부터 구체적인 성과지표로 이어지는 위계적인 체제를 가진다.
② (○) 목표관리(MBO)는 구체적이고 단기적이며 양적인 목표를 강조하지만 균형성과표(BSC)는 거시적이고 장기적이며, 양적인 목표와 질적인 목표의 균형을 강조한다.
③ (○) 균형성과표(BSC)는 기업의 사명과 전략을 측정하고 관리할 수 있는 포괄적이고 장기적인 측정지표이다.
④ (×) BSC는 기업의 사명과 전략 그리고 그 성과를 측정하고 관리할 수 있는 지표를 명확하게 제시하므로 구성원들에게 앞으로의 방향을 제시하는 해석지침으로 유용하다.

18 ③

① (×) 지방자치단체의 사무에 관한 그 장의 명령이나 처분이 법령에 위반되거나 현저히 부당하여 공익을 해친다고 인정되면 시·도에 대하여는 주무부장관이, 시·군 및 자치구에 대하여는 시·도지사가 기간을 정하여 서면으로 시정할 것을 명하고, 그 기간에 이행하지 아니하면 이를 취소하거나 정지할 수 있다. 이 경우 자치사무에 관한 명령이나 처분에 대하여는 법령을 위반하는 것에 한한다. 즉, 즉시 이를 취소하거나 정지할 수 있는 것은 아니다.
② (×) 자치사무에 관한 명령이나 처분에 대하여는 법령을 위반하는 것에 한한다.
③ (○) 자치단체의 장이 법령의 규정에 따라 그 의무에 속하는 국가위임사무나 시·도위임사무의 관리와 집행을 명백히 게을리하고 있다고 인정되면 시·도에 대하여는 주무부장관이, 시·군 및 자치구에 대하여는 시·도지사가 기간을 정하여 서면으로 이행할 사항을 명령할 수 있다.
④ (×) 대집행의 비용은 지방자치단체가 부담한다.

19 ③

① (○) 행정이 공익을 추구한다는 가정을 비판한다는 의미이다.
② (○) 공공선택론은 가정과 전제를 토대로 현상을 파악하는 연역적 접근이며, 합리적 경제인에 바탕을 둔 합리모형의 성격을 강조하면서 동시에 공적 서비스에 존재하는 집합적 거래의 특징도 중시하는 이론이다.

③ (×) 공공선택론은 행정을 합리적 개인들 간의 자발적 교환으로 파악한다. 그러나 정보 등의 제약으로 인한 교환의 한계를 인식하며, 이를 보완하기 위한 제도적 장치의 설계를 중시한다.
④ (○) 공공선택론은 자신의 이익을 추구하는 주제들 간의 균형점을 이루게 하는 결정규칙이나 구조에 관심을 갖는다.

20 ③

① (○) 지나친 시장기법의 도입은 행정의 특수성과 책임성을 약화시킬 수 있으며, 효율성의 강조는 전통적으로 강조되었던 민주성이나 형평성 등과 같은 행정 이념을 약화시킬 우려가 있다.
② (○) 자율성을 강조하는 기업가적 재량권과 민주적 통제를 강조하는 공적 책임성은 상호 모순될 여지가 크다.
③ (×) 신공공관리론은 화폐적 유인이라는 단일의 유인체계를 강조한다.
④ (○) 성과평가의 지나친 집착은 단기적이고 계량적인 업무에 치중하게 하므로 장기적이고 전략적이며 좀 더 창의적인 사고를 제약하는 원인이 될 수 있다.

제15회 동형모의고사 정답 및 해설

01	02	03	04	05	06	07	08	09	10
④	①	①	④	④	①	④	②	②	①
11	12	13	14	15	16	17	18	19	20
①	③	④	①	④	②	②	②	④	③

01 ④

① (×) 자연과학 실험과 같이 대상자들을 격리시켜 실험하는 것은 진실험이다. 진실험은 인위적 상황에서 실시되므로 실험대상자들이 관찰되고 있음을 의식해서 평소와 다른 심리적 행동을 보이는 호손효과의 발생가능성이 높다.
② (×) 내적타당성은 확보할 수 있지만 외적타당성의 문제가 심각하게 발생할 수 있는 것은 진실험이다. 진실험은 인위적 실험으로 인한 호손효과나 표본의 대표성 부족으로 인하여 외적타당성이 낮다.
③ (×) 준실험은 실험집단과 통제집단 간 동질성을 확보하지 않고 행하는 실험으로, 짝짓기(matching) 방법으로 실험집단과 통제집단을 구성하여 정책영향을 평가하거나, 시계열적 방법으로 정책영향을 평가한다. 진실험보다 외적타당성과 실현가능성은 높으나 양 집단의 성숙효과와 역사적 사건 등이 다를 수 있어 내적타당성은 낮은 편이다.
④ (○) 회귀불연속설계는 정책처리를 한 집단과 하지 않은 집단의 결과 추정치들을 계산하고 이를 비교하는데 사용되는 일련의 그래프와 통계적 절차이다. 오직 일부 집단에게만 희소자원이 공급될 수밖에 없는 경우에 사용되며, 희소자원의 지급 대상자는 실험집단에 배정하고 비대상자는 통제집단에 배정하여 정책처리에 따른 효과를 비교하는 방법이다.

02 ①

① (×) 정책네트워크모형은 정책결정과정의 비공식적 측면을 분석하는 것이다.
② (○) 자원의존성의 관계에 따라 네트워크의 유형은 달라지는데, 이러한 네트워크는 명확한 중심성의 존재여부와 구성원들 간 관계의 밀도(응집성)를 기준으로 다양하게 표현될 수 있다.
③ (○) 정책네트워크에 참여하는 구성원들의 관계는 원칙적으로 수평적이며 상호의존적이다. 즉, 관계의 다원성을 배경으로 정책과정을 설명하는 이론이다.
④ (○) 상호의존성이 강할 경우 협력관계를 형성할 가능성이 높고, 의존성이 약할 경우 갈등관계가 형성될 가능성이 높다.

03 ①

① (×) 자연실험이란 인위적 실험이 아닌 자연이나 사회현상 속에서 만들어진 사건이나 변화를 통해 혼란변수를 통제하는 실험으로, 진실험보다는 준실험 방식에 해당한다.
② (○) 자연실험은 인위적으로 만든 상황이 아니므로 비용이 저렴하고 실험에서 발생하는 윤리문제를 차단할 수 있다.
③ (○) 자연실험은 외부로부터의 우연한 충격이나 혹은 정책변동에 따라 자연스럽게 실험집단과 비교집단이 구분된다.
④ (○) 자연실험은 누락변수 편의문제의 차단, 독립변수 자기선택 편의의 통제, 독립변수와 종속변수의 상호영향력의 통제에 유용하다는 평가를 받는다.

04 ④

① (○) 의원이 예산 또는 기금상의 조치를 수반하는 의안을 발의하는 경우에는 그 의안의 시행에 수반될 것으로 예상되는 비용에 대한 국회예산정책처의 추계서 또는 국회예산정책처에 대한 추계요구서를 아울러 제출하여야 한다. 정부가 예산 또는 기금상의 조치를 수반하는 의안을 제출하는 경우에는 그 의안의 시행에 수반될 것으로 예상되는 비용에 대한 추계서와 이에 상응하는 재원조달방안에 관한 자료를 의안에 첨부하여야 한다.
② (○) 「국회법」에 의하면 예산결산특별위원회는 소관 상임위원회에서 삭감한 세출예산 각항의 금액을 증가하게 하거나 새 비목을 설치할 경우에는 소관 상임위원회의 동의를 얻어야 한다. 다만, 새 비목의 설

치에 대한 동의요청이 소관 상임위원회에 회부되어 그 회부된 때부터 72시간 이내에 동의여부가 예산결산특별위원회에 통지되지 아니한 경우에는 소관 상임위원회의 동의가 있는 것으로 본다.
③ (○) 예산결산특별위원회의 종합심사는 기획재정부장관의 제안설명 및 전문위원의 검토·보고, 종합 정책질의와 답변, 부별심의, 예산조정소위원회 계수조정과 의결 순으로 구성된다. 종합심사가 완료되면 본회의에 상정되어 의결을 받아야 하며 국회는 회계연도 개시 30일 전까지 의결하여야 한다.
④ (×) 특히 필요하다고 인정한 안건을 효율적으로 심사하기 위하여 본회의의 의결로 특별위원회를 둘 수 있으며, 특별위원회를 구성할 때에는 그 활동기한을 정하여야 한다. 다만, 본회의의 의결로 그 기간을 연장할 수 있다. 그러나 예산결산특별위원회에는 이 규정이 적용되지 않는다. 예산결산특별위원회는 상설위원회이다.

05 ④

① (○) 신성과주의예산은 책임성 확보를 위해 시행되고 있는 성과관리를 예산과 연계시킨 제도이다.
② (○) 1990년대에 새롭게 주목받게 된 성과관리 예산제도는 신성과주의예산제도를 의미한다. 이는 예산집행에서 얻은 성과를 기초로 이를 환류하여 책임을 묻거나 보상을 하는 결과 중심의 예산제도이다. 과거 성과주의예산제도는 거리청소사업의 경우 단기적인 산출인 청소된 거리의 양으로 평가되었지만 신성과주의는 거리의 청결도나 주민의 만족도와 같은 좀 더 궁극적인 목적에 관심을 갖는다. 또한 평가 그 자체보다는 그 결과를 환류하여 다음 연도 예산에 반영하는 것을 주된 목적으로 한다.
③ (○) 성과주의예산은 임무를 토대로 상위목표인 전략목표와 세부목표인 성과목표를 설정한다. 또한 목표 달성의 방법을 기술하고 성과지표와 측정방법을 설정하는 성과계획서를 기초로 예산을 편성하고 사업을 시행한 후 성과를 측정하고 평가하여 그 결과를 인사·조직·예산에 반영한다.
④ (×) 신성과주의예산은 예산의 형식보다는 담겨질 성과정보에 초점을 두었으며, 제도의 개혁을 강조하기보다는 성과정보의 활용을 강조하였다. 즉, 과거의 성과주의예산에 비하여 프로그램 구조와 회계제도에 미치는 영향의 범위가 좁다.

06 ①

① (×) 성과관리제도의 흐름은 하향적이지만 목표관리제도의 흐름은 상향적이다.

성과관리제도

① 재정성과목표관리제도(2003)(→ 성과계획서와 성과보고서)
② 모든 단위사업에 대한 재정사업자율평가제도(2005년), 재정사업심층평가제도(2006)(→ 기획재정부 주관)

07 ④

① (×) 예산의 집행방법 또는 제도의 개선 등으로 인하여 수입이 증대되거나 지출이 절약된 때에는 이에 기여한 사람에게 예산성과금을 지급할 수 있다. 성과상여금은 공무원들에게 지급되는 상여금이다.
② (×) 국 단위는 대통령령으로 규정되고 과 단위 조직부터 설립의 자율성이 부여된다.
③ (×) 디지털예산회계시스템(d-Brain System)은 노무현 정부 2007년에 구축되었고 발생주의 복식부기와 관련된 시스템이다. 반면, 총액배분자율편성 예산제도는 2004년에 도입된 제도로 중기재정계획과 관련이 깊다.
④ (○) 재정사업 성과관리제도는 재정성과 목표관리제도, 재정사업 자율평가제도, 재정사업 심층평가제도의 세 가지 형태로 운영되고 있다.

08 ②

① (○) 중앙행정기관의 장이나 시·도지사는 지방자치단체의 사무에 관하여 조언 또는 권고하거나 지도할 수 있으며, 이를 위하여 필요하면 지방자치단체에 자료의 제출을 요구할 수 있다.
② (×) 행정안전부장관이나 시·도지사는 지방자치단체의 자치사무에 관하여 보고를 받거나 서류·장부 또는 회계를 감사할 수 있다. 이 경우 감사는 법령위반사항에 대하여만 실시한다. 즉, 공익을 현저히 해친다는 것으로 자치사무를 감사할 수 없다. 또한 행정안전부장관 또는 시·도지사는 감사를 실시하기 전에 해당 사무의 처리가 법령에 위반되는지 여부 등을 확인하여야 한다.
③ (○) 위임사무는 중앙 또는 시·도에 주무부서가 있으므로 시·도에서는 주무부장관의 지도와 감독을 받고 시·군 및 자치구는 1차로는 시·도지사의, 2차로는 주무부장관의 지도와 감독을 받는다.
④ (○) 설문은 직무이행명령에 대한 기술이다.

09 ❷

① (×) 소관 상임위원회의 인사청문은 구속력이 없다. 따라서 상임위원회가 경과보고서를 채택하지 않아도 대통령은 후보자를 임명할 수 있으며 이를 막을 실정법적 근거는 없다.
② (○) 임명에 있어 국회의 동의를 요하는 대법원장, 헌법재판소장, 국무총리, 감사원장, 대법관 전원과 국회에서 선출하는 헌법재판소 재판관(3인) 및 중앙선거관리위원회 위원(3인)은 인사청문특별위원회에서 인사청문이 이루어진다.
③ (×) 국회는 임명동의안이 제출된 날부터 20일 이내에 그 심사 또는 인사청문을 마쳐야 한다.
④ (×) 인사청문경과보고서를 대통령에게 송부하는 것은 국회의장이다.

10 ❶

① (○) 도표식평정척도법은 평정요소의 선정과 등급의 구분에 있어 주관적 가치의 개입 가능성이 크므로 평정자의 자의적 해석에 의한 평가가 이루어지기 쉽다는 단점이 있다.
② (×) 강제배분법은 피평정자들의 성적분포가 과도하게 집중화되거나 관대화되는 현상을 방지하기 위하여 성적분포비율을 미리 정하는 방법으로, 분포상의 오차는 방지할 수 있으나, 현실의 왜곡 가능성과 미리 정해진 순서대로 평정점수를 부여하는 역산식 평정이 나타날 수 있다.
③ (×) 전원이 다소 부족하더라도 일정 비율의 인원이 좋은 평가를 받거나, 혹은 전원이 우수하더라도 일부의 학생은 낮은 평가를 받게 될 수 있는 위험이 있는 것은 강제배분법이다.
④ (×) 평정대상자로 하여금 자신의 근무실적을 스스로 보고하도록 하는 방법은 자기평정법이다. 중요사건기록법은 평정대상자에게 영향을 미치는 중요한 사건들을 평정자가 기술하는 방법이다.

11 ❶

① (○) 공정거래법은 독과점 규제이다. 독과점 규제는 기업의 독점행위나 불공정거래를 방지하는 규제로, 경쟁을 통해 기업의 행위를 제한한다는 측면에서 특권과 의무가 부여되는 협의 경제적 규제와는 차이를 보인다.
② (×) 특정 기업의 시장진입을 배제하거나 억압하는 방식으로 작동되는 것은 경제적 규제이다.
③ (×) 동일 산업에 속한 기업 간의 자유로운 경쟁을 제약하는 속성을 지니는 것은 경제적 규제이다. 사회적 규제는 경쟁과는 무관하다.
④ (×) 사회적 규제는 1960년대 이후 강조되었으므로 경제적 규제에 비하여 역사가 짧다. 그리고 포획현상이 나타날 가능성이 높은 것은 원칙적으로 특권을 획득하기 위한 로비가 활발한 경제적 규제이다.

12 ❸

① (○) 특허청은 우리나라 유일의 중앙책임운영기관이다.
② (○) 중앙책임운영기관의 장의 임기는 2년으로 하되 한 차례만 연임할 수 있다. 반면, 소속 책임운영기관의 장의 채용기간은 5년의 범위에서 소속 중앙행정기관의 장이 정하며, 기관의 폐지 등 특별한 사유가 없으면 2년 이상으로 하여야 한다.
③ (×) 책임운영기관의 존속 여부 및 제도의 개선 등에 관한 중요 사항을 심의하기 위하여 행정안전부장관 소속으로 책임운영기관운영위원회를 두며, 책임운영기관운영위원회는 책임운영기관제도의 운영과 개선, 기관의 존속 여부 판단 등을 위하여 책임운영기관에 대한 종합평가를 한다.
④ (○) 책임운영기관운영위원회는 행정안전부에 설치되며, 위원장 및 부위원장 각 1명을 포함한 15명 이내의 위원으로 구성한다.

13 ❹

① (×) 예산증대에 대한 결정적 영향력은 고위관료가 가장 크지만 그로부터의 순수편익은 하위관료에서 크고 그 과정에서 발생하는 비용은 대부분 고위관료에게 집중된다. 또한 증대된 예산이 봉급인상으로 직결되기도 어렵고 각종 인력제한, 중앙감사 등과 같은 통제장치 또한 고위관료들의 금전적 효용 추구에 대한 제약으로 작용한다. 이러한 제약조건 하에서 고위관료들은 지위, 특권, 후원력, 영향력, 그리고 그들이 수행하는 직무 자체에 대한 흥미와 같은 비금전적 효용을 보다 강조하게 된다는 것이다.
② (×) 통제기관의 주요 예산인 사업예산은 그 증대로 인해 외부로부터의 감시와 통제 및 책임성의 증대가 동시에 나타나므로 고위관료들은 위험한 영역 이상으로 부서의 팽창을 가져올 수 있는 사업예산의 증대는 선호하지 않는다.
③ (×) 관청예산의 증대를 추구하는 것은 고위관료이다. 중·하위관료는 핵심예산의 증대를 추구한다.

④ (○) 고위관료들은 위험한 영역 이상으로 부서의 팽창을 가져올 수 있는 사업예산의 증대는 선호하지 않으며, 이러한 예산은 민영화나 민간위탁을 통해 처리하고자 한다.

14 ❶

① (○) 불확실성에 대한 적극적 대처란 불확실한 것을 확실하게 하려는 방안을 말하고, 소극적 대처란 불확실한 것을 주어진 것으로 보고 이에 대처하는 방안을 말한다.
② (×) 민감도분석은 불확실성에 대한 소극적 대처방안이다. 소극적 대처방안은 불확실성을 주어진 것으로 보고 이에 대처하는 방법이고 적극적 방안은 불확실한 상황을 확실하게 예측하고자 하는 방법이다.
③ (×) 모형상의 파라미터 변화에 얼마나 민감한지를 알아보려는 분석기법은 민감도분석이다. 사후최적화 기법이라고도 하며 매개변수(파라미터, 내생변수)의 변화에 따른 대안의 결과 변화를 분석하는 기법이다.
④ (×) 가장 두드러진 대안에 불리한 값을 대입하여 우선순위의 변화를 통해 종속변수의 불확실성을 해결하는 것은 악조건 가중분석이다.

15 ❹

① (×) 신념체계나 정책학습 등의 요인이 정책변동에 영향을 주며, 정책변동 과정에서 정책중재자(policy mediator) 역할을 중시하는 것은 정책지지연합(Advocacy Coalition Framework) 모형이다.
② (×) 정책과정 참여자의 신념체계(belief system)를 가장 강조하는 모형은 정책지지연합(advocacy coalition) 모형이다.
③ (×) 정책목표와 정책수단에 급격한 변화가 발생하는 정책변동모형은 정책패러다임 변동모형이다. 단절적 균형모형은 안정적으로 유지되던 제도가 외생적 사건에 의해 촉발된 결정적 전환점(critical juncture)을 계기로 기존의 경로에서 벗어나 급격하게 변할 수 있다는 이론이다.
④ (○) 무치아로니의 이익집단 위상변동모형은 이슈맥락뿐만 아니라 제도맥락에 의해 이익집단의 위상이 변동될 수 있음을 설명하는 이론이다. 이는 기존의 점증모형이나 쓰레기통모형에서 간과하였던 제도적 맥락의 중요성을 강조한 것이다. 한편, 이슈맥락은 환경적 요인과 같이 정책의 유지 혹은 변동에 영향을 미치는 정책요인을 말하고, 제도맥락은 입법부나 행정부의 지도자들을 포함한 구성원들이 특정한 정책이나 사업에 대한 선호나 행태를 포괄적으로 지칭한다.

16 ❷

① (×) 광역의회의 지역구 선거는 소선거구제를 채택하고 있고, 기초의회 지역구 선거는 중선거구제를 채택하고 있다.
② (○) 지방의회는 조례로 정하는 바에 의하여 위원회를 둘 수 있다. 위원회의 종류는 소관 의안과 청원 등을 심사·처리하는 상임위원회와 특정한 안건을 일시적으로 심사·처리하기 위한 특별위원회의 두 가지로 한다.
③ (×) 지방의회는 매년 1회 그 지방자치단체의 사무에 대하여 시·도에서는 14일의 범위에서, 시·군 및 자치구에서는 9일의 범위에서 감사를 실시한다.
④ (×) 지방의회의 의장이나 부의장이 법령을 위반하거나 정당한 사유 없이 직무를 수행하지 아니하면 지방의회는 불신임을 의결할 수 있다. 불신임의결은 재적의원 4분의 1 이상의 발의와 재적의원 과반수의 찬성으로 행하며, 불신임의결이 있으면 의장이나 부의장은 그 직에서 해임된다.

17 ❷

① (×) 다른 법률 또는 법률에서 위임한 명령(국회규칙·대법원규칙·헌법재판소규칙·중앙선거관리위원회규칙·대통령령 및 조례로 한정)에 따라 비밀이나 비공개 사항으로 규정된 정보는 비공개 대상이다.
② (○) 공공기관 중 중앙행정기관 및 대통령령으로 정하는 기관은 전자적 형태로 보유·관리하는 정보 중 공개대상으로 분류된 정보를 국민의 정보공개 청구가 없더라도 정보통신망을 활용한 정보공개시스템 등을 통하여 공개하여야 한다.
③ (×) 정보공개를 청구하는 자는 정보공개 청구서를 제출하거나 말로써 정보의 공개를 청구할 수 있으며 국민은 물론 외국인도 일정한 경우 정보의 공개를 청구할 권리를 가진다. 한편, 정보의 공개 및 우송 등에 드는 비용은 실비의 범위에서 청구인이 부담한다. 다만, 공개를 청구하는 정보의 사용 목적이 공공복리의 유지·증진을 위하여 필요하다고 인정되는 경우에는 비용을 감면할 수 있다.
④ (×) 공공기관은 부득이한 사유로 10일의 기간 내에 공개 여부를 결정할 수 없을 때에는 그 기간이 끝나는 날의 다음 날부터 기산하여 10일의 범위에서 공개 여부 결정기간을 연장할 수 있다.

18 ②

① (○) 회사모형은 만족모형을 조직차원의 의사결정에 적용한 모형으로 제한된 합리성을 바탕으로 갈등의 준해결, 문제중심의 탐색, 조직의 학습, 표준운영절차(SOP), 불확실성의 회피 등을 특징으로 한다.
② (×) 선호의 불분명과 목표와 수단 간 인과관계의 모호성 등은 쓰레기통모형과 관련된다.
③ (○) 합리모형은 모든 대안을 탐색하고 예측하지만 회사모형은 촉발되는 문제를 중심으로 순차이고 무작위적으로 대안을 탐색하며, 반복적인 의사결정의 경험 즉, 환류를 통하여 점진적으로 목표, 주의집중 규칙, 탐색규칙 등에 대한 적응이 발생한다.
④ (○) 다양한 목표를 추구하는 하위부서들을 모두 만족시킬 수 있는 대안은 없으므로 잠재적 갈등상태를 내포하는 갈등의 준해결 상태에 머물 수밖에 없다.

19 ④

① (○) 특정 행동의 고정된 횟수에 따라 강화요인을 제공하는 것이 고정비율 강화이고, 특정 행동의 고정되지 않은 횟수에 따라 강화요인을 제공하는 것이 변동비율 강화이다.
② (○) 변동비율 강화는 평균적 행동의 횟수에 의해 강화요인을 제공하는 것으로 평균적 기간을 너무 길게 설정하면 부하들의 사기가 떨어질 수 있다는 문제점을 지닌다.
③ (○) 시간이 고정된 경우(매월 20일)을 고정간격이라 하고 행위가 고정된 경우(생산량 비례)를 고정비율이라 한다.
④ (×) 불만족스럽거나 불쾌한 상태를 제거하며 기대행동을 유도하는 것은 소극적 강화이다.

20 ③

① (○) 메이요(E. Mayo)의 호손실험은 조직 속의 인간은 사회적 존재이며, 생산성은 사회적 규범에 의해 결정된다는 것을 확인한 실험이다.
② (○) 호손실험에 의하면 비공식집단의 합의에 의해 생산성이 결정되므로 관리자는 업무를 합리적으로 구조화하는 능력뿐만 아니라 구성원들의 집단 응집력과 사기를 높이는 사회적 기술도 갖추어야 한다.
③ (×) 본래 실험 의도는 작업의 과학화, 객관화, 분업화의 중요성을 발견하는 것이었지만 실제로는 인간과 집단의 중요성을 발견한 실험이다.
④ (○) 호손실험은 면접실험을 통하여 직무·작업환경·감독자에 대한 감정과 생산성의 상관성을 인식하였다. 또한 인간을 통한 조직현상의 연구는 행태주의의 발전에 이론적 토대를 제공하였다.